KI und Bots im Alltag

Heiko Knödel · Dietmar Seipel

KI und Bots im Alltag

Künstliche Intelligenz verstehen und
für Business, Home & Schule nutzen

Heiko Knödel
efacon GmbH
Bad Vilbel, Deutschland

Dietmar Seipel
Lehrstuhl für Informatik IV (Künstliche Intelligenz und Wissensysteme)
Julius-Maximilians-Universität Würzburg
Würzburg, Bayern, Deutschland

ISBN 978-3-658-46834-7   ISBN 978-3-658-46835-4   (eBook)
https://doi.org/10.1007/978-3-658-46835-4

Die Deutsche Nationalbibliothek verzeichnet diese Publikation in der Deutschen Nationalbibliografie; detaillierte bibliografische Daten sind im Internet über https://portal.dnb.de abrufbar.

© Der/die Herausgeber bzw. der/die Autor(en), exklusiv lizenziert an Springer Fachmedien Wiesbaden GmbH, ein Teil von Springer Nature 2025

Das Werk einschließlich aller seiner Teile ist urheberrechtlich geschützt. Jede Verwertung, die nicht ausdrücklich vom Urheberrechtsgesetz zugelassen ist, bedarf der vorherigen Zustimmung des Verlags. Das gilt insbesondere für Vervielfältigungen, Bearbeitungen, Übersetzungen, Mikroverfilmungen und die Einspeicherung und Verarbeitung in elektronischen Systemen.
Die Wiedergabe von allgemein beschreibenden Bezeichnungen, Marken, Unternehmensnamen etc. in diesem Werk bedeutet nicht, dass diese frei durch jede Person benutzt werden dürfen. Die Berechtigung zur Benutzung unterliegt, auch ohne gesonderten Hinweis hierzu, den Regeln des Markenrechts. Die Rechte des/der jeweiligen Zeicheninhaber*in sind zu beachten.
Der Verlag, die Autor*innen und die Herausgeber*innen gehen davon aus, dass die Angaben und Informationen in diesem Werk zum Zeitpunkt der Veröffentlichung vollständig und korrekt sind. Weder der Verlag noch die Autor*innen oder die Herausgeber*innen übernehmen, ausdrücklich oder implizit, Gewähr für den Inhalt des Werkes, etwaige Fehler oder Äußerungen. Der Verlag bleibt im Hinblick auf geografische Zuordnungen und Gebietsbezeichnungen in veröffentlichten Karten und Institutionsadressen neutral.

Springer ist ein Imprint der eingetragenen Gesellschaft Springer Fachmedien Wiesbaden GmbH und ist ein Teil von Springer Nature.
Die Anschrift der Gesellschaft ist: Abraham-Lincoln-Str. 46, 65189 Wiesbaden, Germany

Wenn Sie dieses Produkt entsorgen, geben Sie das Papier bitte zum Recycling.

Eine Maschine kann als intelligent bezeichnet werden, wenn sie einen Menschen dazu bringt zu glauben, sie sei ein Mensch.

– Alan Turing, in „Computing Machinery and Intelligence", 1950

Vorwort der Autoren

Wir stehen an der Schwelle zu einer neuen Ära – einer Ära, in der künstliche Intelligenz nicht nur Werkzeuge bereitstellt, sondern die Art und Weise, wie wir denken, arbeiten und erschaffen, grundlegend verändert.

KI ist längst kein Zukunftsversprechen mehr – sie ist Realität. Die Geschwindigkeit, mit der KI-Technologien voranschreiten, ist atemberaubend. Was einst in den Labors von Forschern begann, ist heute in Unternehmen, Klassenzimmern und sogar in unserem Alltag angekommen.

KI ist mehr als nur Code und Algorithmen. Sie lernt, interpretiert und interagiert mit ihrer Umwelt – sei es durch große Sprachmodelle, welche komplexe Texte verstehen, oder durch Logikprogrammierung, die es Maschinen ermöglicht, eigenständig Schlussfolgerungen zu ziehen. Die Fähigkeit zur Knowledge Extraction, also zur automatischen Gewinnung von Wissen, wird immer ausgefeilter, wodurch Bots und KI-Systeme zunehmend als echte Partner im Alltag fungieren. In Unternehmen optimieren intelligente Systeme die Prozesse und treffen datenbasierte Entscheidungen. In Schulen unterstützen smarte Tutor-Bots

Schüler und Lehrkräfte. Und in unseren Haushalten übernehmen digitale Assistenten und autonome Geräte Aufgaben, die noch vor wenigen Jahren undenkbar schienen.

Mit all diesen Entwicklungen wachsen jedoch auch die Herausforderungen – ethische Fragen, wirtschaftliche Umbrüche und die Notwendigkeit, mit Verantwortung und Weitsicht zu handeln. Wie weit können und wollen wir Maschinen vertrauen? Welche Rolle spielt der Mensch in einer Welt, in der KI nicht nur Prozesse automatisiert, sondern auch Entscheidungen beeinflusst?

Das Buch 'KI und Bots im Alltag: Künstliche Intelligenz verstehen und für Business, Home & Schule nutzen' ist eine einzigartige Mischung aus fundiertem Fachwissen und zugänglicher Darstellung, die das Thema Künstliche Intelligenz (KI) mit aktuellen praktischen Anwendungen für ein breites Publikum von Einsteigern greifbar macht. Wir vermitteln die Grundlagen der KI, ohne dabei in technische Jargons zu versinken, und beleuchten gleichzeitig ihre vielfältigen Anwendungen im Alltag. Besonders hervorzuheben ist unser Kapitel über Ethik und die Zukunft der KI, welches zum kritischen Nachdenken anregt und aktuelle Diskussionen widerspiegelt. Mit unserem Buch bieten wir eine wertvolle Ressource für Leser, die sich sowohl einen Überblick als auch ein tieferes Verständnis der KI erschließen möchten.

Wir bringen Licht ins Dunkel der oft als abstrakt wahrgenommenen Welt der Künstlichen Intelligenz. Unser Ansatz kombiniert humorvolle Erzählungen mit präzisen, fachkundigen Informationen, um ein breites Spektrum an Lesern anzusprechen. Das Buch ist sorgfältig strukturiert, um Leser von den grundlegenden Konzepten bis hin zu fortgeschrittenen Anwendungen und ethischen Überlegungen zu führen. Durch reale Beispiele und praxisnahe Szenarien zeigen wir auf, wie tiefgreifend KI unser tägliches Leben beeinflusst und gestaltet. Unser Ziel ist es, eine Brücke zwischen der technischen Welt der KI und dem Alltagsverständnis zu schlagen, um ein umfassendes und ausgewogenes Bild dieser revolutionären Technologie zu zeichnen.

Dieses Buch eignet sich für Unternehmer, die sich insbesondere für die Kapitel zur Organisation der KI im Unternehmen (Kap. 2), den Unterschied und die Anwendung großer Sprachmodelle für generative KI (Kap. 3) sowie für KI im Arbeitsalltag (Kap. 4) interessieren.

Das Buch ist jedoch auch für Schüler und auch Lehrer geeignet, die sich aufmerksam mit den Grundlagen und der Geschichte der KI (Kap. 1), den großen Sprachmodellen und deren Anwendung (Kap. 2) und dem Nutzen und Mehrwert von KI in der Schule und zu Hause (Kap. 5) beschäftigen. Für Technik-Enthusiasten und möglicherweise auch Wissenschaftler werden wahrscheinlich die Inhalte zu Entscheidungsbäumen (Kap. 6), Knowledge Extraction (Kap. 7) und wissensbasierte Systeme und Logikprogrammierung (Kap. 8) am interessantesten sein. Für alle, die sich für die Zukunft und mögliche Szenarien und Geschichten aus der Zukunft interessieren, werden die Chancen, Gefahren und Ethik der KI (Kap. 9) und die Geschichten zu Trends und Zukunft der KI (Kap. 10) hoffentlich einen spannenden Beitrag und Inspiration liefern.

Dieses Buch ist eine Einladung, sich mit den Möglichkeiten und Grenzen der KI auseinanderzusetzen. Es geht nicht nur um Technologie, sondern auch um die Zukunft, die wir gemeinsam gestalten. Gleichzeitig wagt es einen Blick in die Zukunft: Welche Entwicklungen erwarten uns? Welche ethischen und gesellschaftlichen Fragen müssen wir lösen?

Eins ist sicher: Die spannendste Frage ist nicht, was Maschinen können, sondern was wir Menschen im Einklang mit Technologie erreichen wollen.

Uns ist eine inklusive und wertschätzende Sprache wichtig. Um die Lesbarkeit bei Personenbezeichnungen und personenbezogenen Hauptwörtern zu erleichtern, verzichten wir größtenteils auf Doppelnennungen und gegenderte Bezeichnungen, und verwenden in diesem Buch das generische Maskulinum. Selbstverständlich sind dabei immer alle Geschlechter gleichermaßen gemeint.

In Workshops und in Projekten hat es sich durchgesetzt, per-du zu sein. Und wir finden, dass sich ein Buch in der Du-Form auch einfacher lesen lässt. Daher haben wir das Buch in der Du-Form geschrieben. Falls du dich jetzt auf den Schlips getreten fühlst, bitten wir dich, dies nicht persönlich zu nehmen.

Heiko Knödel
Dietmar Seipel

Danksagung

Dieses Buch wäre nicht ohne die Unterstützung und Inspiration, die uns auf unserem Weg begleitet haben, möglich gewesen.

Die Autoren Heiko Knödel und Dietmar Seipel bedanken sich bei ihren Familien für deren Geduld und Verständnis – insbesondere ihren Ehefrauen Phoudida Knödel und Claire Huang: Ihr seid unser Fels in der Brandung, unsere Quelle der Stärke und unser Anker in stürmischen Zeiten. Euer unerschütterlicher Glaube an uns, eure Geduld und eure Liebe haben uns stets daran erinnert, warum wir diesen Weg gehen. Ihr habt uns gezeigt, dass echte Inspiration oft direkt vor der eigenen Tür beginnt. Und herzlichen Dank auch an Heikos Kinder Samira und Bennet, die ein paar Szenen mit Bildern skizziert haben.

Ein besonderer Dank gilt auch den Menschen, die uns auf unserem Lebensweg geprägt haben – Mentoren, Wegbegleiter und inspirierende Persönlichkeiten, die ihre Weisheit, ihre Erfahrungen und ihren Glauben an das Unmögliche mit uns geteilt haben. Ihr habt uns ermutigt, größer zu denken, tiefer zu fühlen und mutiger zu handeln. Eure Worte und Taten hallen in diesem Buch wider, und dafür sind wir euch unendlich dankbar.

Wir sind froh, dass wir nie aufgehört haben, an unsere Vision zu glauben. Die unermüdliche Neugier hat uns stets vorangetrieben. Die Erinnerung daran, dass wir alle unser eigener Mentor sein können, lehrt uns, auf unsere innere Stimme zu hören.

Dieses Buch widmen wir all denjenigen, die den Mut haben, sich selbst und anderen Inspiration zu schenken. Ihr seid die treibende Kraft hinter allem, was wir gemeinsam erschaffen können.

Künstliche Intelligenz verstehen und für Home, Business & Hobby nutzen

In einer Welt, in der Technologie täglich unser Leben prägt, bleibt künstliche Intelligenz (KI) oft ein mystifiziertes Thema, das für viele unerreichbar erscheint. Doch KI ist nicht nur ein Spielzeug für Tech-Giganten und Wissenschaftler; sie ist ein Werkzeug, das jeden von uns betrifft und beeinflusst. In diesem Buch brechen wir die Komplexität von KI herunter und machen sie für jeden verständlich – von der Theorie bis zur praktischen Anwendung.

Das Ziel der beiden Co-Autoren ist, den Lesern in Deutschland KI näher zu bringen. Viele *praktische Anwendungsfälle* zeigen die *Vorteile* und *Chancen* der KI. Kleinere theoretische Anteile – speziell zu den wissensbasierten Systemen – sollen an manchen Stellen auch tiefere Einblicke in die KI geben (was aus Forschungssicht immer noch weit an der Oberfläche ist).

Auf *Gefahren* und *Ethik* darf man ebenso achten und darauf hinweisen oder Hilfestellung zur Erkennung von beispielsweise Fake-Videos geben. Jedoch verschwinden die Gefahren nicht automatisch, wenn man die Augen verschließt und sich nicht mit KI beschäftigt. Das scheint in der Bevölkerung in Deutschland manchmal der Fall zu sein.

Dem wollen wir mit Aufklärung und Transparenz entgegenwirken, damit Deutschland nicht vom ehemaligen Innovationstreiber zum technologischen Entwicklungsland absteigt.

Teilgebiete der KI und historische Entwicklung
Das Gebiet der künstlichen Intelligenz teilt sich in zwei methodische Hauptströmungen: symbolische und subsymbolische Methoden: *Symbolische Methoden* modellieren zentrale kognitive Fähigkeiten des Menschen wie Logik, Deduktion und Planung in Computern, und sie sind oft wissensbasiert. Mathematisch exakte Operationen können definiert werden. Die Erklärbarkeit der Resultate mittels logischer Zwischenschritte kann bei Problemen der Digitalisierung helfen. Daneben versuchen in jüngerer Zeit *sub-symbolische Methoden* ein Modell eines Prozesses (z. B. eine optimale Aktion eines Roboters oder die Klassifikation von Sensordaten) maschinell aus Trainingsdaten (statistisch) zu lernen (Machine Learning, Deep Learning). Dazu werden oft neuronale Netze verwendet, welche die Funktionsweise des menschlichen Gehirns nachbilden sollen. In diesem sind die sogenannten Dendriten verzweigte protoplasmische Fortsätze, die elektrochemische Stimulation zwischen Neuronen geeignet propagieren; in der KI imitieren und optimieren neuronale Netze diese Propagierung.

Dieses Buch geht auf die *historische Entwicklung* der KI ein. Lange bevor der Begriff KI geprägt wurde, begann im 20. Jahrhundert die Entwicklung der mathematischen Logik mit Forschern wie *David Hilbert* und *Kurt Gödel*. Um 1900 wurde die Wissensrepräsentation mittels logischer Formeln unterschiedlicher Komplexität (Aussagen- bzw. Prädikatenlogik) formalisiert. Schlussfolgerungen aus dem Wissen konnten mithilfe von logischen Kalkülen gezogen werden (Inferenz, Ableitung). 1950 hat der berühmte britische Informatiker *Alan Turing* vorgeschlagen zu testen, ob eine Maschine intelligentes Verhalten hat, das vom menschlichen nicht zu unterscheiden ist (Turing-Test). 1956 hofften viele der Wissenschaftler auf dem ersten Workshop zur KI im Dartmouth College, USA, dass es innerhalb einer Generation Maschinen geben könnte, die genauso intelligent sind wie Menschen. Es hat zwar etwas länger gedauert, aber der Turing-Test wurde innerhalb bestimmter Kontexte im Jahr 2024 "bestanden" – und der eigentliche Turin-Test im

Sinne von dauerhaft, robust und in jeder Alltagssituation menschenähnlich zu wirken, könnte nach aktuellen Schätzungen vor 2040 bestanden werden. Roboter mit intelligentem Verhalten könnten in Zukunft möglich werden. Bis 2090 könnten sogar super-intelligente, sich selbst optimierende Wesen möglich werden.

Die *jüngsten praktischen Entwicklungen* der KI kann man in den Medien verfolgen; z. B. Erfolge der KI bei Quizshows wie Jeopardy (2011), Erfolge gegen die weltbesten Spieler bei den Brettspielen Schach (1997) oder Go (2016), autonom fahrende Autos (beginnend 1968), oder Chatbots wie ChatGPT (2022) – um nur Einiges zu nennen. Die jährlichen IJCAI-Tagungen (International Joint Conferences on AI) geben Überblicke über die wichtigsten wissenschaftlichen Erkenntnisse zur KI; in jüngster Zeit wird die Forschung zur KI mit großen Summen staatlich gefördert.

Zusammenfassung
Teil I (Entwicklung der KI – Von Turing bis zu den großen Sprachmodellen) gibt eine Einleitung zu den *Grundlagen und der Geschichte* der KI (Kap. 1) sowie zu *KI im Arbeitsalltag* (Kap. 2). Nach einem anfänglichen Boom bis Mitte der 1980er Jahre waren die Investitionen in KI-Modelle und -Algorithmen deutlich zurückgegangen, als die Personal-Computer Einzug in die Firmen und fast in jeden Haushalt hielten. Seit einiger Zeit wird KI wieder in der Breite interessant, da nun aufgrund der Rechenleistung, die sich nach Moore's Law in etwa alle 9 Monate verdoppelt, eine Kapazität verfügbar ist, welche das Analysieren von Big Data in Echtzeit zulässt. Sprachmodelle (LLMs, Kap. 3) wie ChatGPT gibt es schon seit einigen Jahren, jedoch wurden sie hauptsächlich von einzelnen Unternehmen firmenintern zum Zwecke von Prozessabläufen, Frühwarnsystemen und Predictive Analytics angewandt.

Teil II (Aktuelle Anwendungsfälle) stellt den Trend zur Spezialisierung und seinen Nutzen für Unternehmen in der *Arbeitswelt* vor (Kap. 4). Wir beschreiben den Fortschritt durch den Nutzen von KI-Agenten, welche die Arbeit erleichtern und Standardvorgänge auf einfachste Weise automatisieren lassen und somit positiv dem Fachkräftemangel entgegenwirken. KI-Avatare werden zunehmend in Erklärvideos und auch bei der Wissensvermittlung und Fragestellungen eine wichtige Rolle spielen. Die Babyboomer gehen bald in Rente, ihr Wissen und ihre Erfahrung kann in Dokumenten und Videos festgehalten und mit KI-unterstützten Methoden an die jüngeren Generationen übermittelt werden. Es wird eine ganze Reihe von *KI-Tools und Anwendungsfällen* betrachtet: im Hoch- und Tiefbau, in der Automotive-Branche, autonome Roboter, digitale Zwillinge. Es folgen *KI in der Schule und zu Hause* (Kap. 5). In diesem Kapitel gehen wir auf Trends und Zukunftsszenarien ein und beleuchten insbesondere das Thema KI in der Schule. Einerseits gehört KI bereits jetzt vielerorts zum Alltag und daher sollten auch Schulabgänger ein fundiertes Grundwissen über KI haben. Andererseits wird KI für Hausaufgaben, Hausarbeiten und Referate von Schülern genutzt, sowie zum Erstellen von Lehrmaterialien, Unterrichtsstoff und Klassenarbeiten durch die Lehrer.

Teil III (Symbolische KI) zeigt zuerst den Einsatz und Mehrwert von Entscheidungsbäumen, welche hierarchisch strukturierte Entscheidungsprozesse einfach modellieren und visualisieren können (Kap. 6). Sie ermöglichen es, Daten anhand von Regeln zu klassifizieren oder Vorhersagen zu treffen, indem sie Entscheidungen in einer klaren, interpretierbaren Baumstruktur darstellen. Danach wird KI zur Wissensextraktion (Knowledge Extraction) betrachtet. Diese bezeichnet den Prozess, strukturierte und verwertbare Informationen aus unstrukturierten oder komplexen Datenquellen zu gewinnen. Dabei werden Algorithmen und Techniken eingesetzt, um Muster, Beziehungen und Erkenntnisse zu identifizieren, die für Entscheidungsfindung und Wissensmanagement genutzt werden können (Kap. 7). Danach betrachten wir beispielhaft die symbolische KI anhand der *wissensbasierten Systeme* und der *Logikprogrammierung* (Kap. 8). Die logischen Grundlagen der KI sind über hundert Jahre alt. Die theoretischen Grundlagen der wissensbasierten KI wurden sehr gut ausgearbeitet. Wir werden beispielhaft die darauf basierende Logikprogrammierung kennen lernen. In jüngster Zeit kombiniert ein *hybrider Ansatz* oft die sub-symbolische und die symbolische KI wie die wissensbasierten Systeme; dabei gibt es unterschiedliche Kategorien, je nachdem wie stark der Anteil der beiden Ansätze ist.

Teil IV (Trends, Ethik und Zukunft der KI) geht auf die Ethik sowie *aktuelle Trends* und die *Zukunft* der KI ein. Der Einsatz und Nutzen von KI bringen uns viele Erleichterungen und Verbesserungen. KI hält in viele Bereiche des Lebens Einzug – von der Medizin über die Wirtschaft bis hin zur Unterhaltung. Doch mit dieser rasanten Entwicklung gehen auch bedeutende Gefahren und ethische Probleme einher, die wir hier aufzeigen und die wir nicht ignorieren dürfen (Kap. 9). KI-Szenarien, eine Geschichte aus der Zukunft, ein Blick auf die Zukunft der KI selbst, sowie das Streben nach einer Super-KI, die intelligenter ist als die Menschheit, betrachten wir als letzten fachlichen Teil des Buches (Kap. 10).

Im Anhang folgen das Literaturverzeichnis, das Abbildungsverzeichnis und das Tabellenverzeichnis. Ein Stichwortverzeichnis zum schnellen Auffinden von Fachbegriffen und wichtigen Elementen, sowie eine kurze Biografie der beiden Autoren, rundet das Buch ab.

Inhaltsverzeichnis

Teil I Entwicklung der KI – von Turing bis zu großen Sprachmodellen

1	**Grundlagen und Geschichte der KI**	**3**
	1.1 Symbolische und subsymbolische KI	5
	1.2 Subtypen der KI	8
	1.3 Historische Entwicklung	12
	1.4 Moore's Law: Rechenleistung beflügelt KI	16
	1.5 Übersicht der Anwendungsfälle	17
2	**KI-Organisation im Unternehmen**	**21**
	2.1 Chefsache KI	22
	2.2 KI für Führungskräfte	26
	2.3 Einrichten eines KI Competence Centers	30
	2.4 Aufsetzen einer KI Governance	34
3	**Große Sprachmodelle (LLMs) für generative KI**	**41**
	3.1 Übersicht über die großen Sprachmodelle	42

3.2	Vergleich: Stärken und Schwächen der großen Sprachmodelle	66
3.3	Der perfekte Prompt am Beispiel von ChatGPT	69

Teil II Aktuelle Anwendungsfälle

4	**KI im Arbeitsalltag**	**87**
4.1	Der Trend zur Spezialisierung	88
4.2	Zielgruppe finden, Kunden-Avatar erstellen	92
4.3	Programmieren mit KI, 3D-Druckprozesse	101
4.4	KI-Tools und Anwendungsmöglichkeiten	104
4.5	Dem Fachkräftemangel mit KI-Agenten entgegenwirken	113
4.6	ChatGPT als Sprachübersetzer und als Video-Detektor	114
4.7	Erklärvideos für Kunden und Azubis mit KI-Avataren	119
4.8	Hoch- und Tiefbau, Automotive-Branche	126
4.9	Cobots, autonome Roboter und digitale Zwillinge	134
5	**KI in der Schule und zu Hause**	**141**
5.1	KI in der Schule	142
5.2	Smart Home der Zukunft	154
5.3	Haushaltsroboter und Lernroboter	156
5.4	Was kommt nach den Smartphones?	160
5.5	Roboter-Begegnungen	164

Teil III Symbolische KI

6	**Entscheidungsbäume als Hilfsmittel**	**171**
6.1	Der Entscheidungsprozess beim Menschen	172
6.2	Beispiel zu Entscheidungsbäumen anhand eines Roboter-Schäferhunds	175
6.3	Optimierung	178
6.4	Fachbegriffe und Erläuterung	178
6.5	Zusammenfassung	179

7	**KI zur Wissensextraktion**	183
	7.1 Einführung in Knowledge Extraction mit KI	184
	7.2 Anwendung und Vorteile für Firmen	188
8	**Wissensbasierte Systeme und Logikprogrammierung**	193
	8.1 Wissensbasierte Systeme	194
	8.2 Logikprogrammierung	195
	8.3 Nicht-klassische Erweiterungen – ASP/DLP	202
	8.4 Hybride Ansätze und hybride Wissensquellen	206

Teil IV   Trends, Ethik und Zukunft der KI

9	**Chancen, Gefahren und Ethik der KI**	211
	9.1 Chancen durch KI	211
	9.2 Gefahren der Künstlichen Intelligenz	213
	9.3 Datenschutz und Sicherheit	216
	9.4 Ethische Überlegungen und Diskussionen	217
	9.5 Der AI Act der EU-Kommission	218
10	**Trends und Zukunft der KI**	231
	10.1 KI-Szenarien in naher Zukunft	232
	10.2 Zukunft der KI: Chancen, Herausforderungen und Perspektiven	241
	10.3 Super-KI mit Quantencomputern	248

Literatur   253

Stichwortverzeichnis   261

Über die Autoren

Heiko Knödel versteht Fortschritt. Schon in den 1990ern digitalisierte der Diplom-Informatiker Prozesse, als andere noch Papier stapelten. Heute führt er eine Consulting- und Seminar-Gesellschaft, wo er Künstliche Intelligenz, Leadership und Mindset vereint – eine Symbiose aus Technologie und menschlichem Wachstum.

Er hat für Größen wie Deutsche Bank, Porsche, BMW und Merck in verantwortlichen Führungs- und Projektpositionen gearbeitet. Seine

Themen: Künstliche Intelligenz, Digitalisierung, Change- und Innovationsmanagement, Prozessoptimierung, Leadership und Mindset. Sein Wissen gibt er als Mentor, Coach, Seminarleiter und Redner weiter – klar, praxisnah, begeisternd.

Als Autor setzt er Impulse. Sein Buch *„Kita 4.0 – einfach digital"* wurde 2023 während der Buchmesse in Frankfurt zum Bestseller in mehreren Kategorien.

Knödel ist kein Theoretiker. Er denkt, gestaltet, verändert. Mit Empathie, interkultureller Kompetenz und der Fähigkeit, Menschen zu inspirieren. Wer ihn erlebt, geht klüger und motivierter nach Hause.

Dietmar Seipel ist seit 1995 Universitätsprofessor für Datenbanken, wissensbasierte Systeme und Logikprogrammierung an der Universität Würzburg.

Sein Arbeitsbereich der wissensbasierten Systeme gehört zur KI. Er ist seit vielen Jahren der Sprecher der Gesellschaft für logische Programmierung GLP e. V. im deutschsprachigen Raum. Im Rahmen der deutschen KI ist er im Vorstand der Fachgruppe für deklarative Programmierung. 2023 war er Co-Chairman der KI-Tagung in Berlin.

In diesem Buch hat er das Kapitel über wissensbasierte Systeme und Logikprogrammierung geschrieben. Außerdem konnte er zum einleitenden Teil über die Grundlagen und die Geschichte der KI beitragen.

Abbildungsverzeichnis

Abb. 1.1	Foto der Lego-Figuren EVE und WALL-E	4
Abb. 1.2	Aus dem Labyrinth mithilfe des Tiefensuche-Algorithmus (Kersting, Lampert, & Rothkopf, 2019)	7
Abb. 1.3	Übersicht über die Subtypen der KI (Medicine, 2022)	9
Abb. 1.4	Moore's Law	17
Abb. 3.1	Visualisierung eines Gedichts mit DALL-E	76
Abb. 3.2	Mobile GPT auf der Baustelle	77
Abb. 3.3	Mobile GPT zum Erkennen und Vorlesen von Gegenständen	79
Abb. 3.4	Handgeschriebener Zettel für ChatGPT Upload	80
Abb. 3.5	ChatGPT erklärt die Themen der Klassenarbeit	81
Abb. 3.6	Bild für eine Osterkarte mit ideogram.ai	83
Abb. 4.1	3D-Drucker für Rapid Prototyping	102
Abb. 4.2	Mehr als 50 KI-Tools, kategorisiert in Anwendungsgebiete	105
Abb. 4.3	Beispiel für den Fortschritt bei DALL-E	107
Abb. 4.4	Weiteres Beispiel für den Fortschritt bei DALL-E	107
Abb. 4.5	ChatGPT Mobile fungiert als Simultan-Übersetzer	115
Abb. 4.6	ChatGPT Mobile erkennt Muster und Gegenstände	119
Abb. 4.7	Zwei KI-Avatare erklären einen Blog-Inhalt in Form eines Podcast (HeyGen, 2025)	124

Abb. 4.8	Interaktiver KI-Avatar für den direkten Dialog in beliebiger Sprache (HeyGen, 2025)	124
Abb. 4.9	Drohne überwacht den Baufortschritt	127
Abb. 4.10	Baustellen-Überwachung anhand von Sensoren, Frühwarnsystem und Augmented Reality	127
Abb. 4.11	Ein ferngesteuerter Bagger mit KI-Unterstützung	129
Abb. 4.12	KI-gestützte Fernsteuerung eines Krans an unübersichtlichen Stellen	131
Abb. 4.13	IoT (Internet of Things) vernetzt Autos und Gebäude	134
Abb. 4.14	Links: Cobot mit mehreren Kameras zur Qualitätskontrolle. Rechts: Verpackungsroboter	136
Abb. 4.15	Foto vom Gastronomie-Roboter Big-C	138
Abb. 4.16	KI-gestütztes 3D-Modell als digitaler Zwilling (TSK Anlagenbau GmbH, 2023)	139
Abb. 5.1	Heiko mit Roboter Pepper	165
Abb. 5.2	Heiko mit Roboter Spot	166
Abb. 5.3	Heiko mit Roboter pib	167
Abb. 6.1	Optische Täuschung: (Hering-Täuschung, 2023)	173
Abb. 6.2	Optische Täuschung: (Zöllner-Täuschung, 2021)	174
Abb. 6.3	Schäfer mit seiner Herde, Hühnern und Schäferhund	175
Abb. 6.4	Entscheidungsbaum für den KI-Roboterhund Robi	176
Abb. 6.5	Schnelle Entscheidungswege mit einem optimalen Entscheidungsbaum	178
Abb. 8.1	Darstellung von Genotypen zur Diagnose von Blutgruppen	204
Abb. 8.2	Grafische Darstellung der Tennis-Analyse	207

Tabellenverzeichnis

Tab. 1.1	Vergleich symbolischer und subsymbolischer KI	8
Tab. 2.1	KI-Governance vs. IT-Governance	38
Tab. 3.1	Stärken und Schwächen der großen Sprachmodelle im Vergleich	67

Teil I
Entwicklung der KI – von Turing bis zu großen Sprachmodellen

1

Grundlagen und Geschichte der KI

Inhaltsverzeichnis

1.1	Symbolische und subsymbolische KI	3
1.2	Subtypen der KI	6
1.3	Historische Entwicklung	11
1.4	Moore's Law: Rechenleistung beflügelt KI	15
1.5	Übersicht der Anwendungsfälle	16

Wir beginnen mit den Grundlagen. Was ist KI überhaupt? Wir entzaubern den Begriff, indem wir ihn in seine Grundkomponenten zerlegen: Algorithmen, maschinelles Lernen (ML), neuronale Netze und wissensbasierte Systeme (WBS). Dieses Kapitel macht deutlich, dass KI nicht nur eine ferne Zukunftsvision ist, sondern schon jetzt Teil unseres Alltags. Abb. 1.1 zeigt die Lego-Figuren EVE und WALL-E als charmante Vertreter künstlicher Intelligenz und emotionaler Robotik (Abb. 1.1).

Künstliche Intelligenz (KI) ist eine der faszinierendsten und revolutionärsten Technologien unserer Zeit. KI bezieht sich auf die Fähigkeit von Computern oder Maschinen, menschliche Intelligenz

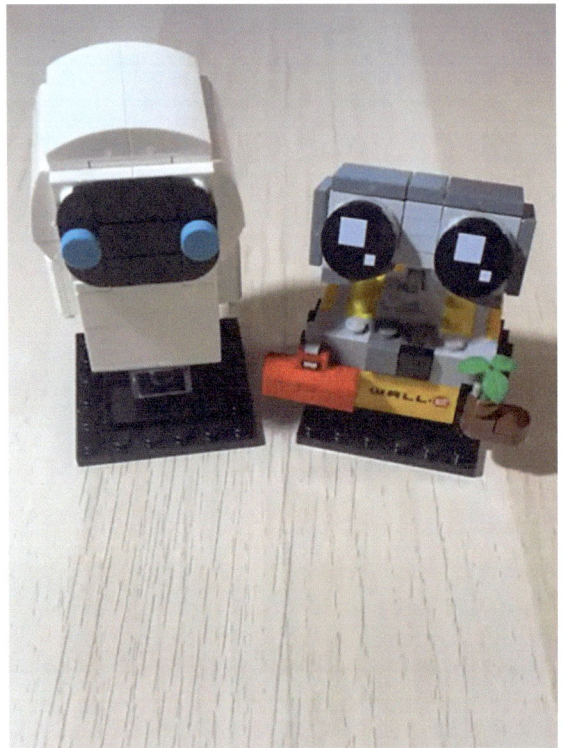

Abb. 1.1 Foto der Lego-Figuren EVE und WALL-E

nachzuahmen. Dazu gehört es, Aufgaben auszuführen, die typischerweise menschliche Intelligenz erfordern, wie Lernen, Problemlösen und Entscheidungsfindung. Egal ob du nun positiv gegenüber KI eingestellt bist oder KI so lange wie möglich aus deinem Leben verbannen möchtest, KI ist bereits da und wird sich immer weiter ausbreiten. KI hat das Potenzial, nahezu jeden Aspekt unseres täglichen Lebens zu verändern, so wie in den 1990ern die Computer Einzug in nahezu jeden Haushalt genommen haben. Oder wie sich Smartphones verbreitet haben. Viele, die lange Zeit gesagt haben, das brauche ich nicht, besitzen heute eines.

1.1 Symbolische und subsymbolische KI

Das Gebiet der KI unterscheidet symbolische und subsymbolische Methoden. Symbolische KI arbeitet mit expliziten Regeln und logischen Strukturen, um Wissen darzustellen und Probleme zu lösen, ähnlich wie bei traditionellen Datenbanken. Die wissensbasierten symbolischen Methoden unterstützen zentrale kognitive Fähigkeiten des Menschen durch Logik. Subsymbolische KI hingegen nutzt Mustererkennung und Lernmethoden, wie bei neuronalen Netzen, um Aufgaben durch statistisches Lernen und Datenverarbeitung zu bewältigen. Durch die steigende Rechnerleistung und die Verfügbarkeit von riesigen Wissensmengen im Internet sind subsymbolische Ansätze wie das Machine Learning heute sehr populär und erfolgreich geworden. Hybride Ansätze versuchen die Vorteile beider Methodentypen zu kombinieren.

Symbolische KI
Symbolische KI basiert auf expliziten Regeln und logischen Strukturen, die durch menschenlesbare Symbole dargestellt werden. Sie arbeitet mit Wissen, das in Form von Symbolen gespeichert und anhand fester Regeln bearbeitet wird. Dabei wird Wissen bewusst von Menschen kodiert, z. B. durch Algorithmen, Wissensdatenbanken oder Entscheidungsbäumen.

Ein Beispiel für symbolische KI sind *Expertensysteme*. Dabei handelt es sich um Systeme, die auf vordefinierten Regeln basieren, z. B. medizinische Diagnosesysteme. Ein weiteres Beispiel sind *logikbasierte Expertensysteme*. Hierzu gehören Prolog-Programme oder Anwendungen, die Prädikatenlogik nutzen. Und ein weiteres, etwas bekannteres Beispiel sind *Schachprogramme* der ersten Generation, die durch *Suchalgorithmen* und festgelegte Strategien arbeiten.

Die Vorteile der symbolischen KI liegen in der *Transparenz* und in der *Kontrollierbarkeit*. Die Transparenz zeigt sich dadurch, dass Entscheidungen nachvollziehbar und erklärbar sind. Die Kontrollierbarkeit erfolgt dahingehend, dass Menschen die Regeln direkt ändern oder erweitern können.

Die Nachteile kommen bei unsicheren Ereignissen zu Tage. Es ist schwierig, mit *Unsicherheiten*, unvollständigen Informationen oder komplex strukturierten Daten umzugehen. Darüber hinaus sind *Flexibilität* und *Skalierbarkeit* eingeschränkt.

Ein klassisches Beispiel der symbolischen KI ist das Navigationssystem im Auto. Hier wird die sogenannte Iterative Tiefensuche (*Iterative Deepening Search, IDS*) angewendet, um mögliche Routen effizient zu durchsuchen. Dabei wird die optimale Route zunächst mit einer geringen Tiefe berechnet (d. h. zuerst werden die schnellen Verbindungen, wie Autobahnen, zwischen zwei Punkten analysiert). Anschließend wird die Berechnung schrittweise erweitert, bis die optimale Route gefunden ist. Dies spart Speicherplatz, funktioniert relativ schnell und effizient und gewährleistet eine vollständige Suche, besonders in komplexen Straßennetzen, wo die Zielentfernung zunächst unbekannt ist.

In Abb. 1.2 ist ein Beispiel eines Algorithmus zur iterativen Tiefensuche ohne KI aufgezeigt. In diesem einfachen Beispiel sucht der Algorithmus den Weg aus dem Labyrinth, indem er sich immer rechts hält, was nach einer einfachen, pragmatischen und perfekten Lösung klingt. An diesem Beispiel ist jedoch bereits gut erkennbar, dass der Algorithmus nie den Ausgang finden würde, wenn im Labyrinth ein offener Kreis existiert, also wenn beispielsweise die senkrechte Trennwand unten in der Mitte, die wir zur Veranschaulichung grün eingezeichnet haben, nicht existieren würde – denn dann würde sich der Algorithmus permanent im Kreis bewegen.

Subsymbolische KI
Subsymbolische KI arbeitet mit datengetriebenen Modellen, bei denen die Verarbeitung nicht auf expliziten Regeln, sondern auf numerischen Repräsentationen basiert. Hierbei lernen Modelle Muster, Beziehungen und Funktionen direkt aus Daten, ohne dass explizite Regeln definiert werden.

Ein Beispiel für subsymbolische KI sind *Neuronale Netze*. Dazu gehören Deep Learning Modelle wie *Convolutional Neural Networks (CNNs)* oder *Transformer*-Architekturen. Ein weiteres Beispiel ist *Reinforcement Learning*. Hierbei werden Algorithmen wie AlphaGo angewendet, die durch Versuch und Irrtum (englisch: *trial and error*) lernen. Darüber

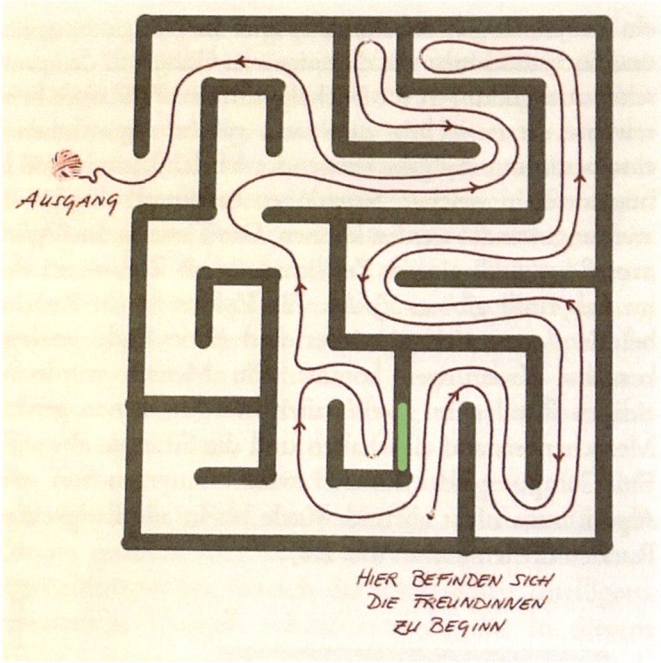

Abb. 1.2 Aus dem Labyrinth mithilfe des Tiefensuche-Algorithmus (Kersting, Lampert, & Rothkopf, 2019)

hinaus gehören *Spracherkennung* und *Bildverarbeitung* zum Bereich der subsymbolischen KI.

Die Vorteile liegen in der *Leistungsfähigkeit* bei großen, komplexen und unstrukturierten Daten, sowie in der *Anpassungsfähigkeit*, sich durch lernende Algorithmen an neue Daten anpassen zu können. Die Nachteile liegen einerseits im *Black-Box-Charakter*, denn Entscheidungen sind schwer nachvollziehbar. Und andererseits in der *Datenabhängigkeit*, da große Mengen an Trainingsdaten benötigt werden.

Vergleich der Ansätze
Tab 1.1 bietet einen Überblick über die Unterschiede zwischen symbolischer und subsymbolischer KI hinsichtlich ihrer Funktionsweise, Stärken und Einsatzbereiche. (Siehe Tab. 1.1)

Tab. 1.1 Vergleich symbolischer und subsymbolischer KI

Aspekt	Symbolische KI	Subsymbolische KI
Herangehensweise	regelbasiert, explizit	datengetrieben, implizit
Datenbedarf	wenig	hoch
Erklärbarkeit	hoch	niedrig
Anwendungsbereiche	strukturierte Probleme	komplexe Mustererkennung
Flexibilität	eingeschränkt	hoch

Hybride Ansätze
In der modernen KI-Forschung sollen häufig *hybride Ansätze* die Stärken beider Paradigmen kombinieren. Die *Neuro-symbolische KI* nutzt symbolische Logik, um das Wissen in neuronalen Netzen interpretierbar zu machen oder subsymbolische KI, um symbolische Systeme effizienter zu trainieren. IBM Watson kombiniert beispielsweise regelbasierte Systeme mit maschinellem Lernen. Symbolische und subsymbolische KI ergänzen sich und sind gemeinsam ein Schlüssel für Fortschritte in der künstlichen Intelligenz.

Häufig werden Eingaben und Ausgaben symbolisch verarbeitet, während die eigentliche Berechnung durch neuronale Netzwerke erfolgt. Dagegen betten AlphaGo, AlphaZero und aktuelle Ansätze für autonom fahrende Autos eine neuronale Mustererkennung in einen symbolischen Problemlöser ein. Umgekehrt kann man symbolisches Denken in eine neuronale Maschine einbauen. Beim Deep Learning for Symbolic Mathematics werden symbolische Regeln durch Training „wegkompiliert". Beim neuro-symbolischen Lernen von Konzepten gibt es schließlich einen Übergang von einem neuronalen System zur symbolischen Schlussfolgerung.

1.2 Subtypen der KI

Es gibt viele verschiedene Subtypen der KI. In diesem Abschnitt möchten wir die aus unserer Sicht wichtigsten Subtypen hervorheben. (Vergleiche Abb. 1.3)

Wir weisen noch darauf hin, dass die Subtypen der KI orthogonal zu symbolischer und subsymbolischer KI betrachtet werden. D. h. es ist eine komplett andere Sichtweise, wie beim Vergleichen von

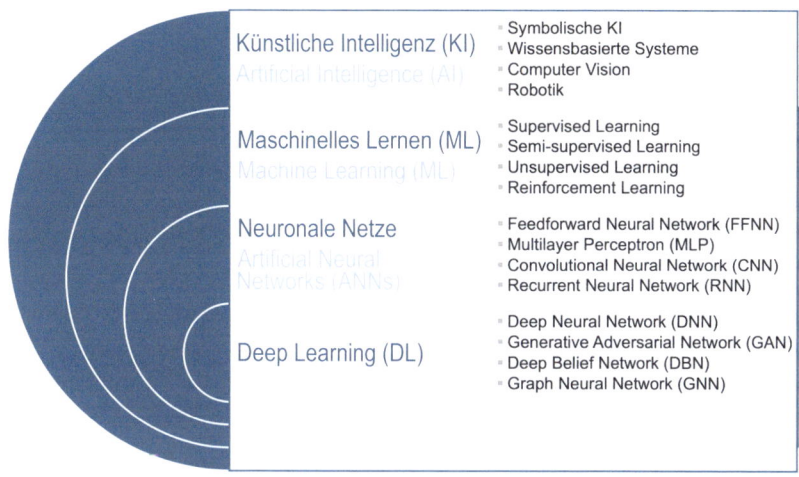

Abb. 1.3 Übersicht über die Subtypen der KI (Medicine, 2022)

Gegenständen nach Gewicht oder Größe – hier gibt es auch keinen zwingenden Zusammenhang.

Machine Learning (ML) nutzt Algorithmen, die Regeln lernen, anwenden und darauf basierend Entscheidungen treffen. Der Entscheidungsprozess kann darüber hinaus trainiert werden und selbst hinzulernen, wenn beispielsweise neue, unbekannte Daten analysiert werden, die auf bestimmte Muster und Eigenschaften geprüft werden können. Hier kommen Entscheidungsbäume zum Einsatz. Diese sind eine vielseitige Methode des maschinellen Lernens, die hierarchisch strukturierte Entscheidungsprozesse modellieren und visualisieren. Sie ermöglichen es, Daten anhand von Regeln zu klassifizieren oder Vorhersagen zu treffen, indem sie Entscheidungen in einer klaren, interpretierbaren Baumstruktur darstellen.

Die KI zielt darauf ab, Maschinen zu ermöglichen, Aufgaben auszuführen, die künstliche Intelligenz erfordern, wie das Erkennen von Sprache, das Treffen von Entscheidungen oder das Verstehen von Texten. Der Schlüssel dazu ist das maschinelle Lernen, ein Teilgebiet der KI, das Algorithmen nutzt, um Muster in Daten zu erkennen, daraus zu lernen und auf dieser Basis Entscheidungen zu treffen oder Vorhersagen zu machen, oft mit einer Genauigkeit, die Menschen nicht erreichen können.

Beim Machine Learning werden Algorithmen mit großen Mengen an Daten gefüttert und darauf trainiert, bestimmte Aufgaben durchzuführen, indem sie aus den Beispielen lernen. Der Lernprozess kann überwacht, unüberwacht oder durch Verstärkung erfolgen, abhängig davon, wie die Daten präsentiert und wie das Feedback gegeben werden. „*Noch erstaunlicher als die Breite der Anwendungen des maschinellen Lernens ist, dass es dieselben Algorithmen sind, die all diese verschiedenen Dinge tun. Außerhalb des maschinellen Lernens muss man, wenn man zwei verschiedene Probleme zu lösen hat, zwei verschiedene Programme schreiben.*"[1] (Domingos, The Master Algorithm, 2015).

Die Fähigkeit, aus Erfahrungen zu lernen und sich anzupassen, ohne explizit programmiert zu sein, ist es, was KI-Algorithmen so mächtig macht. Sie können Muster in Daten erkennen, die für das menschliche Auge nicht sichtbar sind, und sie können mit der Zeit verbessert werden, indem sie mehr Daten und Feedback erhalten. Diese kontinuierliche Verbesserung und Anpassungsfähigkeit sind das Herzstück jedes KI-Systems.

Künstliche neuronale Netzwerke sind lose von biologischen Vernetzungen im Gehirn von Säugetieren inspiriert. So wie z. B. im menschlichen Gehirn Nervenzellen mittels Synapsen vernetzt sind, bilden verschiedene künstliche Neuronen und ihre Verbindungen ein Netzwerk, das zu Berechnungen genutzt werden kann. Jedes künstliche Neuron empfängt ein Signal, verarbeitet es und leitet es ggf. an das nächste künstliche Neuron weiter.

Neuronale Netze lernen Aufgaben zu lösen, ohne explizit dafür programmiert worden zu sein. In der Bilderkennung kann ein neuronales Netz selbstständig lernen, ob auf einem Bild ein Auto zu sehen ist, sofern es vorher mit Beispielbildern gefüttert wurde, die mit Labels (Merkmalen) Auto/kein Auto versehen sind. Das neuronale Netz muss hierfür nicht wissen, dass ein Auto vier Räder hat und auf der Straße fährt. Es lernt selbstständig Attribute, die ein Auto in Bildern ausmacht. (Wennker, 2020).

---

[1] Original-Zitat in Englisch: „*Even more astonishing than the breadth of applications of machine learning is that it's the same algorithms doing all of these different things. Outside of machine learning, if you have two different problems to solve, you need to write two different programs.*"

Deep Learning (DL) ist eine Untergruppe des ML. Meistens werden hier Neuronale Netze (Artificial Neural Networks, ANN) verwendet, die in verschiedene Ebenen aufgeteilt sind, um das menschliche Gehirn möglichst genau nachzuahmen und die richtigen Erkenntnisse zu gewinnen. Das DL wird häufig angewendet, um Muster und Zusammenhänge in großen Datenmengen zu erkennen. Durch Backpropagation (Rückverfolgung) und Optimierungen lernt das System permanent dazu und hilft, Fehler zu reduzieren. DL ist gut anwendbar zu Klassifikation, Regressions-Berechnung oder Vorhersagen. Häufige Anwendungsbereiche sind Bilderkennung, Sprachverarbeitung, autonomes Fahren und medizinische Diagnosen.

Computer Vision (CV) ist der Teilbereich der KI, welcher Bilder erkennt und interpretiert, bzw. relevante Informationen aus einem Bild auslesen kann. Dies wird beispielsweise bei der Erkennung und Bestimmung von Tieren und Pflanzen angewendet.

Wissensbasierte Systeme (WBS) spielen eine zentrale Rolle in der KI und sind eine der ältesten und wichtigsten Ansätze in diesem Bereich. Sie können explizites Wissen repräsentieren und daraus Schlussfolgerungen ziehen, um Probleme zu Lösungen und Entscheidungen zu finden. Wissensbasierte Systeme ermöglichen es, Fachwissen strukturiert und formal zu repräsentieren, z. B. in Form von Regeln, Fakten, Ontologien, Knowledge Graphen oder semantischen Netzen. Sie bieten eine starke Grundlage für viele KI-Anwendungen, in denen strukturiertes Wissen, Erklärung von Entscheidungen und „logisches Schließen" (Fachbegriff der Informatik für eine logische Schlussfolgerung, welche anhand von Wissen und Regeln getroffen wird) benötigt werden, und sie werden jüngst oft in Kombination mit anderen Ansätzen wie dem maschinellen Lernen eingesetzt. Beispiele sind Expertensysteme, die medizinische Diagnosen basierend auf Symptomen und Krankheiten bereitstellen, oder Systeme zur technischen Fehlersuche. Ein großer Vorteil wissensbasierter Systeme ist ihre Fähigkeit, Erklärungen für Entscheidungen zu liefern. Im Gegensatz zu einigen modernen „Black Box"-Ansätzen des maschinellen Lernens wie neuronalen Netzen sind sie besonders nützlich, wenn Nachvollziehbarkeit wichtig ist, z. B. in Medizin und Recht.

In modernen KI-Anwendungen werden wissensbasierte Systeme oft mit maschinellem Lernen kombiniert.

Fuzzy Logic (FL) wird verwendet, um komplexe Probleme anhand von nicht-binären Werten zu lösen, die durch klassische Logik nicht gelöst werden können. Ein Beispiel aus dem täglichen Leben sind das Regeln der Raumtemperatur durch Heizungssysteme und Klimaanlagen. Durch die Fuzzy Logik ist es möglich, die Temperatur möglichst konstant zu halten. Wenn beispielsweise eine Raumtemperatur von 22 Grad Celsius gewünscht ist, würde eine klassische Heizung bei 21 Grad mit voller Leistung, also zu 100 %, heizen und dann bei 22 Grad abschalten, was durch Nacherhitzung zu einer Temperatur um die 24 oder 25 Grad Celsius führt. Somit schwankte vor Nutzung der Fuzzy Logik die Raumtemperatur ständig hin und her. Die Fuzzy Logik gleicht die aktuelle Raumtemperatur mit der Zieltemperatur ab und drosselt bei Annäherung an die Zieltemperatur die Heizleistung. D. h. bei Erreichen von 21,5 Grad Celsius wird die Heizleistung beispielsweise auf 25 % reduziert, um möglichst sanft an die Zieltemperatur heranzukommen. Spielecontroller und Joysticks verwenden häufig ebenfalls Fuzzy Logik.

Natural Language Processing (NLP) ist der Bereich der KI, der sich mit dem Verstehen von natürlicher Sprache und Sprachmustern beschäftigt. Bekanntestes Beispiel hierfür ist ChatGPT. Durch smarte Algorithmen im Hintergrund ist NLP somit die Schnittstelle zwischen Mensch und Maschine, die es Computern ermöglicht, Sprache zu verstehen, zu interpretieren und sinnvoll zu verarbeiten. Von Chatbots über automatische Übersetzungen bis hin zu Stimmassistenten – NLP sorgt dafür, dass Technik unsere Sprache spricht. Dabei kombiniert es Linguistik mit KI-Methoden wie maschinellem Lernen, um Texte zu analysieren, Muster zu erkennen und Antworten zu generieren.

1.3 Historische Entwicklung

Lange bevor der Begriff Künstliche Intelligenz (KI) geprägt wurde, begann im 20. Jahrhundert die Entwicklung der *mathematischen Logik* mit Forschern wie David Hilbert und Kurt Gödel. Um 1900 wurde die *Wissensrepräsentation* mittels logischer Formeln unterschiedlicher Komplexität (Aussagen- bzw. Prädikatenlogik) formalisiert. *Schlussfolgerungen aus dem Wissen konnten mithilfe von logischen Kalkülen gezogen werden (Inferenz, Ableitung).*

> *Wer nach Methoden sucht, ohne ein definiertes Problem im Kopf zu haben, sucht meist vergebens.*

Dieses Zitat stammt aus David Hilberts berühmter Rede „Mathematische Probleme", die er am 8. August 1900 auf dem Internationalen Mathematikerkongress in Paris hielt. In dieser Rede präsentierte Hilbert 23 ungelöste Probleme, die die mathematische Forschung des 20. Jahrhunderts maßgeblich beeinflussten. Das erwähnte Zitat unterstreicht die Bedeutung, konkrete Probleme zu fokussieren, anstatt ziellos nach allgemeinen Methoden zu suchen.

Eine genauere Vorstellung von KI kam durch Alan Turing in den 1950er Jahren auf. Er befasste sich mit dem Ergebnis der KI und wie dieses im Vergleich zur natürlichen Intelligenz von Menschen zu betrachten wäre.

Alan Turing

Im Folgenden wollen wir noch etwas auf den berühmten britischen Informatiker und Logiker *Alan Turing* (23.6.1912–7.6.1954) und den *Turing-Test* eingehen. Dieser hatte 1950 vorgeschlagen zu testen, ob eine Maschine intelligentes Verhalten hat, das vom menschlichen nicht zu unterscheiden ist (Turing-Test). 1956 hofften viele der Wissenschaftler auf dem ersten Workshop zur KI im Dartmouth College, USA, dass es innerhalb einer Generation Maschinen geben könnte, die genauso intelligent sind wie Menschen. Turing gilt heute als einer der einflussreichsten Theoretiker der frühen Computerentwicklung und Informatik und wird auch als *Gründungsvater der KI* bezeichnet. Sein Buch „Kann eine Maschine denken?" aus dem Jahr 1950 ist eine Pionier-Arbeit der KI. (Turing, 1950) Der nach ihm benannte *Turing-Test* prüft, ob eine Maschine menschenähnliche Intelligenz zeigt. Dabei kommuniziert ein menschlicher Prüfer schriftlich mit zwei Gesprächspartnern – einem Menschen und einer KI – ohne zu wissen, wer wer ist. Kann der Prüfer die KI nicht zuverlässig vom Menschen unterscheiden, hat die KI den

Test bestanden und gilt als „intelligent". Es geht also darum, ob die KI menschliche Denkprozesse überzeugend nachahmen kann. Der Turing-Test bildet einen wichtigen Grundstein für das Feld der künstlichen Intelligenz.

Turing-Test mit ChatGPT. Cameron R. Jones und Benjamin K. Bergen haben Anfang 2024 untersucht, ob ChatGPT 4 bereits den Turing Test besteht. Sie haben einen öffentlichen Online-Test mit sehr vielen Teilnehmern durchgeführt. Sie haben das von Turing beschriebene „Imitation Game" als eine Art Chatverlauf zwischen Personen und verschiedenen KI-Sprachmodellen durchgeführt und die Ergebnisse miteinander verglichen. Dabei wurden Personen und KI jeweils zufällig als Fragender („Vernehmer" genannt) oder Antwortender („Zeuge" genannt) eingeteilt. An dem Spiel nahmen 402 Teilnehmer teil und kommunizierten in insgesamt 1979 Runden („Spielen") zufällig mit einem der 45 per Prompt präparierten Bots, welche auf den Modellen GPT-3.5 und GPT4 basieren. ChatGPT-4 hat von allen Modellen am besten abgeschnitten. In 49,7 % der Fälle wurde GPT-4 als menschlich eingestuft. Übertroffen wurde dieses Ergebnis jedoch, wenn tatsächlich ein Mensch geantwortet hat – dann haben die Fragenden zu 66 % vermutet, dass sie mit einem Mensch kommunizieren. (Jones & Bergen, 2024) In einer weiteren Studie kurz darauf wurden die Prompts optimiert. Dieses Mal nahmen an dem Spiel 402 Mitspieler teil und kommunizierten in insgesamt 1979 Runden. In 54 % der Fälle wurde GPT-4 als menschlich eingestuft. Wenn tatsächlich ein Mensch geantwortet hat, haben die Fragenden zu 67 % vermutet, dass sie mit einem Mensch kommunizieren. (online, 2024), (Jones & Bergen, People cannot distinguish GPT-4 from a human in a Turing test, 2024).

Turing-Test und *Interacting Agent.* Die Turing-Tests wurden weiterentwickelt, um die Fähigkeiten von KI-Systemen in realistischen Szenarien zu bewerten. Ein Beispiel ist die Studie „Can Machines Imitate Humans? Integrative Turing Tests for Vision and Language Demonstrate a Narrowing Gap" von Golan et al. (2022). Diese Forschung untersucht, wie gut KI-Agenten menschliches Verhalten in verschiedenen Aufgaben nachahmen können, indem sie sowohl visuelle als auch sprachliche Fähigkeiten testen.

Weiterentwicklung seit den 1950er Jahren
Im Vergleich zu den Anfängen der KI in den 1950er Jahren haben sich Sprachmodelle und die Kombination mit Robotik (engl.: Robotics) deutlich weiterentwickelt, weshalb es sinnvoll ist, auch den Turing-Test an moderne Umgebungen und Systeme anzupassen.

Der Interacting Agent ist somit ein moderner Ansatz, um die Fähigkeiten künstlicher Intelligenz (KI) zu bewerten. Er wird oft als Weiterentwicklung oder Adaption des klassischen Turing-Tests betrachtet, der ursprünglich von Alan Turing entwickelt wurde, um zu prüfen, ob eine Maschine menschenähnliches Denken simulieren kann. Der Interacting Agent zielt darauf ab, KI in realistischeren und dynamischeren Szenarien zu evaluieren.

Kernidee des Interacting Agent. Ein Interacting Agent ist eine KI, die nicht nur statische Antworten auf Fragen gibt, sondern auch in der Lage ist, in interaktiven Umgebungen zu handeln, zu lernen und komplexe Aufgaben zu bewältigen. Dabei werden ihre Fähigkeiten anhand ihrer Interaktionen mit Menschen und/oder anderen Agenten bewertet.

Beispiele
Embodied AI Challenges: Hierbei interagieren KI-Agenten in simulierten Umgebungen (z. B. einer virtuellen Küche) und müssen Aufgaben wie das Kochen eines Rezepts ausführen. Dabei wird bewertet, wie gut sie die Umgebung wahrnehmen, planen und handeln.

Multi-Agenten-Systeme: In Tests mit mehreren Agenten müssen diese Aufgabenstellungen und Probleme gemeinsam lösen, wie beispielsweise Ressourcen in einem Team koordinieren oder Wettbewerbsstrategien entwickeln.

Videospiele als Testumgebung: Spiele wie Minecraft oder StarCraft dienen als Plattform, um Interacting Agents in strategischen und kreativen Szenarien zu testen.

Dabei geht es insbesondere darum, dass der Interacting Agent besondere Fähigkeiten wie Wahrnehmung (durch Sensorik), Planung (Strategien zur Zielerreichung), Handlung (Ausführen von Aktionen), Lernen, Kommunikation und Teamarbeit demonstriert. (Zhang, 2024).

Jüngste Entwicklungen
Die jüngsten praktischen Entwicklungen der KI kann man in den Medien verfolgen; z. B. Erfolge der KI bei Quizshows wie Jeopardy (2011), Erfolge gegen die weltbesten Spieler bei den Brettspielen Schach (1997) oder bei Go (2016), autonom fahrende Autos (beginnend 1968), oder Chatbots wie ChatGPT (2019) – um nur einige zu nennen. Die jährlichen IJCAI-Tagungen (International Joint Conferences on AI) geben Überblicke über die wichtigsten wissenschaftlichen Erkenntnisse zur KI. In jüngster Zeit wird die Forschung zur KI mit großen Summen staatlich gefördert.

Der Begriff „Künstliche Intelligenz"
John McCarthy (4.9.1927–23.10.2011) war ein US-amerikanischer Logiker, Informatiker und Autor.

In seinem Förderantrag aus dem Jahr 1955 an die Rockefeller Foundation zur Dartmouth Conference im Sommer 1956 prägte McCarthy den Begriff „Artificial Intelligence" („Künstliche Intelligenz") als „the science and engineering of making intelligent machines, especially intelligent computer programs. It is related to the similar task of using computers to understand human intelligence, but AI does not have to confine itself to methods that are biologically observable". („KI ist die Wissenschaft und Technik der Entwicklung intelligenter Maschinen, insbesondere intelligenter Computerprogramme.") (McCarthy, 2004), (McCarthy, Persönliche Homepage von John McCarthy mit Hinweisen und Querverweisen auf interessante Veröffentlichungen und Beiträge, 2001).

John McCarthy ist darüber hinaus der Erfinder der Programmiersprache LISP.

1.4 Moore's Law: Rechenleistung beflügelt KI

KI gibt es seit den 1950er Jahren. Nach einem anfänglichen Boom bis Mitte der 1980er Jahre sind die Investitionen in KI-Modelle und -Algorithmen deutlich zurückgegangen, als die Personal-Computer Einzug in die Firmen und fast in jeden Haushalt hielten. Erst seit ein paar Jah-

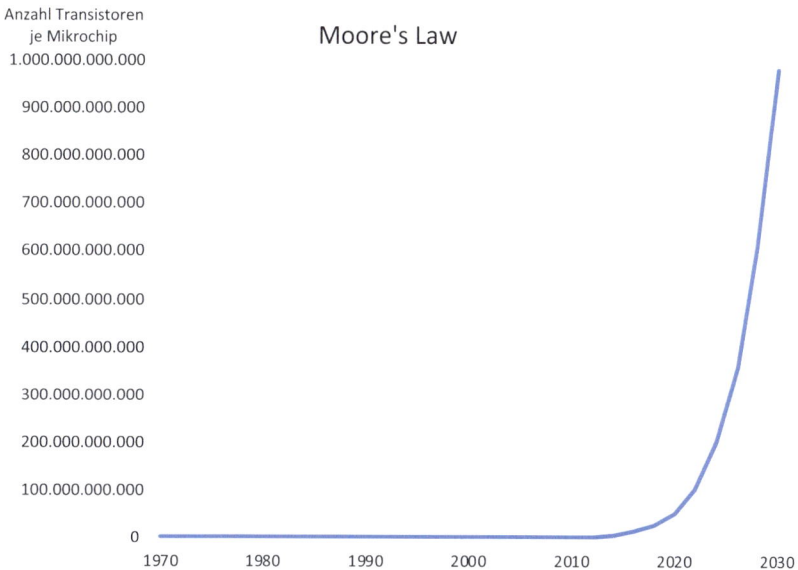

Abb. 1.4 Moore's Law

ren wird KI wieder in der Breite interessant, da nun aufgrund der Rechenleistung, die sich nach Moore's Law in etwa alle 10 bis 14 Monate verdoppelt, eine Kapazität verfügbar ist, welche das Analysieren von Big Data in Echtzeit zulässt (Abb. 1.4). Sprachmodelle wie ChatGPT gibt es schon seit zig Jahren, jedoch wurden sie hauptsächlich von einzelnen Unternehmen firmenintern zum Zwecke von Prozessabläufen, Frühwarnsystemen und Predictive Analytics angewandt.

1.5 Übersicht der Anwendungsfälle

Gaming: Entscheidungsbäume, wie sie von Schachcomputern verwendet werden. Hier kommt es auf die sogenannte Rechentiefe an. Je leistungsfähiger der Computer ist, desto besser behauptet er sich.

Machine Learning: Sich weiter entwickelnde Entscheidungsbäume, die durch neues Wissen auch alte Wege verändern. Im Gesundheitswesen wird KI beispielsweise für diagnostische Verfahren, personalisierte Medizin und zur Unterstützung bei Operationen eingesetzt.

Autonomes Fahren: Selbstfahrende Autos nutzen KI, um ihre Umgebung zu verstehen und sicher zu navigieren, sowie mit anderen Autos und Gegenständen (wie Ampeln, Verkehrszeichen) „kommunizieren". Darüber hinaus wird KI hier den Komfort der Mitfahrer steuern. Von der Lieblingsmusik über das Vorlesen der Tageszeitung, Anzeigen von Videos, Einspielen von Podcasts oder Unterhaltung mit Witzen und Quizzes.

KI-Algorithmen werden zum Beispiel in der Finanztechnologie verwendet, um Anlagestrategien zu entwickeln (Beispiel: Robo-Advisor), Betrug zu erkennen und Kundenservice zu optimieren.

Sprach- und Bilderkennung: KI-gesteuerte Technologien ermöglichen vom Chatbot bzw. virtuellen Assistenten bis hin zu fortschrittlichen Sicherheitssystemen eine effiziente und exakte Erkennung oder Analyse.

Videos mit einem KI-Avatar ermöglichen beispielsweise einer Firma, Erklärvideos für Kunden, Mitarbeiter und Auszubildende auf Basis vorliegender interner Dokumentationen und mit Unterstützung eines Sprachmodells wie ChatGPT, automatisch erstellen zu können.

In Social Media hingegen ist nun erhöhte Aufmerksamkeit geboten, denn diese Technologie ermöglicht es auch, täuschend echt aussehende Fake-News zu verbreiten. Die KI kann dabei sogar die Lippen des Avatars zu fast jeder beliebigen Sprache bewegen. Die Übersetzung erfolgt hierbei ebenfalls automatisch.

Automatisierung ist der Schlüssel zu einer enormen Effizienz. Fast alle digitalen Prozesse können mithilfe von KI automatisiert werden. Die KI kann bereits einfache E-Mail-Anfragen beantworten, wie beispielsweise die Frage nach den Öffnungszeiten oder der Wegbeschreibung.

Cobots: In der Industrie werden kollaborative Roboter (Cobots) zunehmend mit KI ausgestattet und ermöglichen eine effektivere und sicherere Zusammenarbeit mit Menschen. Dabei erfüllen sie mehrere Aufgaben und erkennen auch Hindernisse und weichen diesen aus – z. B. den Menschen, mit denen sie zusammen arbeiten … kleiner Fun Fact ☺.

Robotik: Roboter helfen in der Montage (Assembling)und werden in der Altenpflege eingesetzt, um Pflegekräfte zu entlasten (Stichwort: Kraftunterstützung durch KI-gestützte Exoskelette) und um die Lebensqualität älterer Menschen zu verbessern. Auch im Bau oder im Haushalt werden wir diese Helfer bald vermehrt sehen.

Umweltschutz: KI könnte entscheidend bei der Überwachung und Bekämpfung von Umweltveränderungen und bei der Entwicklung nachhaltiger Technologien sein.

Internet der Dinge – englisch *Internet of Things (IoT)*: Durch die Vernetzung vieler Systeme mit Sensoren, vor allem im Logistikbereich, angefangen von der Straße, über Autos und Busse, hin zu Ladestationen, Rastplätzen, Container, LKWs, Schiffe, u.v.m. Die Möglichkeiten sind unbegrenzt. Und fast jeder kennt es bereits im Kleinen – als Smart Home.

Sicherheit

Bei der KI-Sicherheitskonferenz in *Bletchley* in Großbritannien trafen sich Anfang November 2023 Experten aus der ganzen Welt, um über globale Sicherheitsmaßnahmen zu debattieren. Vertreter von 28 Staaten, darunter die USA, China, Großbritannien, EU-Mitglieder und führende Tech-Konzerne haben sich bereiterklärt, sich mit den potenziellen Risiken von KI-Modellen wie ChatGPT zu befassen. Im Fokus sind zunächst die größten, mächtigen KI-Systeme, da diese aktuell das Potenzial haben, Gefahren zu verbreiten, z. B. durch Fake-News, Anleitung zum Bauen von Bomben o.ä.

Die EU hat daraufhin am 1. August 2024 den *AI Act* eingeführt, welcher die Sicherheit regelt. Der AI Act wird phasenweise verschärft.

Der *Bletchley Park*, rund 70 km nordwestlich von London, war einst der Sitz des Entschlüsselungs-Geheimdienstes (Government Code and Cypher School) von Großbritannien während des zweiten Weltkriegs. Alan Turing hat hier mit seinem Team den *Enigma-Code* (Funkverschlüsselung der Deutschen Wehrmacht) entschlüsselt. Die Entschlüsselung war eine kriegsentscheidende Komponente für den Sieg der Alliierten im U-Boot-Krieg und im Afrikafeldzug. Der Enigma-Code galt eigentlich als nicht entschlüsselbar.

2

KI-Organisation im Unternehmen

Inhaltsverzeichnis

2.1 Chefsache KI 22
2.2 KI für Führungskräfte 26
2.3 Einrichten eines KI Competence Centers 30
2.4 Aufsetzen einer KI Governance 34

Die meisten Firmen in Deutschland und Europa scheinen den Mehrwert und die Vorteile der KI für ihr Unternehmen noch nicht erkannt zu haben. Nur 20 % der Unternehmen in Deutschland nutzen bereits KI. Damit liegt Deutschland über dem EU-Durchschnitt, belegt in Europa jedoch keinen Spitzenplatz und landet nur auf Platz 7.

Laut Statistischem Bundesamt nutzte in Deutschland im Jahr 2024 jedes fünfte Unternehmen (20 %) Technologien der Künstlichen Intelligenz (KI). Damit ist die Nutzung im Vergleich zu 2023 (12 %) um 8 % gestiegen und seit dem Jahr 2021 (11 %) um 9 % gestiegen. In dieser Statistik wurden rechtliche Einheiten mit mindestens zehn Beschäftigten erfasst. (Statistisches Bundesamt, 2024)

Dieses Kapitel veranschaulicht, dass KI nicht nur eine abstrakte Theorie ist, sondern ein praktisches Werkzeug mit unmittelbaren Auswirkungen. Anschauliche Beispiele zeigen auf, wie KI unseren Alltag beeinflusst. Vom Smartphone in unserer Tasche bis zum autonomen Fahren – KI ist überall.

2.1 Chefsache KI

Aus unserer Sicht ist Künstliche Intelligenz nicht nur ein Hype, sondern ein strategischer Schlüsselfaktor, der entscheidend für die Wettbewerbsfähigkeit einer Firma sein wird. Sie erfordert Mut, Weitblick und die Bereitschaft, Neues zu wagen. Wer heute handelt, hat morgen einen Wettbewerbsvorteil – und das ist für unseren Mittelstand entscheidend. KI ist Chefsache, weil sie das Potenzial hat, die Zukunft unseres Unternehmens zu sichern. Deshalb ist es so wichtig, sich so früh wie möglich mit KI Grundkenntnissen zu beschäftigen, die Mitarbeiterinnen und Mitarbeiter über Chancen und Risiken der KI aufzuklären und Möglichkeiten zu analysieren und zu erkennen, wie und wo KI im eigenen Unternehmen einen Mehrwert und Fortschritt bringen kann. Auf der anderen Seite sollte der Einstieg für Firmen in die KI klar durchdacht und zielgerichtet auf die Vision und Strategie des Unternehmens erfolgen.

2.1.1 Vision und Ausblick

KI ist keine Modeerscheinung, sondern ein Werkzeug, welches unsere Prozesse effizienter, unsere Produkte smarter und unseren Kundenservice individueller macht. Dabei darf der Mensch im Mittelpunkt bleiben – und KI zur Unterstützung anwenden. Besonders wertvoll ist es, wenn es gelingt, die Firmenkultur und Werte auch mit der Integration von KI beizubehalten.

2.1.2 Strategie-Entwicklung

Du fragst dich, wie du eine Strategie entwickelst, welche zu deinen Unternehmenszielen passt und einen möglichst sanften Übergang von der aktuell produktiven Welt in eine smarte Welt mit KI ermöglicht, ohne dass die Firma an Produktivität, Effizienz und Durchschlagskraft leidet, sondern im Gegenteil die Wertschöpfung optimal verstärkt?

Ein wirkungsvoller Strategie-Ansatz, den wir selbst bei Workshops gerne nutzen, ist die *Disney-Strategie*. Sie erlaubt es, fantasievoll zu träumen, wie einst Walt Disney, den Traum realistisch zu planen und kritisch zu hinterfragen. In mehreren Zyklen kommst du so einer realistischen, umsetzbaren Strategie, die viel Raum für Wachstum und Innovation lässt, am nächsten. Und während dieses Strategie-Prozesses sind einige Mitarbeiterinnen und Mitarbeiter eingebunden und können ihre Erfahrung und ihr Wissen, sowie ihre innovativen Ideen einfließen lassen. Viele wenden die Disney-Strategie jedoch falsch an, indem sie die Rahmenbedingungen zu Zeit und Räumlichkeiten missachten oder unterschätzen und somit zwar eine schnelle Lösung für ihre Strategie finden, diese jedoch nicht nachhaltig umgesetzt werden kann.

Deshalb raten wir, sich bei der Anwendung der Strategie durch einen erfahrenen Strategie-Berater anleiten zu lassen.

2.1.3 Innovations-Methoden

Durch Digitalisierung, Anwendung von KI und Automatisierung entstehen viele neue, innovative Möglichkeiten. Manche fallen einem wie Schuppen von den Augen. Andere sind nicht sofort erkennbar oder offensichtlich. Hier lohnt es sich, etwas tiefer zu gehen und mit geeigneten Methoden neue innovative Ideen zu entwickeln.

Von Greenfield-Approach, Felderkundung, Kundenbefragung, Rapid Prototyping, dem Prinzip der Iteration und ähnlichem haben die meisten deutschen Firmen schon einmal etwas gehört. Doch mit der *Design Thinking*-Methode können aus der Erfahrung unseres Autors Heiko nur etwa 10 bis 20 % wirklich etwas anfangen, während es in den USA beispielsweise nahezu 100 % sind. Dies liegt unter anderem daran, dass Design Thinking in den USA bereits am College unterrichtet wird. In Deutschland, mal abgesehen von modernen Technologie-Startups und Innovationsabteilungen von Großkonzernen, wird Design Thinking mehr oder weniger nur als ein nichtssagender Modebegriff angesehen. Man reduziert hierzulande *Design* auf Produktlayout, Hausgestaltung durch Architekten oder Formbeschreibung eines Produkts.

Die Stanford University hat Design Thinking Anfang der 1990er Jahre entwickelt, das Hasso-Plattner-Institut hat Design Thinking Anfang der 2000er nach Europa gebracht. Unser Autor Heiko kann mit Stolz behaupten, Business Coach einer der ersten Design Thinking Projekte in Deutschland im Jahr 2009 gewesen zu sein. Seitdem hat ihn das Thema fasziniert. Er sagt: „Ich bin der Meinung, Bauhaus, Aldi, Lidl und Bosch haben es von Anfang an in vielen Bereichen intuitiv angewendet. Spreche ich aber mit Mitarbeitern und Managern aus dem deutschen Mittelstand, können 9 von 10 Gesprächspartnern nichts damit anfangen oder kennen es nur sehr oberflächlich. Im Deutschen stellt man sich unter Design Thinking hauptsächlich Architektur und Design vor."

Wir möchten hierbei darauf hinweisen, dass der Begriff *Design* im amerikanischen viel mehr umfasst als der deutsche *Design*-Begriff. „*Design*" entspricht dem deutschen Wort „*Gestaltung*", was sich aber kaum jemand hierzulande bewusst macht. Es geht dabei um „Form, Funktion und Design", wie es Steve Jobs bei der Entwicklung des iPhones erklärte – und woran mich ein amerikanischer Bootsbauer im Jahr 2022 bei einer Unterhaltung beim Abendessen im Urlaub in der Provence erinnerte.

Design Thinking ist kurz gesagt eine Methode zum Lösen komplexer Probleme und zur Entwicklung innovativer Ideen.

2.1.4 Die ersten Schritte

Ein strategischer Ansatz beginnt mit der Frage: Wo kann KI einen Mehrwert schaffen? Wo gibt es Prozesse oder Bereiche in meiner Firma, die ich automatisieren oder mit Hilfe von KI besser und effizienter gestalten und lösen kann, als dies heute der Fall ist. Anstatt die gesamte Firma umzukrempeln, identifizieren wir Bereiche, die am meisten von *Automatisierung* und *Datenwertschöpfung* profitieren. Dies kann bei der Produktionsplanung, dem Kundenservice, der Lageroptimierung, der Ausbildung oder dem Marketing sein. Ein kleiner Erfolg in einem Pilotprojekt, ein sogenannter *Quick-Win*, gibt uns die Sicherheit und das Wissen, um KI sukzessive anzuwenden und auszurollen.

2.1.5 Wissen und Daten als Treibstoff nutzen

KI ist nur so gut, wie die Menschen, welche KI einsetzen. Deshalb investieren wir sinnvollerweise in die Weiterbildung unserer Mitarbeiter. *Seminare*, *Workshops* und *Schulungen* stellen sicher, dass das Team erfährt, was KI leisten kann und wo Gefahren und Grenzen lauern. Die Akzeptanz unter den Mitarbeitern steigt, wenn sie mitreden können, anstatt Angst vor Veränderung zu haben.

Eine solide Datenbasis ist dabei essenziell. Ein Großteil aller Unternehmensinformationen und -daten sind bereits digitalisiert (wer hier noch Nachholbedarf hat, muss sich ernsthaft Sorgen um seine Zukunft machen). Nun prüfen wir unsere Datenlandschaft und bereiten sie für KI-Anwendungen vor. Dabei werden nicht nur technische Anforderungen berücksichtigt, sondern auch Datenschutz, ethische Richtlinien und regulatorische Vorgaben, beispielsweise zum AI Act, zu NIS-2 oder zu DORA. Gerade im Mittelstand ist dies ein sensibler Punkt.

2.1.6 Kooperation und Beratung

Bei der Weiterbildung und Schulung der Mitarbeiter ist auch der Ansatz möglich, sich mit gleichgesinnten Firmen zusammenzuschließen. Somit pflegst du von Beginn an den Austausch, entwickelst eine Community, entwickelst dich und deine Firma durch gegenseitige Anregungen weiter und sparst Kosten.

Eine Zusammenarbeit mit Experten, Startups und Hochschulen ist durchaus hilfreich und nützlich, um sich maßgeschneidert und kosteneffizient bezüglich KI weiterzuentwickeln. Der Mittelstand in Deutschland lebt von Netzwerken – und KI-Innovationen sollten hier keine Ausnahme darstellen.

2.1.7 Anpassung und Skalierung

KI ist kein Selbstläufer. Auch hier kann der Erfolg an eingesetzten Lösungen anhand klarer KPIs gemessen werden. Dies schafft die Möglichkeit, Anpassungs- und Weiterentwicklungs-Potenzial zu erkennen und entlang der KPIs zu optimieren. Erst wenn ein KI-Projekt einen messbaren Mehrwert schafft, skalieren wir es auf weitere Unternehmensbereiche oder Zielgruppen.

2.2 KI für Führungskräfte

Fun Fact: Mancher Mitarbeiter wünscht sich vielleicht, dass seine Führungskraft durch einen Roboter mit KI ersetzt wird. Manche Führungskraft wünscht sich vielleicht, dass der ein oder andere Mitarbeiter durch KI ersetzt wird. Doch Spaß beiseite, für Führungskräfte kann Künstliche Intelligenz weit mehr als ein technisches Werkzeug sein – sie ist ein potenzieller, strategischer Sparringspartner, der hilft, fundiertere Entscheidungen zu treffen und komplexe Zusammenhänge schneller zu durchdringen. Dazu ist es wichtig, KI gezielt und mit klarem Mehrwert für die Führungsarbeit einzusetzen. KI für Führungskräfte ist kein Ersatz, sondern eine Verstärkung. Sie erlaubt es uns, strategischer, vorausschauender und menschlicher zu führen. Das erfordert jedoch Offenheit, ein klares Wertefundament und die Bereitschaft, sich selbst weiterzuentwickeln. Denn am Ende gilt: Auch die beste KI ist nur so gut wie der Kopf, der sie nutzt.

2.2.1 Smarte Frühwarnsysteme und intelligentes Datenmanagement

Als Führungskraft jonglieren wir täglich mit unzähligen Informationen: Produktabsatz, Umsatz, Kundenzufriedenheit, Marktentwicklungen,

Mitarbeiterfeedback, Finanzprognosen und vieles mehr. KI hilft, diese Datenmengen zu systematisieren, zu analysieren und Muster zu erkennen, die wir mit bloßem Auge übersehen könnten. Zum Beispiel kann KI als Frühwarnsystem für Marktveränderungen dienen oder uns bei der Identifikation von Risiken unterstützen. Mithilfe von Kunden-Avataren kann das Marketing verbessert und der Kundenservice optimiert werden. Produkte werden zielgruppengerecht entwickelt und enthalten keinen unnötigen Schnick-Schnack. Die Mitarbeiterstimmung kann mit Sensoren und KI besser eingefangen werden, durch beispielsweise ehrliche Analyse von Stimme und Wortwahl anstelle von vorgetäuschten Aussagen wie „Es ist alles in Ordnung. Ich bin sehr zufrieden." Das macht Führungskräfte nicht überflüssig – nein, es macht sie effizienter.

2.2.2 KI-Tools für die Führungskraft von morgen

KI-Tools helfen, Kennziffern auszuwerten, Prozesse zu optimieren und zu automatisieren, Abläufe zu vereinfachen, Tests zu automatisieren, Qualität zu verbessern, Mitarbeiter zu entlasten und operative sowie finanzielle Entscheidungsvorlagen zu erstellen oder gar automatisierte Entscheidungen zu treffen.

KI hat darüber hinaus auch das Potenzial, uns trotz der technischen Algorithmen näher zu den Menschen zu bringen, die wir führen. Durch intelligente Analyse-Tools können wir die Bedürfnisse unserer Mitarbeiter und Teams besser verstehen, Stimmungen erkennen und individuelle Entwicklungspläne erstellen. Wir können zielgerichteter auf die Stärken jedes Mitarbeiters eingehen. Emotionale und empathische Führung wird durch KI einfacher – das klingt paradox, entspricht jedoch der Wahrheit. Mitarbeiter passen sich an ihre Bedürfnisse an und ändern sich. Da sich unsere Körperzellen alle ca. 7 Jahre erneuern, ändert sich auch immer wieder unser Charakter und unser Verhalten. Das ist nicht immer deutlich spürbar, jedoch gibt es nicht umsonst das statistisch berechnete verflixte 7 Jahr in Ehen und in Berufskarrieren. Als Führungskraft von vielen Mitarbeitern steht man vor großen Herausforderungen.

Heiko weiß aus der Mindset-Praxis und der Erfahrung als Führungskräfte-Coach, dass wir keinen Menschen verändern können. Jeder kann sich nur selbst verändern. Wir können einen Anstoß geben, Möglichkeiten aufzeigen, Potenziale hervorheben und Hinweise geben – eine Veränderung erfolgt jedoch immer von innen und nicht von außen (Gewalteinwirkungen mal ausgeschlossen). Daher müssen wir Führungskräfte unsere Taktik und unseren Führungsstil anpassen, um erfolgreich zu führen und am besten als Vorbild eine Sogwirkung zu erzeugen. Für Führungskräfte, die Schwierigkeiten damit haben, sich selbst zu beherrschen und zu reflektieren, werden KI-Tools eine wundersame Unterstützung bieten und ihnen helfen, erfolgreicher zu sein.

Diese Tools unterstützen die Führungskraft, schaffen Vertrauen, stärken die Bindung und machen uns zu besseren Entscheidern.

2.2.3 Effiziente Planung

Wer kennt es nicht: Strategiemeetings, die sich in endlosen Diskussionen verlieren? KI kann hier unterstützen, indem sie Szenarien durchrechnet, Chancen und Risiken simuliert und Vorschläge für optimale Ressourcenplanung macht. Damit gewinnen wir Zeit für das, was wirklich zählt – die strategische Ausrichtung und die Inspiration unseres Teams.

2.2.4 Angst vor Kontrollverlust?

Kaum eine Führungskraft gibt gerne die Kontrolle ab:

- Aufgaben delegieren? – Ja, gerne.
- Verantwortung übertragen? – Ja, gerne.
- Kontrolle abgeben? – Nein, auf gar keinen Fall.

Es ist entscheidend, die Kontrolle zu behalten. Die KI liefert Vorschläge, doch die Entscheidungen treffen immer noch wir. Der Mensch bleibt der Kapitän, die KI ist nur der Lotse. Führung heißt nicht, sich auf Algorithmen zu verlassen, sondern sie als Unterstützung zu sehen, die unsere menschliche Intuition ergänzt. Das ist unter anderem ein Punkt, der unter dem Aspekt Ethik der KI ausführlich erklärt wird (Vgl. Abschn. 9.4).

Es gibt Situationen, bei denen KI eine Entscheidung treffen wird. Dies lässt sich am Beispiel des *autonomen Fahrens* recht anschaulich erklären. Wenn hier beispielsweise beim Fahren während eines Sturms ein Baum auf die Straße fällt, muss innerhalb eines Bruchteils von Sekunden die Entscheidung getroffen werden, ob eine Vollbremsung eingeleitet wird und eine Kollision mit dem Baum in Kauf genommen wird, oder ob ein Ausweichmanöver stattfindet, welches weitere folgenreiche Konsequenzen haben kann, wie die Gefährdung von Fußgängern, das Fahren in einen Straßengraben, oder ähnliches. Insbesondere, wenn Menschenleben in Gefahr sind, kommt die Ethik ins Spiel.

Einfache Entscheidungen – wie das Aussortieren von Endprodukten in den Ausschuss, wenn sie entsprechende Qualitätsmängel aufweisen – können bereits von Algorithmen oder KI durchgeführt werden. Wenn es um Team-Entscheidungen geht, sieht die Lage etwas anders aus. (Grählert, 2022)

Unser vorrangiges Ziel bei Entscheidungen im Umgang mit Menschen wird es sein, KI möglichst so einzusetzen, dass sie Entscheidungsprozesse vorbereitet, aussagekräftige Informationen für schnelle Entscheidungen bereitstellt und möglicherweise auch eine Empfehlung ausspricht. Die Entscheidung sollte jedoch weiterhin bei den verantwortlichen Personen liegen.

2.2.5 Führung während der Transformation

Als Führungskraft müssen wir Vorbilder im Umgang mit KI sein. Wir müssen Ängste abbauen, Transparenz schaffen und unseren Mitarbeitern zeigen, wie sie mit KI wachsen können. Wer die Digitalisierung predigt, muss sie auch leben – und das beginnt bei uns.

Hierzu kann jede Führungskraft ihr Mindset stärken. Auch das Visualisieren von Situationen oder Storytelling bietet sich an, KI erfolgreich im Unternehmen einzusetzen. Eine unserer liebsten Analogien zur Einführung der KI ist die Computerisierung in den 1990er Jahren. Mit Entwicklung der Personalcomputer Ende der 1980er wurden recht schnell Anwendungen entwickelt, welche das Schreiben von Briefen, das Rechnen in Formularen und Tabellen sowie das Strukturieren und Nutzen von Daten in Datenbanken vereinfacht haben. Es gab viele sehr gute Anwendungen, die Bekanntesten sind die Microsoft Office Produkte, welche den PC auch am Arbeitsplatz salonfähig gemacht haben und Schreibmaschinen, Buchhaltungsklatten, tabellarische Berechnung auf Papier und vieles mehr überflüssig gemacht haben. Heute schreiben wir E-Mails anstatt Briefe, nutzen MS Excel für allerlei Dinge, nutzen Buchhaltungsprogramme anstatt T-Konten, präsentieren mit MS Powerpoint anstatt mit einem Overhead-Projektor – und all dies ist zur Selbstverständlichkeit geworden. Möchtest du die Zeit gerne zurück drehen und wieder mit Overhead-Projektoren und Schreibmaschine arbeiten? – Vermutlich nicht. Warum schauen wir also so extrem pessimistisch in die Zukunft bzgl. KI? Die Angst vor Kontrollverlust gab es auch in den 1990er Jahren. Die Angst vor Arbeitsplatzverlust gab es auch in den 1990er Jahren. Und tatsächlich sind sehr viele alte Arbeitsplätze verschwunden. Jedoch wurden sie durch noch mehr neue Arbeitsplätze substituiert. Die Arbeit ist heute insgesamt technischer und es gibt viele neu technische Berufe. Und diese Entwicklung wird weitergehen. Welcher Bauer hätte im Jahr 1900 geglaubt, dass es im Jahr 2024 oftmals nur noch einen Landwirt im Dorf gibt, oftmals sogar einen Agrargroßbetrieb über mehrere Ortschaften hinweg, der durch IT- und KI-gestützte landwirtschaftliche Maschinen, die mehr als eine halbe Million Euro kosten, mit nur ganz wenigen Mitarbeitern eine größere Ernte einfahren wird als im Jahr 1900 hunderte von Bauern, die alle viel Schweiß und Kraft in das Säen und Ernten investiert haben.

2.3 Einrichten eines KI Competence Centers

Immer, wenn ein Paradigmenwechsel stattfindet oder eine neue Technologie Einzug hält, ist es sinnvoll, firmeninternes Wissen und Kompetenz aufzubauen. Damit dies strukturiert und vor allem organisiert innerhalb der Firma abläuft, bietet sich hierzu der Aufbau eines Competence Centers an.

Die Vorteile eines Competence Centers (CC) sind, dass wir Mitarbeiter aus unterschiedlichen Abteilungen mit unterschiedlichen Erfahrungen und Wissensständen zusammenbringen, die sich beispielsweise als interdisziplinäres Team für einen Teil ihrer Arbeitszeit für die Weiterentwicklung von KI im Unternehmen einsetzen und Ansprechpartner für Kollegen sind. Hierzu müssen sie nicht full-time im CC arbeiten, sondern können je nach Bedarf und benötigter Geschwindigkeit zur Einführung der KI an Workshops, Projekten und Weiterbildungsmaßnahmen teilnehmen. Darüber hinaus bringen Sie Erkenntnisse und Ansichten ihrer jeweiligen Abteilung mit ein, womit ein größtmöglicher Bereich der Firma in die Einführung von KI involviert ist und ein ganzheitlicher Übergang garantiert wird. Dennoch bleibt der Spielraum, einzelne Bereiche früher an KI heranzuführen und abteilungsübergreifende Pilot-Projekte in gemeinsamer Abstimmung zu planen und durchzuführen, oder eine sogenannte Sandbox als Spielwiese aufzubauen.

Best Practice: Installiere ein interdisziplinäres KI-Team
Die Idee eines KI Competence Centers ist mehr als nur die Einführung einer neuen Technologie. Es ist ein kultureller Wandel, eine Innovationsplattform und ein strategischer Motor für die Zukunftsfähigkeit des Unternehmens. Besonders im Mittelstand bietet ein solches Zentrum die Möglichkeit, künstliche Intelligenz (KI) nicht nur als technisches Werkzeug, sondern als Kernkompetenz zu etablieren, die über Abteilungsgrenzen hinweg gedacht wird.

Das Konzept: Interdisziplinäre Zusammenarbeit als Schlüssel
Die Idee eines KI Competence Centers basiert auf der Überzeugung, dass kollaborative Intelligenz der Schlüsselfaktor zu nachhaltiger Innovation ist. Zur Kollaboration gehören hier die Mitarbeiter des interdisziplinären Teams, die sich untereinander austauschen, miteinander wirken und ergänzen, und unter Einbeziehung von KI als Technologie den Grundstein für nachhaltige Innovation bilden. (IT Verlag für Informationstechnik GmbH, 2024)

Das Herzstück eines KI Competence Centers
Das Herzstück eines KI Competence Centers sind interdisziplinäre Teams, die sich aus engagierten Mitarbeitern verschiedener Abteilungen zusammensetzen. Sie vereinen das Fachwissen ihrer jeweiligen Domänen mit der Begeisterung für neue Technologien und haben die Aufgabe, KI im Unternehmen zu fördern sowie ihre Kollegen aktiv zu

unterstützen. Gleichzeitig dienen sie als Brücke zwischen technologischen Möglichkeiten und betriebswirtschaftlichen Anforderungen.

Ein solches Team setzt sich typischerweise aus Mitgliedern aus den Bereichen IT, Produktion, Marketing, Vertrieb, Finanzen und Personal zusammen. Jedes Teammitglied investiert einen festgelegten Teil seiner Arbeitszeit in die Weiterentwicklung von KI-Projekten und steht gleichzeitig als Ansprechpartner für Kollegen zur Verfügung. Dabei übernehmen sie unterschiedliche Rollen: Einige agieren als *KI-Botschafter* und bringen technologische Möglichkeiten in ihre Abteilungen, während andere als *Projektleiter* bereichsübergreifende Initiativen steuern. Zudem gibt es *Innovationsmentoren*, die ihre Kollegen dabei unterstützen, KI-Potenziale zu erkennen und gezielt umzusetzen.

Die erste Phase: Aufbau des Kompetenzzentrums
Der Aufbau eines KI Competence Centers beginnt mit einem klaren Ziel: KI soll als Treiber für Effizienz, Innovation und Wettbewerbsfähigkeit im Unternehmen verankert werden (Harbort, 2024). Die Implementierung erfolgt in mehreren Schritten, beginnend mit einer detaillierten *Bedarfsanalyse*, um die Bereiche zu identifizieren, in denen KI den größten Mehrwert bietet. Anschließend werden geeignete Mitarbeiter ausgewählt, die sowohl technisches Verständnis als auch Innovationsfreude und Kommunikationsstärke mitbringen und als erste *Mitglieder des Teams* fungieren.

Daraufhin folgt eine umfassende *Schulung*, in der das Team mit den Grundlagen der KI, Change Management und relevanten Tools vertraut gemacht wird, um später als Multiplikatoren im Unternehmen zu agieren. Schließlich wird ein erstes, bereichsübergreifendes *Pilotprojekt* durchgeführt, das als Showcase dient, um Vertrauen und Akzeptanz für KI-Initiativen innerhalb des Unternehmens zu schaffen.

Die zweite Phase: Skalierung und Verankerung
Sobald das KI Competence Center etabliert ist, liegt der Fokus darauf, die Erfolge zu skalieren und die Akzeptanz weiter zu erhöhen. Mitarbeiterinnen und Mitarbeiter benötigen eine *Anlaufstelle* für ihre Fragen und Belange bzgl. KI. Das KI Competence Center Team fungiert als „Helpdesk" für KI-Fragen und bietet Workshops und Schulungen an.

Wichtig ist auch die *interne Kommunikation*. Regelmäßige Updates und Erfolgsgeschichten fördern die Transparenz und Motivation. Durch eine offene und transparente Kommunikation mit der gesamten Belegschaft kann die Rolle der KI im Rahmen der Vision, Mission und Strategie des Unternehmens beleuchtet werden. Darüber hinaus erfahren alle Mitarbeiterinnen und Mitarbeiter von den Fortschritten und Erfolgen im Zusammenhang mit KI. Genauso dient die Kommunikation jedoch auch der Warnung vor Gefahren, Cyberangriffen und mehr.

Das Nutzen von *Feedback-Schleifen* stellt einen zusätzlichen Mehrwert dar. So können Mitarbeiter ihre Ideen einbringen und entweder in Form eines erweiterten Kreises mitwirken oder als Ideengeber und Berater zur Verfügung stehen. Die Fortschritte des KI Competence Centers werden regelmäßig evaluiert, und neue Bedürfnisse und Erkenntnisse aus der Belegschaft fließen in die Arbeit ein und werden anhand von Feedback-Schleifen reflektiert.

Die Rolle des Beraters für Orientierung und Klarheit
Durch die Hinzunahme eines Beraters kann das Team um zusätzliches Know-how, Kompetenz und Erfahrung im KI-Umfeld ergänzt werden. Der Berater kann dabei verschiedene Rollen übernehmen: Er fungiert als Architekt für die Vision und Strategie des KI Competence Centers und gleichzeitig als Wegbegleiter, der dem Unternehmen Sicherheit im Veränderungsprozess gibt. Zudem bietet er Hilfestellung, Unterstützung und Schulungen im Bereich technologischen Know-hows.

Seine Aufgaben können sich auf verschiedene Schwerpunkte erstrecken. In der *strategischen Planung* sorgt er dafür, dass die Ausrichtung des KI Competence Centers eng mit den Unternehmenszielen verknüpft ist, sodass KI-Initiativen nicht isoliert, sondern als integraler Bestandteil der Geschäftsstrategie betrachtet werden. Als *Mentor* unterstützt er die Teammitglieder in ihrer Rolle als KI-Botschafter, hilft ihnen, ihre Kompetenzen weiterzuentwickeln, und gibt ihnen Werkzeuge an die Hand, um ihr Wissen innerhalb des Unternehmens zu verbreiten. Im Bereich *Change Management* begleitet er den Transformationsprozess, indem er Widerstände identifiziert, Lösungen entwickelt und Maßnahmen ergreift, um Vorbehalte abzubauen und eine unternehmensweite Akzeptanz für KI zu schaffen. Dabei setzt er gezielt auf

Kommunikationsstrategien und praxisnahe Ansätze, um Mitarbeitende für das Potenzial von KI zu begeistern. Darüber hinaus übernimmt er die Aufgabe, technologische Kompetenz aufzubauen, indem er spezifische KI-Schulungen durchführt, praxisnahe Trainings anbietet und den *Wissenstransfer* innerhalb des Unternehmens fördert. So trägt er maßgeblich dazu bei, dass das KI Competence Center langfristig erfolgreich agieren kann.

Fazit: Von einer Idee zur DNA des Unternehmens
Ein KI Competence Center ist kein Projekt mit Enddatum, sondern eine sich kontinuierlich entwickelnde Plattform. Es stärkt nicht nur die technologische Kompetenz des Unternehmens, sondern fördert eine Kultur des Lernens, Experimentierens und Zusammenarbeitens. Mit interdisziplinären Teams als treibende Kraft wird KI zu einem festen Bestandteil der Unternehmens-DNA und macht den Mittelstand fit für die Herausforderungen der Zukunft. (Blocher, 2025)

2.4 Aufsetzen einer KI Governance

Ähnlich der IT-Governance empfiehlt sich unbedingt eine KI-Governance, um einheitliche Standards und Regeln für den Umgang mit KI zu definieren und zu kontrollieren. Die Governance ist nicht zuletzt relevant, um regulatorische Vorschriften zu kontrollieren und einzuhalten, die Aspekte des AI Acts der EU Kommission zu beachten und umzusetzen, und die eigene Firma vor Gefahren von außen, wie Cyberangriffen, zu schützen. Eine *KI-Governance* umfasst die Strategien, Strukturen, Prozesse und Richtlinien, die den Einsatz von künstlicher Intelligenz (KI) in einem Unternehmen steuern. Ziel ist es, KI so einzusetzen, dass sie sicher, ethisch verträglich, transparent und effizient funktioniert. Gleichzeitig soll die *Compliance* mit gesetzlichen und regulatorischen Anforderungen gewährleistet sein.

Eine KI-Governance ist essenziell, um den verantwortungsvollen und effizienten Einsatz künstlicher Intelligenz im Unternehmen sicherzustellen. Ein zentraler Aspekt ist die Erfüllung *regulatorischer Anforderungen*, da Gesetze wie der AI Act der Europäischen Union klare Regeln für den

Umgang mit KI vorgeben. Ohne eine strukturierte Governance wird es schwierig, diese Vorgaben einzuhalten und rechtliche Risiken zu vermeiden. Gleichzeitig trägt eine solide Governance zur *Risikominimierung* bei, denn der Einsatz von KI bringt auch Herausforderungen mit sich. Dazu gehören potenziell falsche Entscheidungen, ethische Fragestellungen oder Sicherheitslücken, die durch eine klare Strategie erkannt, kontrolliert und minimiert werden können.

Darüber hinaus beeinflusst eine durchdachte KI-Governance die *Reputation* eines Unternehmens maßgeblich. Organisationen, die transparent und verantwortungsbewusst mit KI umgehen, gewinnen das Vertrauen von Kunden, Mitarbeitern und Geschäftspartnern. Dies stärkt nicht nur die Marke, sondern auch die Akzeptanz neuer Technologien innerhalb des Unternehmens. Ein weiterer entscheidender Vorteil liegt in der *Effizienz und Innovationskraft*, die eine strukturierte KI-Governance fördert. Anstatt dass einzelne KI-Projekte unkoordiniert und isoliert ablaufen, sorgt eine einheitliche Steuerung für strategische Ausrichtung, bessere Ressourcennutzung und einen nachhaltigeren Mehrwert. So wird KI nicht nur sicher und regelkonform eingesetzt, sondern auch gezielt zur Steigerung der Wettbewerbsfähigkeit genutzt.

Wie setze ich KI-Governance analog zur IT-Governance auf?
Einheitliche Standards und Regeln sind von Beginn an wichtig für die Nutzung und Entwicklung von KI. Wenn jeder Mitarbeiter macht was er will und beliebige KI-Tools nutzen kann, entsteht Chaos und Synergie-Effekte bleiben komplett auf der Strecke. Darüber hinaus wächst hiermit die Gefahr, dass geheime Informationen außerhalb der Firma durchsickern und in den Umlauf geraten.

Das *Minimieren von Risiken*, die durch den Einsatz von KI entstehen können (z. B. Datenschutzverletzungen, diskriminierende Algorithmen), ist eines der wichtigsten Ziele in der KI-Governance.

Darüber hinaus ist es sinnvoll, die KI-Strategie in die Unternehmensstrategie zu integrieren und die *strategischen Ziele der Firma zu unterstützen*. Denn wenn KI-Ziele konträr zu bestehenden Unternehmenszielen der Firma erfolgen, kann dies verheerende Folgen für die Firma und ihre Existenz haben.

Welches sind die zentralen Komponenten der KI-Governance?
Die KI-Governance besteht aus mehreren zentralen Komponenten, die sicherstellen, dass künstliche Intelligenz verantwortungsvoll, effizient und strategisch ausgerichtet im Unternehmen eingesetzt wird. Ein wesentlicher Bestandteil ist die **Strategie**, die definiert, welche *Rolle KI* innerhalb der Organisation spielen soll – sei es als Innovationsmotor oder zur Automatisierung von Prozessen. Diese Strategie muss eng mit der übergeordneten *Unternehmensstrategie* abgestimmt sein, um langfristige Ziele und wirtschaftlichen Nutzen optimal zu integrieren.

Ein weiterer wichtiger Baustein sind **Regeln und Richtlinien**, die den ethischen und rechtlichen Rahmen für den Einsatz von KI setzen. *Ethik-Richtlinien* helfen dabei, Verzerrungen (Bias) und Diskriminierung in KI-Systemen zu vermeiden und klare Vorgaben für einen verantwortungsvollen Umgang zu schaffen. *Transparenzanforderungen* sorgen dafür, dass Entscheidungen von KI nachvollziehbar sind und der Einsatz dokumentiert wird. Zudem spielt der *Datenschutz* eine zentrale Rolle, indem sichergestellt wird, dass alle KI-Anwendungen den Vorgaben der *DSGVO (Datenschutz-Grundverordnung)* und anderen Datenschutzgesetzen entsprechen.

Das **Risikomanagement** ist ein entscheidender Bestandteil der KI-Governance, da der Einsatz von KI auch *Risiken* birgt. Dazu zählen Sicherheitslücken, fehlerhafte Algorithmen oder Fehlentscheidungen, die schwerwiegende Konsequenzen haben können. Daher müssen Risiken regelmäßig bewertet, überwacht und durch gezielte Maßnahmen minimiert werden.

Ebenso wichtig sind **klare Verantwortlichkeiten**. Es muss eindeutig festgelegt sein, wer im Unternehmen für den Umgang mit KI *zuständig* ist. Dazu gehören *Rollen* wie Data Scientists, Compliance-Officer für KI oder Führungskräfte, die in Entscheidungsprozesse eingebunden sind. Ein zentrales *KI-Governance Board* kann eingerichtet werden, um sicherzustellen, dass Richtlinien eingehalten und Maßnahmen konsequent umgesetzt werden.

Zur nachhaltigen Steuerung gehört auch ein effektives **Monitoring und Kontrollsystem.** Ein *Performance-Monitoring* sorgt dafür, dass KI-Systeme die gewünschten Ergebnisse liefern, während *Compliance-Checks* sicherstellen, dass alle Anwendungen den internen und externen Vorschriften entsprechen. Zusätzlich sind regelmäßige *Audits* erforderlich, um KI-Modelle auf Sicherheit, Fairness und Genauigkeit zu überprüfen und gegebenenfalls anzupassen.

Ein weiterer entscheidender Faktor ist die **Schulung und Sensibilisierung** der Mitarbeiter. KI kann nur dann effektiv und verantwortungsbewusst eingesetzt werden, wenn alle Beteiligten die Chancen und Risiken verstehen. *Fortbildungen* und *Trainings* helfen dabei, Wissen über KI zu vermitteln, ethische Herausforderungen zu erkennen und *Best Practices* in den Arbeitsalltag zu integrieren.

Schließlich spielen **technologische Standards** eine zentrale Rolle in der KI-Governance. Es müssen klare Vorgaben für *Datenqualität*, *Modelltraining* und *Sicherheitsanforderungen* definiert werden, um eine hohe Zuverlässigkeit und Effizienz von KI-Systemen sicherzustellen. Durch *Benchmarking* und die Orientierung an Best Practices kann das Unternehmen gewährleisten, dass seine KI-Entwicklung und -Nutzung stets auf dem neuesten Stand ist.

Mit einer umfassenden KI-Governance kann sichergestellt werden, dass KI nicht nur technologisch leistungsfähig, sondern auch ethisch vertretbar, sicher und wirtschaftlich sinnvoll in das Unternehmen integriert wird.

Beispielhafte Umsetzung einer KI-Governance
Als erster Schritt sollte ein KI-Governance Board eingerichtet werden, welches aus Vertretern der IT, Compliance, Recht, Datenschutz und operativen Abteilungen zusammengesetzt ist. Dieses kann die Prozesse, Implementierungen, Prototypen und *Fortschritte der KI-Projekte überwachen*. Es unterstützt darüber hinaus bei der Strategieentwicklung, indem es eine KI-Strategie entwickelt, die mit der Unternehmensstrategie vereinbar ist. Und es ist verantwortlich für die Planung und Freigabe neuer KI-Projekte.

Anschließend ist es sinnvoll, *Leitlinien* für die KI-Nutzung zu definieren. Hierin sind wichtige Regeln und Vorgaben verankert, welche an die Werte und Ethik des Unternehmens angepasst sind. Dazu gehören beispielsweise Sätze wie „*KI-Systeme dürfen nur auf geprüften und nicht diskriminierenden Datensätzen trainiert werden.*" oder „*Alle Entscheidungen, die von KI-Systemen getroffen werden, müssen nachvollziehbar dokumentiert werden.*".

Wichtig ist auch ein *risikobasierter Ansatz*. Hochrisiko-KI-Anwendungen (z. B. im Personalwesen oder in sicherheitskritischen Bereichen) unterliegen strengeren Kontrollen und müssen regelmäßigen Auditkontrollen unterzogen werden. (IEEE (Institute of Electrical and Electronics Engineers), 2024)

Unterstützend sollten *Transparenzmaßnahmen* durchgeführt werden, welche gegenüber Mitarbeitern und Kunden offenlegen, wo und wie KI eingesetzt wird. KI-generierte Inhalte sollten gekennzeichnet werden.

Vergleich: KI-Governance vs. IT-Governance
(Siehe Tab. 2.1)

KI-Governance und der AI Act der Europäischen Union
Der *AI Act* der Europäischen Union legt spezifische Anforderungen fest, die einen sensiblen Umgang mit KI-Tools und KI-generierten Informationen – sowohl als Sender als auch als Empfänger – erfordern. Diese Anforderungen zielen darauf ab, den sicheren, transparenten und ethischen Einsatz von KI-Systemen zu gewährleisten. Der effizienteste Weg, diese Richtlinien einzuhalten, ist das Aufsetzen einer *KI-Governance* innerhalb der Organisation. (Future of Life Institute, 2024)

Wesentliche Aspekte des AI Act
Der AI Act klassifiziert KI-Systeme nach ihrem Risikopotenzial in Kategorien wie *unvertretbares Risiko*, *hohes Risiko* und *geringes Risiko*. Für Systeme mit hohem Risiko sind strenge Anforderungen vorgesehen, die eine robuste Governance-Struktur erfordern. (Cornell University, 2024)

Tab. 2.1 KI-Governance vs. IT-Governance

Aspekt	IT-Governance	KI-Governance
Fokus	IT-Systeme und Infrastruktur	KI-Systeme, Algorithmen und Daten
Ziele	Effizienz, Kostenkontrolle, Sicherheit	Ethik, Fairness, Transparenz, gesetzliche Compliance
Regulatorik	Datenschutz, IT-Sicherheitsgesetze	Datenschutz, KI-spezifische Gesetze (z. B. AI Act)
Monitoring	Überwachung von IT-Performance	Kontrolle von KI-Ergebnissen und deren Auswirkungen

Anforderungen an Hochrisiko-KI-Systeme
Hochrisiko-KI-Systeme unterliegen strengen Anforderungen, um ihre Sicherheit, Fairness und Transparenz zu gewährleisten. Ein zentraler Aspekt ist das *Risikomanagement*, das Prozesse zur Identifizierung, Bewertung und Minderung von Risiken während des gesamten Lebenszyklus eines KI-Systems umfasst. Durch kontinuierliche Analysen und präventive Maßnahmen sollen mögliche Gefahren frühzeitig erkannt und minimiert werden.

Ein weiterer wichtiger Punkt sind die *Daten- und Datenqualitätsanforderungen*. Hierbei muss sichergestellt werden, dass die verwendeten Datensätze frei von Verzerrungen (Bias) sind und eine hohe Qualität aufweisen. Fehlerhafte oder unausgewogene Daten können zu diskriminierenden oder fehlerhaften Entscheidungen führen, weshalb die Überprüfung und Bereinigung der Daten essenziell ist.

Transparenz ist eine weitere zentrale Anforderung, die durch eine *detaillierte Dokumentation und Protokollierung* sichergestellt wird. Unternehmen müssen genaue Aufzeichnungen über das Design, die Entwicklung und die Leistung ihrer KI-Systeme führen. Dies ermöglicht eine bessere Nachvollziehbarkeit und erleichtert die Überprüfung der Systeme durch Regulierungsbehörden.

Zudem besteht eine *Transparenz- und Aufklärungspflicht*, die sicherstellt, dass Nutzer klar über die Funktionsweise des KI-Systems und dessen Entscheidungsprozesse informiert werden. Dadurch wird Vertrauen geschaffen und sichergestellt, dass Nutzer in der Lage sind, die Entscheidungen eines KI-Systems besser zu verstehen und gegebenenfalls zu hinterfragen.

Ein besonders wichtiger Bestandteil ist das *Human Oversight*, also die menschliche Aufsicht über KI-Systeme. Diese übergeordnete Kontrolle wird laut AI Act insbesondere bei Hochrisiko-KI-Systemen (hierzu zählen beispielsweise medizinische Maßnahmen, aber auch Kreditvergabe und Bewerberauswahl) verlangt, damit der Mensch bei Bedarf in das KI-System eingreifen kann und es notfalls abschaltet. Daneben gibt es noch den Bestandteil des *Human in the Loop (Mensch in der Schleife)*, der das Vorgehen definiert, wenn der Mensch immer aktiv die Entscheidungen trifft, während das KI-System nur Vorschläge und Entscheidungshilfen unterbreitet. Unternehmen müssen also Mechanismen etablieren, die es Menschen ermöglichen, in die Entscheidungen des KI-Systems einzugreifen und diese zu kontrollieren. Dies soll verhindern, dass automatisierte Prozesse ohne ausreichende Kontrolle kritische Entscheidungen treffen, insbesondere in sicherheitsrelevanten oder ethisch sensiblen Bereichen.

Konformitätsbewertung und Marktüberwachung
Um sicherzustellen, dass Hochrisiko-KI-Systeme alle vorgeschriebenen Anforderungen erfüllen, müssen Anbieter entsprechende *Konformitätsbewertungen* durchführen. Diese Verfahren dienen dazu, die Einhaltung der festgelegten Vorschriften zu bestätigen und sicherzustellen, dass KI-Systeme in Übereinstimmung mit geltenden Regulierungen betrieben werden.

Parallel dazu übernehmen nationale Behörden die *Marktüberwachung* und kontrollieren, ob Unternehmen die gesetzlichen Anforderungen einhalten. Falls Verstöße festgestellt werden, können entsprechende Maßnahmen ergriffen werden, um die Einhaltung der Vorschriften durchzusetzen und Risiken für Verbraucher und Unternehmen zu minimieren.

Einrichtung von Governance-Strukturen
Zur übergeordneten Steuerung der KI-Regulierungen wird auf EU-Ebene ein *AI Office* eingerichtet. Diese zentrale Institution übernimmt die Koordination der Umsetzung des *AI Act*, unterstützt Unternehmen bei der Einhaltung der Vorschriften und überwacht die regulatorischen Maßnahmen in den Mitgliedstaaten.

Darüber hinaus sind die einzelnen Mitgliedstaaten verpflichtet, *nationale zuständige Behörden* zu benennen, die für die Anwendung und Durchsetzung der KI-Vorschriften auf nationaler Ebene verantwortlich sind. Diese Behörden sollen Unternehmen unterstützen, regulatorische Standards kontrollieren und im Bedarfsfall Maßnahmen zur Durchsetzung der Vorschriften ergreifen.

Durch diese umfassenden Anforderungen und strukturierten Governance-Mechanismen soll sichergestellt werden, dass Hochrisiko-KI-Systeme sicher, fair, nachvollziehbar und gesetzeskonform betrieben werden, während gleichzeitig Innovationen gefördert und Risiken minimiert werden.

3

Große Sprachmodelle (LLMs) für generative KI

Inhaltsverzeichnis

3.1 Übersicht über die großen Sprachmodelle 42
3.2 Vergleich: Stärken und Schwächen der großen Sprachmodelle 66
3.3 Der perfekte Prompt am Beispiel von ChatGPT 69

Große Sprachmodelle, auch bekannt als Large Language Models (LLMs), haben in den letzten Jahren die Art und Weise revolutioniert, wie Maschinen menschliche Sprache verstehen und nutzen können. Diese Modelle, die auf riesigen Datensätzen trainiert werden, sind in der Lage, Texte zu generieren, zu übersetzen und sogar komplexe Zusammenhänge zu analysieren. Mit ihrer beeindruckenden Fähigkeit, natürliche Sprache zu verarbeiten, haben sie Anwendungen in nahezu allen Bereichen des täglichen Lebens gefunden, von personalisierten Chatbots bis hin zu kreativer Textproduktion. Ihre Stärke liegt in der Kombination von Sprachverständnis und Kontextanalyse, wodurch sie immer präzisere und menschlichere Antworten liefern können. Doch mit ihrer wachsenden Leistungsfähigkeit gehen auch Herausforderungen einher, insbesondere in den Bereichen Ethik, Datenschutz und

Verantwortung. Die Sprachmodelle markieren nicht nur einen technologischen Meilenstein, sondern werfen auch grundlegende Fragen über die Zukunft der Mensch-Maschine-Interaktion auf. In diesem Kapitel gehen wir auf die Sprachmodelle der größten Anbieter ein und wir werden ihre Funktionsweise, Anwendungsgebiete und die damit verbundenen Chancen und Risiken näher beleuchten.

3.1 Übersicht über die großen Sprachmodelle

Large Language Models (LLMs) wie ChatGPT haben die KI ab Ende 2022 salonfähig gemacht, d. h. KI war auf einmal für die breite Masse zugänglich und nutzbar.

Mit einfachen Mitteln und ein paar guten Tipps und Tricks sind die Sprachmodelle ein großer Nutzen im Alltag des Schreibens und Bearbeitens von Dokumenten, sowie beim Verwenden von Best Practice Content, wie insbesondere beim Programmieren. Um auf das Sprachmodell deiner Wahl zuzugreifen, googlest du am einfachsten nach dem Namen des Modells und klickst anschließend auf den entsprechenden Link. Fast alle Sprachmodelle sind in gewissem Umfang kostenlos nutzbar; allerdings musst du dich dennoch bei den meisten mit einer E-Mail-Adresse und einem Passwort registrieren.

Um ein Sprachmodell anzuwenden, kannst du eine Idee einfach ansatzweise an das Sprachmodell übertragen, dieses in eine Rolle schlüpfen lassen und dir kreative Lösungen für deine Idee erstellen lassen. Angenommen Du möchtest ein romantisches Gedicht für deine Geliebte schreiben. Romantisch bedeutet für dich, es soll im Stile von William Shakespeare sein. Dann kannst du dies ohne großen Aufwand im Handumdrehen realisieren lassen. Oder du möchtest ein lustiges Gedicht im Stile von Erich Kästner, einen Limerick, ein Märchen über dich selbst in der Art der Gebrüder Grimm haben (unser Geheimtipp, denn bei diesem Märchen erfährst du spielerisch, was das Internet über dich weiß – falls dein Name nicht allzu häufig vorkommt und du nicht zufällig Max Mustermann heißt).

Es gibt unzählige nützliche Anwendungsfälle, wie das Zusammenfassen von Dokumenten, das Erstellen von Social Media Inhalten und einer Social Media Strategie, das Erstellen von Präsentationen, das Visualisieren durch kreative Bilder, das Übersetzen eines Programm-Ablauf-Plans (PAP) in eine beliebige Programmiersprache, Hilfestellung und Beispiele zur Programmierung, das Analysieren eines Dokuments oder Beantworten von zielgerichteten Fragen zum Inhalt des Dokuments (wie beispielsweise Kündigungsfristen in einem 30-seitigen Vertrag), das Analysieren einer Website, das Analysieren von Bildern, das Erstellen von eigenen Gedichten und Märchen, das Nutzen von KI-Agenten das Planen und automatische Ausführen von Aufgaben und vieles mehr.

3.1.1 ChatGPT von OpenAI

Website: https://chat.openai.com

ChatGPT ist ein vielseitiges KI-Tool, das in vielen Bereichen außergewöhnliche Leistungen erbringt. ChatGPT gehört zum Bereich der Generativen KI, d. h. es ist am besten für den Einsatz von textbasierten Fragestellungen und im Bereich der Kommunikation geeignet. ChatGPT ist ein leistungsfähiges Tool, welches eingesetzt werden kann, um Aufgaben zu automatisieren, die Produktivität zu steigern und qualitativ hochwertige Inhalte zu erstellen. Durch seine Fähigkeit, natürliche Sprache zu verstehen und zu generieren, ist es besonders nützlich für die Erstellung und Bearbeitung von Texten, die Unterstützung bei technischen Aufgaben, die Bereitstellung von Lernhilfen und die Personalisierung von Empfehlungen. (OpenAI, 2022).

Textgenerierung und -bearbeitung
ChatGPT kann hochwertige, zusammenhängende und kreative Texte generieren, die in unterschiedlichem Kontext mit unterschiedlichen Sichtweisen und Zielen verwendet werden können. Einige *Anwendungsbeispiele* sind:

- *Content-Erstellung*: Verfassen von Inhalten, wie Blog-Artikeln, Social Media-Beiträgen und Marketing-Materialien.
- *Kreatives Schreiben*: Erstellen von Geschichten, Gedichten und Drehbüchern.

- *Dokumentenbearbeitung*: Verbesserung und Korrektur von Texten, Erstellen von Zusammenfassungen und Übersetzungen.

Konversationsfähigkeiten
ChatGPT kann natürliche und sinnvolle Gespräche führen, wodurch es ideal für den Einsatz in Chatbots und Kundenservice-Anwendungen ist – und neuerdings auch im Robotics-Umfeld. *Anwendungsbeispiele* sind:

- *Kundenservice*: Automatisierte Beantwortung von Kundenanfragen und Problemlösungen in Echtzeit.
- *Virtuelle Assistenten*: Unterstützung bei täglichen Aufgaben wie Terminplanung, Erinnerungen und Recherche zu verschiedenen Themen.
- *Roboter*: Durch API-Schnittstellen zu Sprachmodellen wie ChatGPT bekommen Roboter eine sehr natürliche Sprache und können neben ihrem ursprünglich angedachten Zweck zur Enzyklopädie des Weltwissens werden und fast jede beliebige Frage beantworten, ein guter Gesprächspartner sein oder Sprachen übersetzen.

Programmierung und technische Unterstützung
ChatGPT kann Programmiercode generieren, debuggen und erklären, was es zu einem nützlichen Werkzeug für Entwickler macht. Insbesondere die neue Version *GPT-4o with canvas* ist für Softwareentwickler besonders hilfreich, denn hier kann der Code in Echtzeit interpretiert und verbessert werden. Und dies sogar zeilenweise. *Anwendungsbeispiele* sind:

- *Code-Generierung*: Schnelles Erstellen von Code-Schnipseln für verschiedene Programmiersprachen.
- *Debugging*: Identifizieren und Beheben von Fehlern im Code, Lösungsvorschläge und Diskussionsgrundlage.
- *Erklärung von Konzepten*: Unterstützung bei der Erklärung komplexer technischer Konzepte und Algorithmen.

Bildung und Lernunterstützung
ChatGPT kann Lernmaterialien erstellen und komplizierte Themen auf verständliche Weise erklären. *Anwendungsbeispiele* sind:

- *Hausaufgabenhilfe*: Unterstützung bei der Lösung von Aufgaben und Erklärungen von Themen für Schüler und Studierende.
- *Erstellung von Lehrmaterialien*: Generieren von Übungsaufgaben, Zusammenfassungen und Lernhilfen für Lehrer und Schüler.

Personalisierte Empfehlungen
ChatGPT kann auf Basis von Nutzereingaben personalisierte Empfehlungen aussprechen, sei es für Bücher, Filme oder andere Produkte. *Anwendungsbeispiele* sind:

- *Produktberatung*: Vorschläge für passende Produkte oder Dienstleistungen basierend auf den Vorlieben und Bedürfnissen des Nutzers.
- *Inhaltsvorschläge*: Empfehlen von Büchern, Filmen oder Musik basierend auf dem Geschmack des Nutzers.

Historie
OpenAI hat im November 2022 ChatGPT als das erste Sprachmodell auf den Markt gebracht, das durch jeden kostenlos nutzbar war. Damit hat ein neuer KI Hype begonnen. Microsoft hat OpenAI mit mehr als 10 Mrd. US-Dollar und seiner Infrastruktur unterstützt und den Bing Chat für seine Suchmaschine entwickelt, welcher auf die GPT-Modelle von OpenAI zurückgreift. Der Bing Chat wurde weiterentwickelt zu MS Copilot. ChatGPT und MS Copilot haben sich als führende Tools für verschiedene textbezogene und bildbezogene Anwendungsbereiche etabliert, weshalb wir sie hier noch einmal separat hervorheben. *GPT* ist die Abkürzung für „Generative Pre-trained Transformer" und bezeichnet die Sprachmodelle von OpenAI.

Verfügbare Modelle
Das Modell *GPT-4o* wurde im Mai 2024 veröffentlicht. Es ist geeignet für einfache Recherche und alle möglichen Textbearbeitungen. Für die Bildgenerierung wird DALL-E genutzt. Das Modell *GPT-4o mini* ist für allgemeine tägliche Fragen mit schneller Antwortzeit geeignet.

OpenAI hat Ende Februar 2025 GPT-4.5 veröffentlicht. Dieses Modell bietet verbesserte Schreibfähigkeiten, ein erweitertes Weltwissen und eine verfeinerte Persönlichkeit, wodurch die Interaktionen natürlicher wirken. Allerdings führt es keine signifikant neuen Funktionen ein und übertrifft in einigen Bereichen nicht spezialisierte Modelle wie o1 oder o3-mini.

Laut OpenAI-CEO Sam Altman ist die Veröffentlichung von GPT-5 im August oder September 2025 geplant. Dieses Modell wird erhebliche technologische Fortschritte, einschließlich des o3-Reasoning-Modells, integrieren und verschiedene OpenAI-Technologien in einem System vereinen, um der Erreichung einer allgemeinen künstlichen Intelligenz (AGI) näherzukommen. OpenAI arbeitet auch daran, Sprachmodelle wie GPT-5 so zu gestalten, dass sie nicht nur Texte verstehen, sondern auch Handlungen planen, Umgebungen interpretieren und physische Aufgaben steuern können. Dazu gehört auch das Verarbeiten von Sensoren und multimodalen Daten (wie Kamera, Mikrofon, Bewegungssensoren). Damit eignen sie sich noch besser für den Einsatz in Robotern und schaffen eine natürliche Verbindung zischen dem Denken durch die KI und dem Handeln durch die Robotik. Genauso wird das Thema Automatisierung durch KI-Agenten durch das *MCP (Model Context Protocol)*, welches von Anthropic entwickelt und als Open Source (offener Standard) im November 2024 veröffentlicht wurde, vorangetrieben, so dass du künftig Dateioperationen, E-Mail-Aktionen, Terminplanung, usw. auch direkt aus ChatGPT heraus sicher und bequem durchführen kannst.

Das Modell *GPT-4o with canvas* ermöglicht den Dialog mit ChatGPT in zwei nebeneinander liegenden Fenstern. Auf der rechten Seite sehen wir die aktuellen Ergebnisse, auf der linken Seite das Dialogfenster. Nun können wir wie gewöhnlich unsere Eingaben im Dialogfenster machen und rechts die Ergebnisse verfolgen. Wir können jedoch auch gezielt einzelne Wörter oder Zeilen des Ergebnisses markieren und nur dieses ändern. Diese Methode ist *insbesondere für Programmierer* sehr hilfreich und bei der *Bildanalyse*. Denn standardmäßig erzeugt ChatGPT bei jeder Änderungsanfrage ein komplett neues Ergebnis. D. h. der komplette Programmiercode verändert sich. Will ich jedoch nur einen Befehl, einen Ausgabetext oder einen Teilbereich des Codes ändern, so kann ich dies nun mit GPT-4o with canvas gezielt durchführen. Man kann auch selbst Änderungen im Ergebnis vornehmen.

Das Modell *GPT-o1* ist optimal für das Lösen komplexer Probleme, wie Mathematikaufgaben. Dabei greift ChatGPT nicht auf sein ganzes Wissen zu, wie es bei GPT-4o der Fall ist, sondern nutzt gezielt wissenschaftliche Methoden und Erkenntnisse. Die Rechenzeit und damit die Antwortzeit verlängert sich, da Informationen und Zusammenhänge verarbeitet werden. Dafür sind die Ergebnisse genauer. Das Modell *GPT-o1 mini* ist angelehnt an GPT-o1. Man hat hier jedoch ein sogenanntes *schnelles Reasoning*, d. h. die Ergebnisse werden ruckzuck geliefert. Hiermit erhältst du zwar deutlich schnellere Ergebnisse als mit dem GPT-o1 preview Modell, diese sind jedoch auch ungenauer. Während GPT-4o auf schnelle Antwortzeiten etwa für einen Chatbot fokussiert war, sind die neuen Versionen ab o1 den technischen Angaben zufolge darauf trainiert, sogenannte „*Gedankenketten*" (*chain-of-thought, COT*) zu bilden. Sie sind damit etwas langsamer, jedoch deutlich genauer und können komplexe Probleme lösen.

Das Modell *GPT-o3* ist eine Weiterentwicklung der Version o1. Es ist noch besser, schneller, effizienter und erstellt beispielsweise fertige Programmcodes in Sekundenschnelle. Kleiner Fun Fact: Die Version 2 wurde aus Markenrechtsgründen (man denke an ein britisches Telekommunikationsunternehmen) übersprungen.

Versionen

Unter der Version *ChatGPT Plus* werden alle ChatGPT Versionen zusammengefasst, die in der kostenpflichtigen Version verfügbar sind. Zurzeit kostet die Einzellizenz 20 $ pro Monat für Einzelnutzer bzw. 25 $ pro Monat und User, falls ihr als Team die gleiche Umgebung nutzen wollt, für allerlei komplexe Fragen mit gesicherter, schneller Antwortzeit. Die Lizenz ist monatlich kündbar. Wer also einfach mal die Plus-Version testen möchte oder einen eigenen KI-Agenten mit ChatGPT erstellen möchte, der durch Zusatzinformationen (wie mehrseitige Prompts, die über eine separate PDF-Datei hochgeladen werden können), kann dies einfach mal für einen Monat für 20 US$ (entspricht aktuell knapp 20 €) ausprobieren.

Seit dem 5. Dezember 2024 gibt es darüber hinaus die Version *ChatGPT Pro*, welche vor allem für Unternehmen und Forscher mit einem hohen Bedarf an KI-Ressourcen ausgelegt ist. Diese kostet 200 $

pro Monat und Lizenz, bietet uneingeschränkten Zugriff auf alle Reasoning-Modelle und GPT-4o, erweiterten Zugriff auf Deep Research, Zugriff auf die Research-Preview von GPT-4.5, Zugriff auf den o1 pro-Modus, der über noch mehr Rechenleistung für die besten Antworten auf die schwierigsten Fragen verfügt und einen erweiterten Zugriff auf die Videogenerierung mit Sora.

3.1.2 Copilot von Microsoft

Website: https://copilot.microsoft.com

Microsoft Copilot ist ein KI-gestütztes Tool, welches in die Microsoft 365-Suite integriert ist und entwickelt wurde, um die Produktivität zu steigern und Arbeitsabläufe zu optimieren. MS Copilot ist sehr hilfreich bei der *Automatisierung von Routineaufgaben*. Insbesondere in Zusammenarbeit mit MS Power Automate können wiederkehrende Aufgaben automatisiert und dadurch viel Zeit gespart sowie die Effizienz erhöht werden. (Microsoft, 2023).

Erstellen von Inhalten

Copilot kann verschiedene Arten von Inhalten generieren, von einfachen Texten bis hin zu komplexen Dokumenten.

Anwendungsbeispiele:

- *Berichte und Präsentationen*: Automatisches Erstellen und Formatieren von Berichten und PowerPoint-Präsentationen basierend auf Eingaben und Daten.
- *Textvorschläge*: Bereitstellung von Vorschlägen für E-Mails, Dokumente und andere schriftliche Kommunikation.
- *E-Mail-Management*: Automatisches Sortieren, Filtern und Beantworten von E-Mails.
- *Kalenderverwaltung*: Planen und Verwalten von Terminen und Meetings.
- *Meeting-Protokolle*: Transkribieren von MS Teams Aufzeichnungen
- *Excel-Aufgaben*: Erstellen und Ausführen von Formeln und Formatierungen in Tabellen

Datenanalyse und Visualisierung
Copilot kann Daten analysieren und in verständliche und nützliche Visualisierungen umwandeln.
Anwendungsbeispiele:

- *Excel-Analysen*: Automatische Erstellung von Diagrammen, Pivot-Tabellen und anderen Visualisierungen in Excel.
- *Dateninterpretation*: Bereitstellung von Einblicken und Empfehlungen basierend auf der Datenanalyse.

Assistenz bei Meetings
Copilot kann Meetings organisieren und unterstützen, indem es Notizen macht und Aufgaben zuweist.
Anwendungsbeispiele:

- *Meeting-Protokolle*: Automatisches Erfassen von Meeting-Notizen und To-Do-Listen.
- *Agenda-Erstellung*: Vorbereitung und Verteilung von Meeting-Agenden.

Integration mit anderen Microsoft 365-Anwendungen
Copilot arbeitet nahtlos mit anderen Microsoft 365-Tools zusammen, um eine einheitliche und effiziente Arbeitsumgebung zu schaffen.
Anwendungsbeispiele:

- *Teams-Integration*: Zusammenarbeit und Kommunikation innerhalb von Microsoft Teams, inklusive Echtzeit-Vorschläge und automatisierte Aufgabenverteilung.
- *SharePoint und OneDrive*: Verwaltung und Organisation von Dokumenten und Dateien, die in SharePoint und OneDrive gespeichert sind.

Microsoft Copilot ist ein vielseitiges Tool, das speziell dafür entwickelt wurde, die tägliche Arbeit in Unternehmen zu erleichtern und produktiver zu gestalten. Durch die Automatisierung von Routineaufgaben, die

Unterstützung bei der Erstellung und Analyse von Inhalten sowie die Integration in die Microsoft 365-Suite, hilft Copilot dabei, Arbeitsabläufe zu optimieren und den Fokus auf wichtigere Aufgaben zu lenken.

Microsoft Copilot nutzt dank der Kooperation mit OpenAI ebenfalls ein GPT-4 Modell und kombiniert dies mit eigenen Technologien. Microsoft hat das GPT-4 Basismodell mit eigenen Algorithmen und Daten optimiert, um es besser auf die Microsoft-Produktpalette abzustimmen. Die Stärke von Copilot liegt in der nahtlosen Integration in Microsoft-Produkte, wodurch der Anwender beliebige kontextbezogene Informationen aus Office-Dokumenten, E-Mails, Teams-Videos und mehr analysieren und auswerten kann – jedoch in Abhängigkeit der Rechtevergabe und Zugriffsmöglichkeiten innerhalb der Firma.

Wer MS Copilot im Rahmen von Microsoft 365 erwirbt, kann mit umfangreichen Berechtigungen beliebige Daten aus MS Teams, MS Outlook, MS Excel und MS Word verarbeiten und sich zum Beispiel Gesprächsprotokolle erstellen lassen. Ebenso können in Kombination mit Microsoft Power Automate (in der Microsoft 365 Lizenz bereits enthalten) Vorgänge wie das Erstellen von Powerpoint-Präsentationen, das Gestalten von Excel-Tabellen, usw. vereinfacht und automatisiert werden.

Die Lizenz für MS Copilot im Rahmen von Microsoft 365 ist kostenpflichtig (Aufpreis), die Browserversion mit dem oben genannten Link kann auch kostenlos genutzt werden. Jedoch ist auch hier eine Registrierung bzw. Anmeldung erforderlich.

3.1.3 LLaMA von Meta

Website: https://www.llama.com

LLaMA (Large Language Model Meta AI) ist eine leistungsstarke Sprach-KI von Meta[1], die darauf spezialisiert ist, menschliche Sprache zu verstehen und zu generieren. Nachfolgend zeigen wir einige der besonderen Fähigkeiten von LLaMA und wie sie in verschiedenen Szenarien genutzt werden können. (Meta, 2023)

---

[1] Meta ist der Mutterkonzern von Facebook, Instagram und WhatsApp.

Natürliche Sprachverarbeitung (NLP)
LLaMA kann Text analysieren, verstehen und generieren, was es ideal für eine Vielzahl von NLP-Aufgaben macht. *Anwendungsbeispiele* sind:

- *Textgenerierung*: Erstellen von Blogbeiträgen, Artikeln und anderen schriftlichen Inhalten basierend auf Eingabeparametern.
- *Textzusammenfassung*: Komplexe Dokumente und Texte auf verständliche Zusammenfassungen reduzieren.
- *Übersetzungen*: Texte in verschiedene Sprachen übersetzen, um die Kommunikation zu erleichtern.

Dialogsysteme und Chatbots
LLaMA kann als Grundlage für fortschrittliche Chatbots dienen, die natürliche und flüssige Konversationen führen. *Anwendungsbeispiele*:

- *Kundensupport*: Automatisierung von Kundenanfragen und Bereitstellung von sofortigen Antworten.
- *Virtuelle Assistenten*: Unterstützung bei täglichen Aufgaben wie Terminplanung und Informationsabfragen.

Erstellen und Bearbeiten von Content
LLaMA kann kreative Inhalte erstellen und bestehende Texte verbessern. *Anwendungsbeispiele*:

- *Kreatives Schreiben*: Generierung von Geschichten, Gedichten und Drehbüchern.
- *Textkorrektur*: Verbesserung der Grammatik, Rechtschreibung und Stilistik von Texten.

Personalisierte Empfehlungen
LLaMA kann personalisierte Empfehlungen basierend auf Nutzerdaten und Vorlieben geben. *Anwendungsbeispiele*:

- *Produktvorschläge*: Empfehlungen für Produkte oder Dienstleistungen, die auf den Präferenzen des Nutzers basieren.
- *Inhaltsvorschläge*: Empfohlene Bücher, Filme oder Musik basierend auf dem Geschmack des Nutzers.

Datenanalyse und -interpretation
LLaMA kann große Datenmengen analysieren und verständliche Einblicke generieren. *Anwendungsbeispiele*:

- *Marktanalyse*: Identifizierung von Trends und Mustern in großen Datenmengen.
- *Automatisierte Berichterstellung* und Visualisierungen basierend auf Datenanalysen.

LLaMA ist eine vielseitige und leistungsfähige KI, die eine Vielzahl von Aufgaben in der natürlichen Sprachverarbeitung, Content-Erstellung, Dialogsystemen und Datenanalyse bewältigen kann. Diese Fähigkeiten machen LLaMA zu einem wertvollen Werkzeug für Unternehmen, die ihre Effizienz und Produktivität durch den Einsatz fortschrittlicher Sprach-KI-Technologie steigern möchten.

Modell
Das Modell *LLaMA 3.1* wurde im April 2024 veröffentlicht und ist ein Open Source Sprachmodell mit 8 bis 70 Mrd. Parametern. Es bietet verbesserte Argumentations- und Kodierfähigkeiten.

3.1.4 Gemini von Google (ehem. Bard)

Website: https://gemini.google.com

Gemini ist ein fortschrittliches KI-Modell von, das speziell entwickelt wurde, um eine Vielzahl von Aufgaben in der natürlichen Sprachverarbeitung, Multimodalität, kontextbewusste Antworten, Übersetzungen und Datenanalysen zu unterstützen. Diese Fähigkeiten machen Gemini zu einem wertvollen Werkzeug für Unternehmen und Selbständige, die ihre Effizienz und Produktivität durch den Einsatz fortschrittlicher KI-Technologie steigern möchten. (Google, 2023).

Die Entwicklung von Googles KI-Modellen ist eine faszinierende Reise, daher zeigen wir hier einen kurzen geschichtlichen Abriss, welcher von LaMDA über Bard bis hin zur aktuellen Gemini-Version reicht. Hier ist eine Übersicht über die wichtigsten Meilensteine:

Im Jahr 2017 wurde Google AI gegründet, welches 2021 LaMDA (Language Model for Dialogue Applications) entwickelt hat. LaMDA ist ein auf neuronalen Netzen basierendes Sprachmodell. Es wurde speziell für Dialoganwendungen entwickelt und zeichnet sich durch seine Fähigkeit aus, menschenähnliche Gespräche zu führen. Im Jahr 2022 erregte LaMDA Aufmerksamkeit, als ein Google-Ingenieur behauptete, das Modell habe Bewusstsein entwickelt, was zu einer breiten Debatte über die Ethik und das Potenzial von KI führte.

Bard wurde im März 2023 als Reaktion von ChatGPT veröffentlicht und war Googles erster Versuch, ein Konversations-KI-Modell (also ein Chatbot) für die breite Öffentlichkeit zugänglich zu machen. Ursprünglich basierte Bard auf einer leichtgewichtigen Version von LaMDA. Später wurde Bard auf PaLM 2 (Pathways Language Model 2) umgestellt, ein fortschrittlicheres Sprachmodell, das verbesserte Codierungs-, mehrsprachige und Argumentationsfähigkeiten bot. Im Februar 2024 wurde Bard zu Gemini umbenannt. Gemini ist Googles neueste und fortschrittlichste KI-Modellfamilie, die von Google DeepMind entwickelt wurde.

Modell
Gemini ist ein multimodales Modell, das bedeutet, es kann verschiedene Arten von Informationen verarbeiten, darunter Text, Code, Bilder und mehr. Gemini existiert in verschiedenen Produktversionen: **Gemini Nano** ist ein effizientes Modell für mobile Geräte. **Gemini Pro** ist ein vielseitiges Modell für eine breite Palette von Aufgaben. **Gemini Ultra** ist das leistungsstärkste Modell für hochkomplexe Aufgaben. Gemini 1.5 Pro hat ein stark erweitertes Kontextfenster, das es ihm ermöglicht, sehr große Mengen an Informationen zu verarbeiten. Gemini ist in den Google-Produkten wie der Google-Suche, Werbung, Chrome und Duet AI für Google Workspace integriert. (Google, Gemini – unser größtes und leistungsfähigstes KI-Modell, 2023), (Caramba von All-AI, 2025)

Die Nutzung von Google Gemini ist kostenlos, jedoch gibt es auch eine kostenpflichtige Gemini Advanced Version.

Natürliche Sprachverarbeitung und -verständnis (NLP)
Gemini kann Text analysieren, verstehen und generieren. *Anwendungsbeispiele*:

- *Textzusammenfassung*: Reduzieren komplexer Texte auf prägnante Zusammenfassungen.
- *Textgenerierung*: Erstellen von hochwertigen, kohärenten Texten für verschiedene Anwendungsfälle, wie Blogartikel, technische Dokumentationen und kreative Schreibprojekte.
- *Verständnis komplexer Anfragen*: Durch die zugrunde liegende LaMDA-Technologie können feinere Nuancen und lange, komplexe Eingaben besser verstanden werden, was zu präziseren und kontextbezogeneren Antworten führt.

Multimodale Fähigkeiten
Zu den multimodalen Fähigkeiten gehören die *Bildbeschreibung* und die *Videotranskription*. Unter Bildbeschreibung versteht man das Generieren von Textbeschreibungen basierend auf Bildinhalten. Unter Videotranskription versteht man das automatische Erstellen von Untertiteln sowie Zusammenfassungen für Videoinhalte.

Kontextbewusstes Antworten
Kontextbewusstes Antworten bedeutet, sinnvolle Gespräche mit Menschen führen zu können, die grammatikalisch und inhaltlich richtig sind. Hierzu gehören *Dialogsysteme*, darunter versteht man die Entwicklung fortschrittlicher Chatbots, die flüssige und kontextbewusste Gespräche führen können. *Virtuelle Assistenten* wiederum unterstützen bei Aufgaben, die eine tiefere Kontextverarbeitung erfordern, wie Terminplanung und personalisierte Empfehlungen.

Übersetzungsdienste
Ein Bereich, in dem Google schon sehr lange tätig ist, ist das Übersetzen von Texten und die *multilinguale Kommunikation*. Hierunter versteht man das Unterstützen bei der Übersetzung von Dokumenten, E-Mails und anderen Texten, um die globale Kommunikation zu erleichtern. Mit dem Einsatz von KI sind vor allem Übersetzungsaufgaben schneller und

unkomplizierter durchführbar. Bei der sogenannten *Echtzeit-Übersetzung* werden Übersetzungen simultan für Meetings und Gespräche bereitgestellt.

Datenanalyse und -interpretation
Haupteinsatzgebiete der Datenanalyse und Dateninterpretation durch KI sind *Geschäftsberichte*. Das Erstellen von Berichten und Analysen basierend auf Unternehmensdaten erfolgt hierbei größtenteils vollautomatisiert.

Auch zur *Marktforschung* kommen zunehmend KI-Anwendungen wie Gemini zum Einsatz, wie beispielsweise bei der Identifizierung von Trends und Mustern in großen Datensätzen, um fundierte Geschäftsentscheidungen zu treffen.

Integration in das Google-Ökosystem
Ein Vorteil von Gemini liegt in der nahtlosen Verknüpfung mit *Google-Diensten*: Gemini ist eng mit anderen Google-Produkten wie der Google-Suche, Google Assistant und Google Workspace integriert. Ein weiterer Vorteil ist der *Echtzeit-Datenzugriff*. Gemini kann in Echtzeit auf das Internet zugreifen, um aktuelle Informationen zu liefern.

Unterstützung beim Programmieren
Kompatibilität mit Programmiersprachen: Gemini unterstützt über 20 Programmiersprachen und kann Code generieren sowie erklären.

Fokus auf ethische und verantwortungsvolle KI
Sicherheitsmaßnahmen: Google hat Vorkehrungen getroffen, um sicherzustellen, dass Gemini keine schädlichen oder unzuverlässigen Informationen liefert.

3.1.5 Claude von Anthropic

Website: https://www.anthropic.com/claude bzw. https://claude.ai

Die Firma Anthropic wurde von ehemaligen Forschern von OpenAI gegründet. *Claude* wurde von Anthropic entwickelt und basiert auf dem

Prinzip der '*Constitutional AI*' mit *ethischen und Sicherheitsprinzipien*. Es bietet robuste Sicherheitsmaßnahmen gegen schädliche Inhalte und legt großen Wert auf Benutzerfreundlichkeit. Zu Claude gehören die weitgehend bekannten Versionen *Haiku*, *Sonnet* und *Opus*. Die folgenden Punkte beleuchten die besonderen Fähigkeiten von Claude. (Anthropic, 2023).

Während andere LLM-Modelle durch manuelles *Reinforcement Learning* optimiert werden, hebt sich Claude durch seinen Fokus auf Sicherheit, ethische Prinzipien und Benutzerfreundlichkeit ab. Mit seinem „Constitutional AI"-Ansatz bietet es eine neuartige Herangehensweise, die es besonders geeignet für sicherheitskritische und ethische Anwendungen macht. Im Vergleich zu Modellen wie ChatGPT ist Claude möglicherweise etwas konservativer, dafür jedoch robuster und besser für sensible Einsatzgebiete geeignet. Die Anthropic-Entwickler haben stets Innovation mit Sicherheit im Blick. So sind sie Vorreiter beim Thema Automatisierung durch KI-Agenten. Anthropic hat das MCP (Model Context Protocol) entwickelt und als Open Source (offener Standard) im November 2024 veröffentlicht. Hiermit können direkt aus einem LLM heraus Aktionen wie Dateioperationen, E-Mail-Aktionen, Terminplanung, usw. standardisiert und sicher durchgeführt werden.

Fokus auf Sicherheit und ethische KI (Constitutional AI)
Claude basiert auf dem Prinzip der „Constitutional AI". Das bedeutet, das Modell wurde unter Berücksichtigung einer vorab definierten „Verfassung" trainiert, die ethische und Sicherheitsprinzipien enthält. Zu den Besonderheiten von Claude gehören:

- Das Modell kann seine Antworten mit moralischen Überlegungen begründen.
- Es soll besonders robust gegenüber schädlichen oder missbräuchlichen Eingaben sein.
- Ziel ist es, die Wahrscheinlichkeit zu verringern, dass Claude toxische, irreführende oder schädliche Inhalte generiert.

Starker Fokus auf Benutzerfreundlichkeit und Erklärbarkeit
Claude ist darauf ausgelegt, besonders gut mit Nutzern zu interagieren, indem es klare und verständliche Antworten liefert. Es versucht, kom-

plexe Themen auf einfache Weise zu erklären, was es ideal für Nutzer ohne technisches Vorwissen macht. Claude legt im Vergleich zu anderen LLMs einen besonderen Schwerpunkt auf klare Erklärungen und „sanfte" Antworten, während GPT-Modelle von OpenAI beispielsweise für ihre Vielseitigkeit bekannt sind.

Robustheit gegen „Prompt Injection" und Manipulation
Claude wurde so konzipiert, dass es schwieriger ist, das Modell zu manipulieren oder es dazu zu bringen, schädliche oder nicht autorisierte Inhalte zu generieren. Andere Modelle können in bestimmten Szenarien durch geschickte Eingaben dazu gebracht werden, schädliche oder unerwünschte Inhalte zu liefern. Claude versucht, solche Schwächen durch seine Sicherheitsarchitektur zu minimieren.

Ausgewogene Antwortqualität
Zu den *Stärken* von Claude gehört, dass es besonders gut darin ist, menschenähnliche Konversationen zu führen, und sich oft „freundlicher" anfühlt. Es liefert darüber hinaus konsistente und qualitativ hochwertige Antworten, insbesondere bei erklärenden und argumentativen Aufgaben. Zu den *Schwächen* von Claude gehört, dass es möglicherweise weniger „kreativ" oder „abenteuerlustig" als andere LLMs ist, wenn es um originelle oder stark kreative Texte geht.

Schnellere Optimierungen durch kleinere Iterationen
Anthropic arbeitet iterativ an Claude und veröffentlicht regelmäßig verbesserte Versionen, die auf Benutzerfeedback und technischen Fortschritten basieren. Die regelmäßige Aktualisierung sorgt für ein kontinuierlich verbessertes Nutzererlebnis. Im Vergleich hierzu veröffentlicht OpenAI weniger häufig neue Modelle, was zu größeren Sprüngen zwischen Versionen führt.

Offenheit für langfristige Sicherheitsforschung
Claude ist ein Ergebnis von Anthropics langfristiger Vision, KI sicher und kontrollierbar zu machen. Einschränkungen sind dabei bewusst eingeplant. Claude versucht, bewusst sicher und kontrollierbar zu blei-

ben, auch wenn dies manchmal zu sehr konservativen Antworten führen kann.

Spezifische Einsatzgebiete und Marktpositionierung
Claude wird oft in Bereichen eingesetzt, in denen Sicherheit, Erklärbarkeit und Benutzerfreundlichkeit im Vordergrund stehen, wie z. B. im Bildungswesen, in der Medizin oder in Unternehmensanwendungen. Während andere LLMs vielseitig einsetzbar und stark in kreativen und technischen Anwendungen sind, wurde Claude gezielt für den sicheren und ethischen Einsatz optimiert.

3.1.6 Mistral

Website: https://mistral.ai

Mistral ist das LLM des französischen KI-Startups Mistral AI, das mit seinen Sprachmodellen, insbesondere dem *Mistral 7B*, bemerkenswerte Fortschritte erzielt hat. Mistral 7B ist ein kompaktes Modell mit hervorragender Effizienz und Open-Source-Verfügbarkeit. Mistral AI positioniert sich durch effiziente, leistungsfähige und offene Sprachmodelle als ernstzunehmender Herausforderer im Bereich der großen Sprachmodelle. Der Fokus auf Effizienz, Open-Source-Entwicklung und spezialisierte Fähigkeiten, insbesondere im Bereich der Programmierung, hebt Mistral von anderen Anbietern ab und bietet Unternehmen flexible und anpassbare KI-Lösungen. (Mistral AI, 2023)

Effizienz und Leistungsfähigkeit

- *Kompakte Architektur:* Mistral 7B verfügt über 7,3 Mrd. Parameter und übertrifft dennoch in Benchmarks größere Modelle wie LLaMA 2 mit 13 Mrd. Parametern.
- *Innovative Techniken:* Durch den Einsatz von Grouped-Query Attention (GQA) und Sliding Window Attention (SWA) kann Mistral 7B längere Textsequenzen effizienter verarbeiten und benötigt dabei weniger Rechenressourcen.

Open-Source-Ansatz

- *Freie Verfügbarkeit:* Mistral AI hat seine Modelle, einschließlich Mistral 7B, unter der Apache-2.0-Lizenz veröffentlicht, was Entwicklern ermöglicht, den Quellcode einzusehen, anzupassen und in eigenen Projekten zu verwenden.
- *Transparenz und Anpassbarkeit:* Dieser offene Ansatz fördert die Transparenz und erlaubt es Unternehmen, die Modelle an spezifische Anforderungen anzupassen, ohne auf proprietäre Lösungen angewiesen zu sein.

Spezialisierung auf Programmcode
Training auf Code-Daten: Im Gegensatz zu vielen anderen Sprachmodellen wurde Mistral 7B nicht nur auf natürliche Sprache, sondern auch auf Programmcode trainiert. Dies befähigt es, Aufgaben wie Code-Vervollständigung effektiv zu lösen und in bestimmten Bereichen spezialisierte Modelle zu übertreffen.

Modell
Agile Entwicklung: Mistral AI hat in kurzer Zeit mehrere Modelle veröffentlicht, darunter Mistral 7B und Mistral $8 \times 7B$, und plant weitere Releases. Mit dieser schnellen Iteration möchte Mistral AI zügig auf technologische Fortschritte und Marktbedürfnisse reagieren. Das Modell Mistral $8 \times 7B$ ist ein Open-Source-Modell, das allerdings noch von Ende 2023 stammt.

Wettbewerbsfähige Leistung
Benchmark-Ergebnisse: Mistral-Modelle haben in verschiedenen Tests beeindruckende Ergebnisse erzielt und konkurrieren mit etablierten Modellen wie GPT-4, insbesondere in Bereichen wie Sprachverständnis, Mathematik und Programmierung.

Europäische Herkunft und Finanzierung
Starkes Wachstum: Mistral AI hat bedeutende Investitionen erhalten, darunter eine Finanzierungsrunde von 600 Mio. Euro, was das Unternehmen zu einem wichtigen Akteur im globalen KI-Markt macht.

3.1.7 Neuroflash – made in Germany

Website: https://neuroflash.com

Neuroflash ist ein in Deutschland ansässiges Unternehmen, das sich auf KI-gestützte Texterstellung spezialisiert hat. Es hat seinen Fokus auf den deutschsprachigen Raum mit hochwertiger Texterstellung und Bildgenerierung und ist besonders geeignet für Marketing und SEO mit Einhaltung europäischer Datenschutzstandards. Im Vergleich zu anderen großen Sprachmodellen (LLMs) bietet Neuroflash maßgeschneiderte Lösung für Unternehmen, die qualitativ hochwertige und zielgerichtete Inhalte in deutscher Sprache erstellen möchten. (neuroflash, 2021)

Spezialisierung auf den deutschsprachigen Raum
Optimierte deutsche Textqualität: Neuroflash wurde mit den besten deutschsprachigen Marketing-Experten trainiert und liefert daher hochwertige Texte in deutscher Sprache.

Integration von Text- und Bildgenerierung
All-in-One-Lösung: Neben der Texterstellung bietet Neuroflash auch die Möglichkeit, KI-generierte Bilder zu erstellen, was eine umfassende Content-Erstellung innerhalb einer Plattform ermöglicht.

Personalisierung durch „Persönlichkeiten"
Individuelle Textstile: Die Funktion der „Persönlichkeiten" erlaubt es Nutzern, den Stil, die Tonalität und die Ansprache der generierten Texte automatisch anzupassen, um spezifische Zielgruppen effektiver anzusprechen.

Fokus auf Marketing und SEO[2]
Spezialisierte Vorlagen: Neuroflash bietet über 20 verschiedene Texttypen, darunter Social-Media-Posts, Werbetexte und Blogartikel, die speziell für Marketingzwecke konzipiert sind.

---

[2] SEO = Search Engine Optimization (Suchmaschinenoptimierung).

SEO-Analyse: Die Plattform enthält Tools zur Suchmaschinenoptimierung, um die Sichtbarkeit der erstellten Inhalte zu erhöhen.

Datenschutz und Datenhoheit
Europäische Datenschutzstandards: Als in Deutschland ansässiges Unternehmen unterliegt Neuroflash den strengen europäischen Datenschutzrichtlinien, was für viele Nutzer ein entscheidender Vorteil sein kann.

Benutzerfreundlichkeit und Zugänglichkeit
Intuitive Bedienung: Die Plattform ist so gestaltet, dass sie sowohl für Einsteiger als auch für Profis leicht zugänglich ist, mit flexiblen Preismodellen, die auch kleinen Unternehmen und Start-ups den Zugang erleichtern.

3.1.8 Aleph Alpha – die deutsche Start-up Hoffnung

Website: https://aleph-alpha.com/de

Aleph Alpha ist ein deutsches KI-Unternehmen und besonders für den öffentlichen Sektor und sicherheitskritische Anwendungen geeignet. Aleph Alpha bietet mit seinen Luminous-Modellen eine europäische KI-Lösung, die sich durch Multimodalität, Erklärbarkeit und einen starken Fokus auf Datenschutz und den öffentlichen Sektor auszeichnet. Im Vergleich zu anderen großen Sprachmodellen (LLMs) legt Aleph Alpha besonderen Wert auf Transparenz und die Einhaltung europäischer Datenschutzstandards. (Alpha, 2023)

Europäische Datenhoheit und Datenschutz
Serverstandort: Aleph Alpha betreibt seine Server in Deutschland, was eine vollständige Kontrolle über die Daten gewährleistet und die Einhaltung der europäischen Datenschutz-Grundverordnung (DSGVO) sicherstellt.

Multimodalität
Text- und Bildverarbeitung: Die Luminous-Modelle von Aleph Alpha sind in der Lage, sowohl Text als auch Bilder zu verarbeiten und zu

generieren, was eine umfassende Analyse und Erstellung von Inhalten ermöglicht.

Erklärbarkeit und Transparenz
AtMan-Technologie: Aleph Alpha hat mit AtMan eine Methode entwickelt, die die Entscheidungsprozesse der KI nachvollziehbar macht, wodurch die Modelle insbesondere in sicherheitskritischen Bereichen vertrauenswürdiger werden.

Spezialisierung auf den öffentlichen Sektor
Anwendungen für Verwaltungen: Aleph Alpha bietet KI-Lösungen, die speziell auf die Bedürfnisse des öffentlichen Dienstes zugeschnitten sind, um Arbeitsabläufe zu optimieren und Entscheidungsprozesse zu beschleunigen.

Integration von Faktenprüfung
Vertrauenswürdige KI: Durch die Implementierung von Faktenprüfungsmechanismen in ihre Modelle strebt Aleph Alpha danach, die Genauigkeit und Zuverlässigkeit der generierten Inhalte zu erhöhen.

Europäische Alternative zu US-amerikanischen Anbietern
Unabhängige Entwicklung: Aleph Alpha positioniert sich als europäische Alternative zu US-amerikanischen KI-Anbietern, mit dem Ziel, technologische Souveränität und Datenschutz in Europa zu stärken.

3.1.9 DeepSeek – der leistungsstarke Herausforderer aus China

Website: https://www.deepseek.com
DeepSeek ist ein fortschrittliches **großes Sprachmodell (LLM)**, das von der chinesischen Firma **DeepSeek AI** entwickelt wurde und sich als ernstzunehmender Wettbewerber zu den westlichen KI-Modellen positioniert. Mit einer Mischung aus leistungsfähigen Algorithmen, tiefem Training auf umfangreichen Datensätzen und einer klaren Ausrichtung

auf den chinesischen Markt setzt DeepSeek neue Maßstäbe für KI-generierte Sprache und Textverarbeitung.

Mit der Veröffentlichung seines Modells R1 hat DeepSeek am 27. Januar 2025 für einen Kurssturz der Nvidia-Aktie und vieler KI-Aktien und Kryptowährungen gesorgt. Die Aktie von Nvidia gab um 17 % nach, wodurch sie innerhalb von einem Tag 589 Mrd. US-Dollar an Börsenwert verloren hat. Hintergrund war die Aussage, dass DeepSeek extrem kosteneffektiv sei und deutlich weniger Chips mit deutlich geringer Leistung benötigt. Zudem soll die Entwicklung von DeepSeek nur etwa 5,5 Mio. US-Dollar gekostet haben. Die Entwicklungskosten von ChatGPT betragen Schätzungen zu Folge möglicherweise mehr als 1 Mrd. US-Dollar. Daneben betrugen die Gesamtinvestitionen in ChatGPT inkl. Infrastruktur mehrere Milliarden US-Dollar. Die Aussagen zur günstigen Entwicklung von DeepSeek wurden noch nicht verifiziert und werden von etlichen westlichen Analysten infrage gestellt. SemiAnalysis beispielsweise kommt bei seiner Analyse zu dem Ergebnis, dass die Gesamtkosten von DeepSeek möglicherweise bei 1,6 Mrd. US-Dollar liegen, wovon allein 944 Mio. US-Dollar auf die Infrastrukturkosten entfallen. (Dylan Patel, 2025)

Doch nun wollen wir betrachten, welche Leistungsmerkmale DeepSeek hat und wo seine Vor- und Nachteile bestehen.

Technologische Grundlagen und Besonderheiten
DeepSeek basiert auf modernen Transformer-Architekturen und nutzt *massive Datenmengen*, um eine präzise und kontextbezogene Sprachverarbeitung zu gewährleisten. Im Vergleich zu anderen LLMs wie GPT-4 oder Claude von Anthropic zeichnet sich DeepSeek durch eine besonders starke Fokussierung auf *mehrsprachige Verarbeitung mit Schwerpunkt auf Chinesisch* aus, wobei auch englische und andere internationale Texte unterstützt werden. Das Modell wurde gezielt darauf trainiert, *kulturelle und sprachliche Nuancen* der chinesischen Sprache besser zu erfassen, was es für den asiatischen Markt besonders attraktiv macht.

Ein herausragendes Merkmal ist die *Optimierung für den chinesischen Technologiesektor*, insbesondere in den Bereichen *E-Commerce, Finanzen und Regierungsanwendungen*. DeepSeek AI verfolgt eine Strategie, die sowohl den wirtschaftlichen als auch den regulatorischen Anforderungen Chinas entspricht, was dem Modell eine bevorzugte Stellung in der nationalen KI-Landschaft sichert.

Anwendungsbereiche und Wettbewerb
DeepSeek findet Anwendung in *Suchmaschinen, intelligenten Assistenten und Geschäftsprozessen*, die speziell auf den chinesischen Markt zugeschnitten sind. Unternehmen nutzen das Modell für *automatisierte Kundeninteraktionen, Datenanalysen und maschinelle Übersetzungen*, während es gleichzeitig auch in der *Forschung und Entwicklung von KI-gestützten Systemen* eingesetzt wird.

Im internationalen Vergleich konkurriert DeepSeek vor allem mit der Version *GPT-o1 (OpenAI), Gemini (Google DeepMind) und Claude (Anthropic)*. Während westliche Modelle einen universellen Ansatz für eine Vielzahl globaler Märkte verfolgen, setzt DeepSeek auf eine tiefere Integration in den *chinesischen Digital- und Wirtschaftsraum*, was es für nationale Unternehmen und Organisationen besonders attraktiv macht.

Einschränkungen und Herausforderungen
Trotz seiner beeindruckenden Leistungsfähigkeit steht DeepSeek vor einigen Herausforderungen. Ein zentrales Problem ist die *begrenzte globale Skalierbarkeit*, da das Modell in erster Linie auf chinesische Anforderungen zugeschnitten ist und regulatorische Restriktionen den Zugang zu westlichen Märkten erschweren. Zudem könnte der *begrenzte Zugang zu hochmodernen KI-Chips* durch Handelsrestriktionen zwischen China und den USA die zukünftige Entwicklung von DeepSeek beeinflussen.

Modelle
Neben dem Ende Januar 2025 weltweit für Furore sorgenden Modell R1 bietet DeepSeek auch das Modell V3, welches im Dezember 2024 veröffentlicht wurde, an. R1 ist ein Modell, das auf Kosteneffizienz und niedrige Rechenleistung ausgelegt ist. Es eignet sich gut für Anwendungen, bei denen schnelle Antworten und niedrige Betriebskosten im Vordergrund stehen. R1 ist somit gut geeignet für Szenarien, in denen ressourcenschonende Lösungen gefragt sind. V3 hingegen stellt die neueste, leistungsstärkere Version dar. Es wurde mit einer deutlich höheren

Parameteranzahl und verbesserten Algorithmen entwickelt, was zu einer besseren Verarbeitung komplexer Aufgaben und einem erweiterten Sprachverständnis führt. V3 eignet sich somit eher für anspruchsvolle Anwendungen, bei denen Genauigkeit und umfangreiche kontextuelle Verarbeitung benötigt werden.

Fazit
DeepSeek zeigt eindrucksvoll, wie China seine eigene KI-Strategie verfolgt und alternative Lösungen zu westlichen LLMs) entwickelt. Mit einer starken lokalen Ausrichtung, hochentwickelter Technologie und klaren wirtschaftlichen Anwendungsfällen ist es ein Beispiel dafür, wie Sprachmodelle in einem spezifischen geopolitischen und wirtschaftlichen Kontext optimiert werden. Während GPT-4, Gemini und Claude auf eine globale Verbreitung setzen, nutzt DeepSeek seine Stärken gezielt, um den chinesischen Markt mit maßgeschneiderten KI-Lösungen zu dominieren.

3.1.10 Der Wettlauf um die AGI (Artificial General Intelligence) ist in vollem Gange

Am 1. Februar 2025 hat ChatGPT bereits seine neue Version GPT-o3 herausgebracht, die wiederum leistungsfähiger als DeepSeek R1 ist, während die Version GPT-o1 fast gleichauf mit DeepSeek ist.

Bereits am 23. Januar 2025 hatte der designierte US-Präsident Donald Trump zusammen mit den Hauptinvestoren OpenAI, Oracle, SoftBank Robotics (japanisches Technologieunternehmen) und MGX (Investor aus den Vereinigten Arabischen Emiraten) die KI-Initiative „Stargate" verkündet, mit welcher in den nächsten 4 Jahren mindestens 500 Mrd. US-Dollar in die Infrastruktur für Künstliche Intelligenz investiert werden sollen und mehr als 100.000 neue amerikanische Arbeitsplätze entstehen sollen. Wir werden in den nächsten Jahren wahrscheinlich einen harten globalen Konkurrenzkampf erleben, mit vielen technologischen Fortschritten und Rückschlägen.

3.2 Vergleich: Stärken und Schwächen der großen Sprachmodelle

In Tab. 3.1 fassen wir die wesentlichen Stärken und Schwächen der großen Sprachmodelle zusammen und stellen sie übersichtlich in Tabellenform dar. Eine Bewertung der Modelle überlassen wir dem Leser, denn je nach Zweck und Nutzung ist das ein oder andere Modell besser geeignet und der Nutzer muss individuell abwägen. Dies ist insbesondere dann wichtig, wenn es um die Nutzung einer großen Anzahl von Lizenzen für ein kostenpflichtiges Modell geht.

3.2.1 Grok von xAI

In der Presse liest man oft Artikel über *Grok*, einen generativen KI-Chatbot, der von *xAI* entwickelt wurde. Das Unternehmen xAI wurde im Jahr 2023 von *Elon Musk* gegründet. Grok ist in die Plattform X (ehemals Twitter) integriert und für Premium+-Abonnenten verfügbar. Über die Grok-App und die Website ist xAI auch für Abonnenten zugänglich.

Grok-1 wurde im November 2023 veröffentlicht. Im Mai 2024 folgte die Version Grok-1.5 mit verbesserten Denkfähigkeiten und einer Kontextlänge von 128.000 Tokens. Im Februar 2025 wurde *Grok-3* veröffentlicht, welches mit zehnmal mehr Rechenleistung als sein Vorgänger Grok-2 (vom August 2024) trainiert wurde. Es verfügt über erweiterte Denkfähigkeiten, die durch die Modi „Think" und „Big Brain" aktiviert werden können, um komplexe Probleme zu lösen.

Grok zeichnet sich durch einen humorvollen und „rebellischen" Kommunikationsstil aus, der von Benutzern gesteuert werden kann. Diese Funktionalität soll eine Abkehr von neutralen und sachlichen KI-Antworten hin zu einem menschlicheren, ansprechenden Gesprächsstil ermöglichen. (Wikipedia, Grok, 2025)

Insgesamt positioniert sich Grok als leistungsstarker KI-Chatbot mit fortschrittlichen Funktionen und einem einzigartigen Kommunikationsstil, der sich von anderen KI-Systemen abhebt.

Tab. 3.1 Stärken und Schwächen der großen Sprachmodelle im Vergleich

Modell	Stärken	Schwächen
ChatGPT *von OpenAI* (USA)	• Starke Sprachverarbeitung, vielseitig einsetzbar (GPT-4) • Digitales Whiteboard für Programmcode, Texte, Bildanalyse und Notizen (GPT-4 with Canvas) • Multimodalität (Text, Bild, Audio, Video) (GPT-o3) • Große Nutzerbasis & regelmäßige Updates	• Begrenztes Kontextfenster im Vergleich zu manchen Konkurrenten • Neigung zu Halluzinationen • API-Nutzung kann teuer werden
Copilot *von Microsoft* (USA) (basierend auf OpenAI)	• Nahtlose Integration in Microsoft 365 • Automatisierung von Office-Aufgaben (inkl. DALL-E 3 Bildgenerierung) • Verbesserte Produktivität im Business-Alltag mit Teams, Outlook, Office, ... • Copilot gibt es kostenlos in Bing und Edge mit eingeschränkter Funktionalität	• Freie verfügbare Version mit eingeschränkter Funktionalität und weniger kreativ • Eher auf Business-Anwendungen fokussiert
Gemini *von Google DeepMind* (USA)	• Enormes Kontextfenster (bis zu 1 Mio. Tokens[3]) • Multimodal (Text, Bild/Bildanalyse, Audio, Video) • Gute Integration in Google-Dienste • U.a. häufig von Programmierern genutzt	• Bei kreativen Aufgaben manchmal zurückhaltend • Preisstruktur variiert • Gelegentlich heikle Themen bei politisch sensiblen Fragen

(Fortsetzung)

---

[3] Ein *Token* ist die kleinste Verarbeitungseinheit eines Textes in einem Large Language Model (LLM) wie ChatGPT. Tokens können ganze Wörter, Wortbestandteile oder Satzzeichen sein, abhängig vom verwendeten Algorithmus.

Tab. 3.1 (Fortsetzung)

Modell	Stärken	Schwächen
LLaMA *von Meta* (USA)	• Open-Source und hoch anpassbar • Kostengünstig & flexibel • Gute Leistung in vielen Anwendungsfällen	• Sprachverständnis manchmal hinter GPT-4 • Updates und Support können lückenhaft sein • Qualitätsunterschiede, besonders bei nicht-englischen Sprachen
Claude *von Anthropic* (USA)	• Hohe Sicherheit und ethische Ausrichtung • Sehr guter Umgang mit langen Kontexten (bis ca. 200.000 Tokens) • Empathische, benutzerfreundliche Antworten	• Eingeschränkter Zugang (häufig Umwege nötig) • Kein echter Echtzeit-Webzugang (noch in Aussicht) • Teurer im Pro-Plan
Mistral *von Mistral AI* (Frankreich)	• Stark in NLU (Natural Language Understanding) und optimiert für europäische Sprachen • Open-Source-Ansatz mit guter Effizienz • Guter Kompromiss zwischen Leistung und Ressourcen	• Kleineres Kontextfenster • (ca. 32.000 Tokens) • Noch in der Evaluationsphase, weniger ausgereift • Begrenzte Verfügbarkeit und Support
R1 *von DeepSeek (China)*	• Open-Source und kosteneffizient • Hohe Leistung bei niedrigem Ressourcenverbrauch • Geeignet für umfangreiche Datenanalysen	• Datenschutzbedenken (internationale Standards fraglich) • Sprachliche Ausgereiftheit variiert • Weniger etablierte Community & Support

3.2.2 Individuelle Apps mit Schwerpunkt DSGVO und Zugriff auf die großen Sprachmodellen

Neben den in Tab. 3.1 aufgeführten großen Sprachmodellen gibt es auch Anbieter, welche den Zugriff auf alle Sprachmodelle ermöglichen und du als User nur eine einzige Anwendung bedienen musst. Damit entfällt das aufwendige Pflegen mehrerer Benutzerprofile. Hier lohnt sich vorab ein Abgleich, was du benötigst und welche Modelle der

Anbieter in seinem Produktangebot hat. So ein Beispiel ist Monica AI (https://monica.im)

Für diejenigen, die vor allem auf den guten deutschen Datenschutz achten (DSGVO) und ganz sicher gehen möchten, dass keine firmeninternen Daten ins Internet gelangen, gibt es deutsche Anbieter von Sprachmodellen. Diese gehen oft auch auf individuelle Anforderungen ein. Ein Beispiel hierzu ist die Firma Omnifact GmbH mit Sitz in Frankfurt am Main (https://omnifact.ai/de).

Interessant sind auch Nischenanbieter, beispielsweise für Finanzinstrumente, Emissionshandel und intelligente Rechtsvertragstechnologie. So ein Anbieter ist zum Beispiel die Firma Deon Digital AG mit Sitz in Zürich, Schweiz (https://www.deondigital.com).

3.3   Der perfekte Prompt am Beispiel von ChatGPT

Ein *Prompt* ist eine Anweisung oder Frage, die du einer KI (wie ChatGPT) gibst, damit sie etwas für dich tut. Es ist quasi wie ein Auftrag, mit dem du erklärst, was du möchtest. Je genauer und klarer dein Prompt ist, desto besser versteht die KI, was du von ihr brauchst, und liefert passende Antworten. Die Anweisung an die KI: „`Erkläre mir, was ein Prompt ist!`" ist beispielsweise ein Prompt.

3.3.1 Beispiel für einen ganz schlechten Prompt

Ein schlechter Prompt enthält keine spezifische Fragestellung und klingt wie ein Satz, der einfach so geradeheraus gesprochen wird. So ein Beispiel lautet: „`Erzähl mir mal was über Marketing.`" oder „`Erzähl mir mal was über Fußball.`" Das Ergebnis werden generische Infos mit wenig Tiefe und geringem Mehrwert sein.

Dieser Prompt ist deshalb so schlecht, da er absolut unpräzise ist. Was genau soll über Fußball erzählt werden? Bist du an den Fußballregeln interessiert? Oder an Spieltricks? Oder an der Taktik für Trainer? Oder an der Geschichte des Fußballs? Möchtest du etwas über die besten Nationen oder Weltmeister, Europameister, Copa América oder einzelne Spieler erfahren? Und das ist jetzt nur eine ganz geringe Auswahl an möglichen Fragestellungen, die dich interessieren könnten. Dieses Beispiel verdeutlicht sehr gut, worauf es bei einem guten Prompt ankommt.

3.3.2 Beispiel für einen sehr guten Prompt

Ein sehr guter Prompt lautet zum Beispiel:

> „Du bist Marketing Manager in einem mittelständischen Unternehmen (ca. 100 Mitarbeiter). Wir verkaufen eine B2B-Software zur Datenanalyse. Erstelle eine 3-monatige Marketingkampagne mit Budgetplan (max. 20.000 €), Fokus auf LinkedIn und Ziel, mindestens 50 qualifizierte Leads zu generieren. Bitte alle Maßnahmen inklusive Zeitplan, Botschaft, KPIs und möglichen Partnern auflisten."

Dieser Prompt enthält die genaue Berufsrolle und den passenden Kontext dazu: „Marketing Manager in einem mittelständischen B2B-Unternehmen". Durch die Angabe „Mindestens 50 qualifizierte Leads" ist die Zielsetzung absolut klar. Der Prompt ist darüber hinaus konkret durch die Angabe von Budget, Dauer, gewünschter Kanäle und Messkriterien. Als Ergebnis wird ChatGPT fokussiert und zielgenau antworten, wodurch du mehr Nutzen und weniger Bla-Bla als Antwort erhältst.

3.3.3 Zutaten für den perfekten Prompt

Es gibt viele eBooks mit tausenden Beispielen von Prompts für jeden Zweck. Davon kannst du dich inspirieren lassen. Wenn du dort jedoch den perfekten Prompt für deinen Zweck suchst, suchst du wahrscheinlich noch, während bereits die nächste Version oder Generation von KI auf dem Markt erschienen ist. Daher ist es sinnvoller, sich einmal damit zu beschäftigen, was einen perfekten Prompt zum perfekten Prompt macht. Was sind die Kernbestandteile. Wenn du dies einmal verstanden hast, kannst du die KI bitten, deinen Prompt nach diesem Prinzip zu entwickeln.

> **Zu einem perfekten Prompt gehören folgende Eigenschaften:**
> - *Klarheit und Präzision*: Stelle sicher, dass die Frage oder Anweisung eindeutig und präzise formuliert ist. Und vermeide vage oder mehrdeutige Formulierungen.
> - *Kontext und Hintergrund:* Gebe genügend Hintergrundinformationen, um die rechtliche Situation oder den Fall zu verstehen. Erwähne relevante Gesetze, Verträge oder bisherige Urteile.
> - *Details/Spezifität*: Stelle spezifische Fragen oder Anfragen, um präzise Antworten zu erhalten. Details zu den betroffenen Parteien, Daten und relevanten Ereignissen können hilfreich sein.
> - *Ziel und Zweck*: Kläre, was das Ziel der Anfrage ist. Soll ein Vertrag geprüft, ein Rechtsgutachten erstellt oder eine rechtliche Strategie entwickelt werden?
> - *Dringlichkeit und Fristen*: Falls relevant, gebe an, wie dringend die Anfrage ist und ob es bestimmte Fristen gibt.
> - *Format und Länge*: Erwähne, ob die Antwort in einem bestimmten Format (z. B. Memo, Gutachten) oder eine bestimmte Länge haben soll

Ich sage es jedoch gleich dazu: der Schlüssel für die perfekte Zusammenarbeit mit der KI liegt nicht nur am perfekten Prompt. Vielmehr kommt es auf die Kommunikation insgesamt an. Wenn du in jeder Hinsicht perfekte Ergebnisse möchtest und ChatGPT beispielsweise wie ein Assistent für dich arbeiten soll oder in Kombination mit Automatisierungstools sogar vollautomatisch Aufgaben für dich erledigen soll, dann reicht der perfekte Prompt alleine nicht aus. Dann kommt es auf das Zusammenspiel, deinen Dialog, mit ChatGPT an. Beispielsweise kannst du ChatGPT bitten, Schritt für Schritt 20 Fragen an dich zu stellen, um dich besser kennenzulernen. Auf dieser Basis gibst du ihm nun Aufgaben, die es erledigen soll, als ob es eine Kopie, also ein Klon, von dir wäre.

Darüber hinaus kannst du immer, wenn du mit einem Ergebnis nicht zufrieden bist, nachfragen und nachbessern lassen. Du musst nicht neu beginnen. Stell dir einfach vor, ChatGPT wäre dein Assistent oder Auszubildender. Bei einem nicht zufriedenstellenden Ergebnis sagst du, was dir daran nicht gefällt und gibst die Anweisung, was verbessert oder geändert werden soll. Und schon kommt eine neue, meist bessere Version. Ganz selten kommt man an einen Punkt, wo das Ergebnis nur noch verschlimmbessert wird. Dann hilft am besten, neu anzufangen oder mit dem Prompt „Lass uns nochmal von vorne beginnen" das Thema neu aufzusetzen.

Da inzwischen alle paar Monate eine neue Version von jedem der bekannten Tools der generativen KI herauskommt, gehen wir auf die einzelnen Versionen nicht ein. Wir empfehlen an dieser Stelle, beim Verwenden einer neuen Version die Anweisung zu geben, dass dir die Neuheiten oder Besonderheiten dieser Version erklärt werden. Du kannst auch Versionen miteinander vergleichen lassen. Der Prompt „Vergleiche bitte die beiden Versionen *GPT-4o with canvas* und *o1-preview* und erläutere mir die jeweiligen Vor- und Nachteile" bringt dich sofort auf den aktuellsten Stand der Dinge.

3.3.4 Prompt-Beispiel: Social Media Beitrag

Ein sehr guter Prompt (=Frage/Texteingabe) an ChatGPT kann folgendermaßen aussehen:

> „Du bist ein erfahrener Social Media-Manager, der sich auf die Erstellung von aufmerksamkeitsstarken LinkedIn-Posts spezialisiert hat. Deine Auf-gabe ist es, einen ansprechenden LinkedIn-Post zu einem vorgegebenen Thema zu verfassen. Der Post soll auf Deutsch sein und die Aufmerksamkeit der Leser wecken.
>
> Befolge diese Richtlinien, um einen effektiven LinkedIn-Post zu erstellen:
> - Beginne mit einem fesselnden Einstieg, der die Aufmerksamkeit des Lesers sofort einfängt.
> - Verwende klare und prägnante Sprache, die leicht zu verstehen ist.
> - Halte den Post kurz und prägnant, idealerweise unter 1300 Zeichen.
> - Füge relevante Hashtags hinzu, um die Reichweite zu erhöhen.
> - Integriere, wenn möglich, einen Call-to-Action (CTA) am Ende des Posts.

```
Das Thema für deinen LinkedIn-Post lautet:
<Thema>
```
Strukturiere deinen Post wie folgt:
```
• Aufmerksamkeitserregender   Einstieg   (1-2
  Sätze)
• Hauptteil mit relevanten Informationen oder
  Gedanken zum Thema (2-3 Sätze)
• Abschluss mit einem Denkanstoß oder Call-to-
  Action (1 Satz)
• 5 relevante Hashtags

Verfasse nun einen LinkedIn-Post basierend auf
dem gegebenen Thema und den oben genannten
Richtlinien. Formatiere deinen Post, sodass ich
ihn per copy & paste direkt in LinkedIn über-
nehmen kann.
   Erstelle mir anschl. noch ein passendes Bild
zu jedem Post."
```

3.3.5 Vorsicht vor Halluzinationen

Eine *Halluzination* bei ChatGPT tritt auf, wenn das Modell eine *falsch erfundene Information* präsentiert, die plausibel klingt, aber nicht der Realität entspricht.
   Als Beispiel antwortete ChatGPT auf die Frage

```
„Wofür erhielt Albert Einstein den Nobelpreis?"
```

mit der Behauptung:

```
„Albert Einstein erhielt 1921 den Nobelpreis für die Relativi-
tätstheorie."
```

In Wahrheit erhielt Albert Einstein 1921 zwar den *Nobelpreis für Physik*, aber nicht für die Relativitätstheorie, sondern für seine Erklärung des *photoelektrischen Effekts*. Warum stellt ChatGPT hier eine falsche Behauptung auf und tut so, als ob sie wahr wäre? – Das liegt daran, dass Sprachmodelle ihre Sätze aus vielen Quellen kombinieren und die

Wörter ihrer Antwortsätze vor allem durch Wahrscheinlichkeitsberechnung ermitteln. ChatGPT könnte diese falsche Zuordnung also daher machen, weil Einstein oft mit der Relativitätstheorie in Verbindung gebracht wird, auch wenn sie nicht der Grund für seinen Nobelpreis war. *Anmerkung der Autoren: Dieses Beispiel wurde zwischenzeitlich korrigiert und wird inzwischen bei ChatGPT korrekt angezeigt.*

Halluzinationen entstehen, weil ChatGPT keine echte Wissensdatenbank ist, sondern Muster aus Texten extrapoliert. Wenn viele Texte Einstein mit dem Nobelpreis und der Relativitätstheorie erwähnen, kann es vorkommen, dass diese Zusammenhänge falsch kombiniert werden.

Fazit: Halluzinationen sind plausible, aber faktisch falsche Antworten – daher ist kritisches Denken und Quellenprüfung immer ratsam! Wenn es bei deinen Antworten wirklich auf hohe Qualität ankommt, empfehlen wir, die Antworten beispielsweise mit einem anderen Sprachmodell oder einem KI-Tool wie Perplexity AI, welches seinen Schwerpunkt in der Recherche hat, zu verifizieren. Du kannst Halluzinationen auch durch starke Spezifizierung vermeiden oder zumindest reduzieren. Im oben genannten Beispiel kannst du das LLM nur in offiziellen Seiten wie nobelprize.org suchen lassen, wodurch eine Falschaussage ziemlich unwahrscheinlich wird. Das Verwenden von Parametern zur Genauigkeit führt in der Regel ebenso zu einer besseren Qualität bei gezielter Recherche (in ChatGPT heißt dieser Parameter *temperature* und hat standardmäßig den Wert 0.7, für Präzise Antworten ist ein Wert zwischen 0.0 und 0.2 empfohlen, für sehr hohe Variation oder Kreativität ein Wert zwischen 0.7 und 1.0).

3.3.6 Prompt-Beispiel: Gedicht

Unser Autor Heiko hat ChatGPT gebeten, ein Gedicht im Style von William Shakespeare schreiben zu lassen. Inhaltlich ging es vor allem um das Verarbeiten von Traurigkeit und die Motivation für die Zukunft, neue Ufer zu betreten und wieder ein glückliches und zufriedenes Leben führen zu können. Hier folgt das Ergebnis von ChatGPT mit dem Gedicht und im Anschluss daran der dazugehörige Prompt.

Der Regen fällt, ein sanftes Rauschen, *auf ihren Schultern lastet's schwer,* *die Tropfen singen, stilles Lauschen,* *erzählt von Liebe, die nicht mehr*	*Der Himmel weint in stiller Trauer,* *der Erde Kuss so kalt und nass,* *ein Spiegelbild im Wasser, sauer,* *zeigt Herz und Schmerz im nassen Glas*
Der See der Erinnerungen glitzert, *wie Träume, die in Sternen ruhn,* *um ihre Füße legt er sich, beschüttert,* *doch sind die Wellen ohne Tun*	*Ein jedes Tröpfchen, eine Perle,* *erzählt von Zeiten, einst so rein,* *nun ziehen sie fort in weite Ferne,* *im Tanz des Wassers, im sanften Schein*
Die Schritte führen sie, so leise, *zum Ausgang, wo der Fluss sich teilt,* *das Herz, es pocht, die Seele weise,* *doch vom Abschied noch ereilt*	*Die Fluten greifen, wild und reißend,* *umarmen sanft ihr schmerzend Herz,* *doch trägt der Strom, in seinem Kreisen, den Schmerz hinweg, den tiefen Schmerz*
Auf neuen Ufern, fern und klar, *wo fremde Blumen still erblühen,* *erwacht ein Leben, wunderbar,* *die Hoffnung trägt, was einst verglühen*	*Der Regen weicht, die Sonne lacht,* *der Fluss, er strömt, ins weite Meer,* *das Herz, es hat die Nacht durchwacht,* *und findet Frieden, leer und schwer*

Heikos Prompt für das Gedicht

```
Du bist ein erfolgreicher Dichter, wie William
Shakespeare, jedoch schreibst du in deutsch.

Schreibe mir ein emotionales, langes Gedicht.

Verwende dabei Temperatur 0,3.

Es geht um die Trennung eines Mannes von seiner
Frau.

Der Regen tropft nieder auf die Frau und be-
gleitet sie in ihrer Traurigkeit.

Um ihre Füße herum entsteht somit ein See an
Erinnerungen.

Langsam bewegt sie sich an den Ausgang, wo der
See in einen Fluss übergeht.
```

Abb. 3.1 Visualisierung eines Gedichts mit DALL-E

```
Noch einmal überwältigt von den Fluten verlässt
sie anschließend den Fluss, um neue Ufer zu be-
treten.
```

Heikos Prompt für das dazugehörige Bild (Abb. 3.1):

```
Kannst du dieses schöne Gedicht durch ein mys-
tisches Bild illustrieren?
```

3.3.7 ChatGPT Mobile als Übersetzer beliebiger Sprachen

Stell dir vor, du hast ein internationales Team auf der Baustelle, aber die Verständigung funktioniert nicht immer perfekt. Wir wissen, das ist kaum vorstellbar, doch nehmen wir mal an, es wäre so (grins). Dann gibt es eine smarte Lösung auf deinem Smartphone. Mit der mobilen Version von ChatGPT beispielsweise übersetzt du Fachbegriffe und Anweisungen in Echtzeit – vom Planungsbüro bis zum Baukran. Egal, ob es um technische Details oder den kleinen Plausch zwischendurch geht – ChatGPT sorgt dafür, dass alle auf der Baustelle dieselbe Sprache sprechen. Egal, ob sich Polen mit Deutschen, Deutsche mit Rumänen oder Italiener mit Polen unterhalten(Abb. 3.2).

Damit es so richtig rund läuft auf der Baustelle, haben wir hier einen Tipp für die perfekte Umsetzung:

Öffne die mobile Version von ChatGPT auf deinem Handy. Klicke rechts unten auf das Symbol für die Spracheingabe. Und zwar am besten gleich auf das Sound-Symbol rechts neben dem Mikrofon-Symbol. Denn das Sound-Symbol eröffnet sogleich die Möglichkeit, mit ChatGPT komplett über Audio zu kommunizieren. Das heißt, ChatGPT versteht alles, was gesprochen wird, und antwortet auch über die Lautsprecher.

Mit folgendem Prompt, also in diesem Fall gesprochenen Text, verwandelst du nun dein Handy in einen Übersetzer:

```
„Hallo   ChatGPT!   Du   bist   unser   Übersetzer.
Ich  habe  hier  einen  Freund,  der  nur  Polnisch
spricht.  Bitte  übersetze  alles,  was  du  auf
Deutsch  hörst,  ins  Polnische.  Und  alles,  was  du
auf Polnisch hörst, ins Deutsche."
```

Abb. 3.2 Mobile GPT auf der Baustelle

ChatGPT antwortet

```
„Klar, ich bin bereit! Sag einfach, was übersetzt werden soll,
und ich lege los."
```

oder so ähnlich. Und es kann losgehen.

Dies funktioniert nicht nur auf der Baustelle, sondern auch hervorragend im Urlaub, auf Geschäftsreisen, und bei jedem möglichen Kontakt mit jemandem, dessen Sprache du nicht beherrscht. Für den Small Talk und das Gespräch zwischendurch ist diese Methode hervorragend geeignet. Selbst Fachbegriffe wie *Zollstock*, *Wasserwaage* und so weiter wurden bei unseren Tests leicht verständlich in mehrere Sprachen übersetzt. Wir haben unter anderem *Spanisch*, *Rumänisch*, *Russisch*, *Mandarin* und selbst *Flämisch* getestet. Bei Flämisch kam der Hinweis, dass ChatGPT diese Sprache nicht beherrscht, es jedoch gerne versuchen würde. Und es gab keinerlei Verständnisprobleme bei dieser Konversation zwischen einem belgischen Gesprächspartner und unserem Autor Heiko.

3.3.8 Erkennen von Gegenständen für Menschen mit Sehbehinderung

In der mobilen Version von ChatGPT kannst du mit ChatGPT sprechen. Du kannst Witze austauschen, dir Rätsel stellen lassen oder alles mögliche Fragen. Das ist beispielsweise sehr unterhaltsam während einer Autofahrt, denn hierbei kannst du auf das Wissen des gesamten Internets zugreifen.

Doch eines der besten neuen Funktionen ist das Erkennen von Gegenständen über die Handykamera (Abb. 3.3). Hierzu musst du natürlich den Zugriff von ChatGPT auf Mikrofon und Kamera deines Handys erlauben. Dann kannst du die Kamera auf einen Text oder Gegenstände richten und ChatGPT dazu etwas fragen, wie beispielsweise: „Welche Gegenstände kannst du hier erkennen?" Es ist verblüffend, wie gut ChatGPT die Gegenstände erkennen und mit welchen Details er sie beschreiben kann. Wir haben auch mal getestet, bei einer Menge von Gummibärchen die Anzahl in jeder Farbe zu zählen. Hierbei war das Ergebnis noch nicht perfekt, jedoch schon sehr

3 Große Sprachmodelle (LLMs) für generative KI

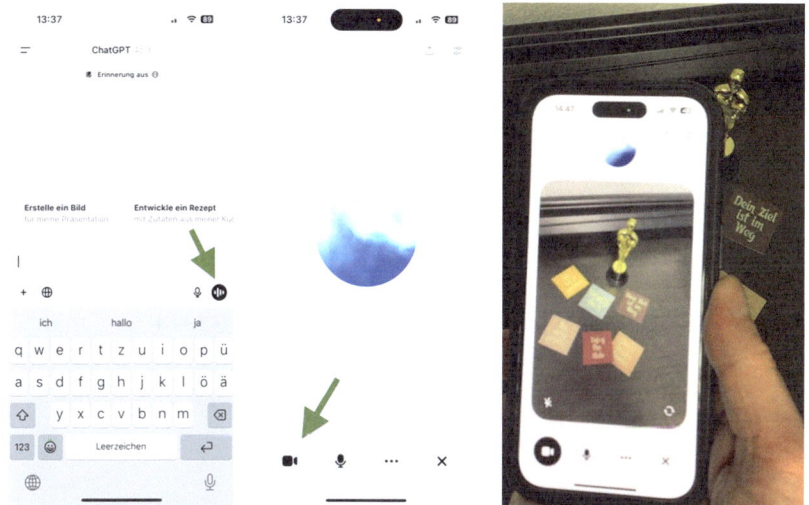

Abb. 3.3 Mobile GPT zum Erkennen und Vorlesen von Gegenständen

gut. Und wir sind ja noch am Anfang dieses neuen Features, sodass wir davon ausgehen, dass Zählen bis Ende 2025 kein Problem mehr darstellen wird. Diese Funktion ist auch sehr gut geeignet, um Baumarten anhand von Blättern, oder Blumen oder Pilze beim Spaziergang zu erkennen. Bei Giftpilzen würden wir uns jedoch (noch) nicht auf die Antwort verlassen. ☺

3.3.9 Lernen für die Schule

Lehrkräfte an der Schule geben den Schülern die relevanten Themen für die nächste Klassenarbeit meistens etwa eine Woche vor der Arbeit mit oder geben Ihnen einen Lernzettel oder Kompetenzbogen. Diese Mitschrift oder den Zettel kannst du abfotografieren und bei ChatGPT als Anhang hochladen (Abb. 3.4).

Probiere anschließend die folgende Vorgehensweise (mehrere Prompts hintereinander) aus.

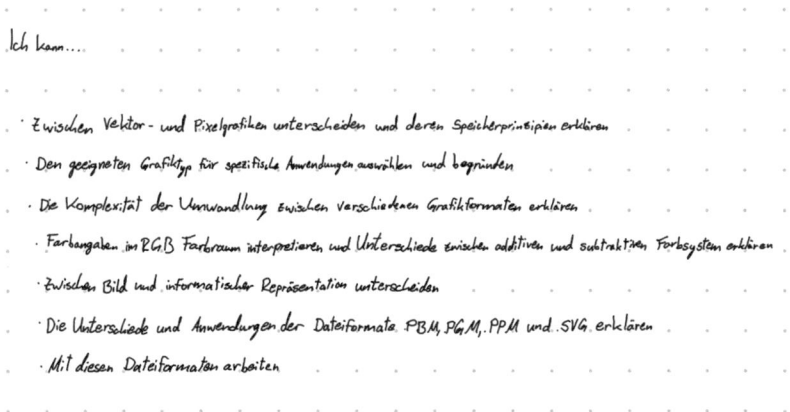

Abb. 3.4 Handgeschriebener Zettel für ChatGPT Upload

Lade zunächst die Datei hoch (durch einen Klick auf die Büroklammer links neben der Prompteingabe kannst du eine Datei oder ein Bild auswählen) und gib anschließend beispielsweise folgenden Prompt ein:

„Ich bin Schüler der 9. Klasse eines Gymnasiums in Hessen in Deutschland. Wir schreiben eine Informatik-Klausur zu den im Anhang hochgeladenen Themen. Erläutere mir bitte jedes Thema kurz und verständlich, sodass es ein 8-jähriger verstehen würde."

Erläuterung des Prompts

Die KI wird in der Regel deine Handschrift erkennen und in Klartext als Themen-Überschriften wiedergeben. Dazu verarbeitet sie den Inhalt und erklärt dir die Themen der Klassenarbeit (Abb. 3.5).

Die Ortsangabe ist wichtig, da ChatGPT mit den Daten der ganzen Welt trainiert ist und du ohne Ortsangaben (Hessen/Deutschland) möglicherweise ein Ergebnis zu einer typischen Schule in Florida/USA bekommst. Darüber hinaus ist es ebenso wichtig, mit anzugeben, in welcher Klasse du dich gerade befindest. Dies kannst du gerade beim Sprachen lernen nutzen, indem du sagst, dass du dich in Oxford English mit dem Sprachschatz eines 8. Klässlers unterhalten möchtest.

> Okay, ich werde die Themen so erklären, dass es auch ein 8-Jähriger versteht – mit einfachen Worten und ein bisschen Spaß dabei:
>
> **1. Was ist der Unterschied zwischen Vektorgrafiken und Pixelgrafiken?**
> - **Pixelgrafik**: Stell dir ein Bild vor, das aus vielen kleinen, bunten Quadraten besteht (wie ein Mosaik oder Minecraft). Jedes Quadrat ist ein Pixel. Wenn du das Bild ganz groß machst, siehst du die Quadrate.
> - **Vektorgrafik**: Das sind Bilder, die mit mathematischen Formen wie Kreisen und Linien gemacht werden. Egal, wie groß du sie machst, sie bleiben immer scharf, wie eine Zeichnung mit einem Lineal.
>
> **2. Wie wählt man den richtigen Grafiktyp?**
> - **Pixelgrafik**: Gut für Fotos oder Bilder mit vielen Farben (wie ein Familienfoto). Aber wenn du es zu groß machst, wird es unscharf.
> - **Vektorgrafik**: Perfekt für Logos oder Dinge, die man groß und klein machen möchte, ohne dass sie unscharf werden (wie ein Firmenlogo auf einem Plakat).
>
> **3. Warum ist es schwierig, von einem Format ins andere zu wechseln?**
> - Von Pixel zu Vektor: Stell dir vor, du willst aus einem Mosaik (Pixel) eine perfekte Zeichnung (Vektor) machen. Das ist schwer, weil der Computer nicht weiß, wie die Formen aussehen sollten.
> - Von Vektor zu Pixel: Einfacher, wie wenn du eine Zeichnung einscannst – der Computer macht einfach kleine Quadrate daraus.
>
> ↓

Abb. 3.5 ChatGPT erklärt die Themen der Klassenarbeit

Jetzt liest du dir das Ergebnis durch und kannst gezielt nachfragen. Wenn du etwas detailliert erklärt haben möchtest, schreibst du als Prompt:

„Kannst du mir Punkt 6 bitte etwas detaillierter erklären?" Oder „Zeige mir Beispiele zu Pixelgrafiken und Vektorgrafiken. Erkläre mir anschließend die Beispiele recht ausführlich."

Du kannst das Tool sogar nutzen, um dich anschließend zu dem Gelernten abzufragen oder eine Klassenarbeit zum Üben zu erstellen. Verwende hierzu beispielsweise den *Prompt: „Ich habe nun alles zu der Klausur gelernt. Erstelle mir eine typische Klausur mit 6 Aufgaben, die ein Schüler in 90 min lösen kann!"*

3.3.10 Life-Hack für Ideen zu schönen Bildern

Suche mit Google nach einem schönen Bild. Hierzu kannst du in der Suchleiste auf „Bilder" klicken, um die reine Bildauswahl zu sehen. Nun mache einen Klick mit der rechten Maustaste auf das Bild und wähle „Link kopieren" aus. Eventuell musst du vorher noch auf das Bild klicken, um dem Link zum Bild zu folgen.

Jetzt kannst du mit folgendem Prompt auf ChatGPT eine Idee erhalten, wie du so ein Bild selbst mit einem Prompt erstellen kannst:

„Schreibe mir einen perfekten Prompt, um ein Bild wie dieses auf der folgenden Seite zu erzeugen: <Link>"

(hierbei ersetzt du <Link> durch den von dir kopierten Link).

Anschließend kannst du diesen Prompt verwenden, oder ihn sogar direkt auf ChatGPT ausführen. Verwende hierzu beispielsweise den Prompt: *„Danke. Führe den Prompt aus und erstelle mir das Bild."*

Ideen und Hinweise für schöne KI-Bilder
Beim Generieren von Bildern ist es ratsam, verschiedene KI-Tools auszuprobieren und zu vergleichen.

Während DALL-E (u. a. in ChatGPT integriert) unter anderem recht gute Illustrationen, fantasievolle Bilder (angelehnt an den Surrealismus von Salvatore Dalle) und gute Bilder zu Haus, Stadt und Automobil liefert, ist Midjourney gut geeignet, um kinoähnliche, fotorealistische Bilder zu erzeugen. Ideogram.ai wiederum eignet sich unserer Erfahrung nach am besten für Bilder in Kombination mit Text, etwa für Glückwunschkarten, Anzeigen des Firmennamens auf dem Bild oder den Namen eines geliebten Menschen. Die App Monet wiederum bietet

3 Große Sprachmodelle (LLMs) für generative KI

viele Möglichkeiten von Cartoons über Anime und Illustrationen bis hin zu kurzen Videos.

Den folgenden Prompt hat Heiko beispielsweise angewandt, um ein Bild für eine Osterkarte zu erhalten, auf welcher ein süßes Kaninchen Zitronen anstatt Eier bemalt. Hierzu hat er ideogram.ai verwendet und dabei den Prompt vorher in die englische Sprache übersetzt, um ein besseres Ergebnis zu erzielen (Abb. 3.6).

```
„A captivating high-definition illustration of
an ultra-realistic white baby rabbit, holding
a paintbrush in its tiny paw. The adorable rab-
bit is carefully painting a lemon as Easter egg
```

Abb. 3.6 Bild für eine Osterkarte mit ideogram.ai

with the name „für dich" written on it. Surrounding the rabbit are a palette of vibrant watercolors, a basket filled with beautifully decorated lemons, and a few artistically-arranged fallen leaves. The overall atmosphere of the scene is whimsical, with the focus on the tiny artist's dedication to his craft."

Teil II
Aktuelle Anwendungsfälle

4

KI im Arbeitsalltag

Inhaltsverzeichnis

4.1 Der Trend zur Spezialisierung............................. 88
4.2 Zielgruppe finden, Kunden-Avatar erstellen 92
4.3 Programmieren mit KI, 3D-Druckprozesse 101
4.4 KI-Tools und Anwendungsmöglichkeiten..................... 104
4.5 Dem Fachkräftemangel mit KI-Agenten entgegenwirken 113
4.6 ChatGPT als Sprachübersetzer und als Video-Detektor 114
4.7 Erklärvideos für Kunden und Azubis mit KI-Avataren 119
4.8 Hoch- und Tiefbau, Automotive-Branche 126
4.9 Cobots, autonome Roboter und digitale Zwillinge............. 134

In diesem Kapitel konzentrieren wir uns auf den Nutzen von KI im praktischen Arbeitsalltag. Von der Gesundheitsbranche über die Finanzwelt bis hin zur Produktion – wir beleuchten, wie spezifische Herausforderungen in verschiedenen Branchen mit Hilfe von KI gelöst werden und die Effizienz gesteigert wird.

4.1 Der Trend zur Spezialisierung

Mit der Veröffentlichung von ChatGPT im November 2022 hat die Generative KI einen unglaublichen Boom erfahren. Plötzlich war KI in aller Munde. Jeder Nicht-Informatiker konnte nun KI nutzen. Einfach eine Frage stellen und ChatGPT die Arbeit machen lassen, sei es, ein Gedicht zu verfassen, ein Märchen zu schreiben, Bilder zu generieren, Beiträge für Social Media zu verfassen und vieles mehr. Schnell wurde erkennbar, dass mit dem vielen Inhalt des Internets und den vielen Best Practices ein schneller, praktischer Nutzen und Mehrwert für einen selbst entsteht.

So kann ich ChatGPT in eine bestimmte Rolle schlüpfen lassen, um einen Text oder ein Bild für mich zu erstellen. Das spart viel Zeit, kann hervorragend in den Alltag integriert werden und schafft Interaktion, wo vorher möglicherweise Einzelgänger unterwegs waren. Das ist wirklich ein super Fortschritt für Solo-Selbständige, Privatpersonen mit technischer Affinität und für viele simple Anwendungsgebiete.

Für große Firmen fehlte jedoch der richtige Ansatz, um KI auf diese Art und Weise einzuführen. Das spart zwar Zeit, der Chef kann jedoch nicht direkt erkennen, welchen Mehrwert die Verwendung von Generativer KI für seine Mitarbeiter bringt. Es wird viel ausprobiert und rumgespielt – alles notwendig, um den Umgang mit der KI zu lernen und seine Prompts bzw. die Kommunikation mit der KI zu verbessern. Doch es bleibt auch der Beigeschmach, dass Firmeninformationen und teilweise sogar Firmengeheimnisse über diese Kommunikation im Internet gelandet sind.

Inzwischen kommen jeden Monat etwa 1.500 neue KI-Tools auf den Markt. Viele davon haben eine spezielle Ausrichtung und erfüllen spezielle Aufgaben. Das ist mit vertikaler KI gemeint. Mit vertikaler KI entstehen Silo-Lösungen und Ansätze, die einen messbaren Beitrag und Erfolg für die Firma bringen. Ein einfaches Beispiel hierfür ist ein Website-Creator. Das ist ein Tool, welches mit wenigen Informationen und Angaben eine vollständige Homepage erstellt – und diese auf Wunsch auch gleich hostet, d. h. als Internet-Provider im Internet zur Verfügung stellt. Somit kannst du heute beispielsweise ein Blumengeschäft oder einen Friseursalon eröffnen und ohne technische Fähigkeiten und ohne jemandem tausende von Euro für die Programmierung zu zahlen, deine eigene Website erstellen (lassen). Die ist zwar in der Regel bei weitem nicht so gut, wie eine durch einen Profi-Designer erstellte Website, sie genügt jedoch zunächst dem Anspruch, sichtbar zu sein und einen eigenen Webauftritt zu haben. Wenn das Business dann angelaufen ist und etwas Geld damit verdient wurde, kannst du nach und nach deine Website und andere Dinge professionalisieren.

Während horizontale KI allgemeine Lösungen über verschiedene Branchen hinweg bietet, konzentriert sich vertikale KI auf spezialisierte Anwendungen innerhalb spezifischer Sektoren. Nachfolgend erläutern wir die Unterschiede zwischen diesen beiden Ansätzen, den aktuellen Trend hin zur vertikalen KI und welchen Nutzen Unternehmen daraus ziehen können.

4.1.1 Horizontale KI

Horizontale KI bezieht sich auf allgemeine KI-Lösungen, die branchenübergreifend eingesetzt werden können. Diese Systeme sind flexibel und skalierbar, sodass sie in verschiedenen Kontexten und Anwendungen genutzt werden können. Beispiele hierfür sind:

- *Sprachverarbeitung:* Chatbots oder Sprachassistenten wie Siri oder Alexa.
- *Bilderkennung:* KI-Systeme, die Objekte oder Gesichter in Bildern identifizieren.
- *Datenanalyse:* Tools zur Mustererkennung in großen Datensätzen.

Der Hauptvorteil horizontaler KI liegt in ihrer Vielseitigkeit. Unternehmen können diese Technologienschnell integrieren, ohne sie vollständig an ihre spezifischen Bedürfnisse anpassen zu müssen.

4.1.2 Vertikale KI

Vertikale KI hingegen ist auf die Anforderungen einer bestimmten Branche oder sogar eines einzelnen Unternehmens zugeschnitten. Sie ist spezialisiert und optimiert, um spezifische Probleme zu lösen oder Prozesse innerhalb eines Sektors zu verbessern. Beispiele für vertikale KI sind:

- *KI-Agenten* ermöglichen die Automatisierung zielgerichteter Aufgaben. Sie bekommen eine bestimmte Rolle oder eine bestimmte Aufgabe, mit der sie im Alltag unterstützen und schnelle, effiziente Ergebnisse liefern. Durch Automatisierung können sie im Hintergrund bestimmte Aufgaben erledigen und die Ergebnisse zu vordefinierten Zeiten ausgeben.
- *Erklärvideos*: Anhand von KI-Avataren und Sprachmodellen, welche beispielsweise Produktbeschreibungen aufbereiten, können Produktvideos automatisch erstellt werden. Es gibt auch KI-Tools wie *Steve AI* oder *Vyond*, welche mit KI-Unterstützung ein Erklärvideo im Comic-Style durchführen können.
- *Individuelle GTPs* ermöglichen das schnelle Ausführen gezielter Aufgaben, wie beispielsweise juristische Recherche.
- *Gesundheitswesen:* KI-Systeme zur Diagnose von Krankheiten oder personalisierten Behandlungsplänen.
- *Finanzwesen:* Algorithmen zur Betrugserkennung oder automatisierten Anlageberatung.
- *Landwirtschaft:* Präzisionslandwirtschaft durch Analyse von Bodendaten und Wettervorhersagen.

Diese spezialisierten Lösungen erfordern oft eine tiefere Integration und Anpassung, bieten dafür jedoch eine höhere Effizienz und Genauigkeit in ihrem Anwendungsbereich.

4.1.3 Der Trend hin zur vertikalen KI

In den letzten Jahren beobachten wir einen deutlichen Trend hin zur vertikalen KI. Dies ist auf mehrere Faktoren zurückzuführen (Knödel, 2024):

- *Branchenspezifische Anforderungen:* Unternehmen erkennen, dass allgemeine KI-Lösungen nicht immer die tiefgehenden Bedürfnisse ihrer Branche erfüllen. Vertikale KI kann maßgeschneiderte Lösungen bieten, die besser auf spezifische Herausforderungen reagieren.
- *Wettbewerbsvorteil:* Durch den Einsatz spezialisierter KI können Unternehmen sich von der Konkurrenz abheben und einzigartige Dienstleistungen oder Produkte anbieten.
- *Technologischer Fortschritt:* Verbesserungen in der KI-Technologie ermöglichen es, komplexere und spezialisiertere Systeme zu entwickeln, die früher nicht möglich waren.
- *Datenverfügbarkeit:* Mit der Zunahme von branchenspezifischen Daten können KI-Systeme effektiver trainiert und eingesetzt werden.

4.1.4 Nutzen der vertikalen KI für Unternehmen

Die Implementierung vertikaler KI bietet Unternehmen zahlreiche Vorteile:

- *Effizienzsteigerung:* Durch die Automatisierung spezifischer Prozesse können Unternehmen Kosten senken und Ressourcen effizienter nutzen.
- *Verbesserte Entscheidungsfindung:* Spezialisierte KI liefert genauere Analysen und Prognosen, die als Grundlage für strategische Entscheidungen dienen.
- *Kundenzufriedenheit:* Durch personalisierte und optimierte Dienstleistungen können Unternehmen die Zufriedenheit und Loyalität ihrer Kunden erhöhen.
- *Innovation:* Vertikale KI ermöglicht es Unternehmen, neue Geschäftsmodelle zu entwickeln und sich an wechselnde Marktbedingungen anzupassen.
- *Risikominimierung:* In Bereichen wie Sicherheit und Compliance kann spezialisierte KI helfen, Risiken frühzeitig zu erkennen und zu mindern.

Als Fazit können wir festhalten, dass der Übergang von horizontaler zu vertikaler KI einen wichtigen Meilenstein in der Evolution der Künstlichen Intelligenz belegt. Unternehmen, die diesen Trend erkennen und vertikale KI in ihre Strategien integrieren, können erhebliche Wettbewerbsvorteile erzielen. Durch die Fokussierung auf spezialisierte Lösungen können sie nicht nur ihre Effizienz steigern, sondern auch innovativer und kundenorientierter agieren.

Es ist an der Zeit, dass Unternehmen die Potenziale der vertikalen KI ausschöpfen und sich so für die Zukunft rüsten.

4.2 Zielgruppe finden, Kunden-Avatar erstellen

Eine nützliche Methode, mit Sprachmodellen wie ChatGPT, Copilot und Co. das Schwarmwissen des Internets für mein eigenes Unternehmen zu verwenden, ist das Eingrenzen meiner Zielgruppe und das Erstellen von Kunden-Avataren.

4.2.1 Die richtige Zielgruppe bzw. Branche

Beispiel: Wir verwenden ChatGPT, um 10 potenzielle Kunden aus dem deutschen Mittelstand für unsere KI-Seminare zu identifizieren. ChatGPT hat einige vielversprechende Unternehmen und Branchen gefunden, die stark an KI-Implementierung interessiert sind. Nachfolgend die Top 10 mit Auflistung des jeweiligen Hauptnutzens durch den Einsatz von KI:

- *Maschinenbau*: Unternehmen in dieser Branche suchen gezielt nach Lösungen zur Automatisierung und Prozessoptimierung durch KI.
- *Automobilzulieferer*: Diese Firmen setzen auf vorausschauende Wartung und optimiertes Ressourcenmanagement mittels KI.
- *Chemie- und Pharmaindustrie*: KI wird hier für die Qualitätskontrolle und das Wissensmanagement genutzt.

- *Logistik und Transport*: KI spielt eine zentrale Rolle in der Optimierung der Lieferketten und im autonomen Fahren.
- *Energieversorger*: Diese Branche nutzt KI für intelligente Sensorik und Assistenzsysteme zur Überwachung und Steuerung von Energieflüssen.
- *IT-Dienstleister*: Diese Firmen bieten oft KI-as-a-Service und könnten von deinen Seminaren zur Verbesserung ihrer Dienste profitieren.
- *Banken und Finanzdienstleister*: Hier ist KI wichtig für die Betrugserkennung und automatisierte Kundenbetreuung.
- *Handel und E-Commerce*: KI wird eingesetzt für personalisierte Werbung und Kundenservice-Chatbots.
- *Gesundheitswesen*: Krankenhäuser und Kliniken verwenden KI für Diagnosen und Prozessoptimierungen.
- *Telekommunikationsunternehmen*: Diese Firmen nutzen KI für Netzwerkoptimierung und Kundendienst-Chatbots.

ChatGPT antwortet schließlich: „Diese Branchen sind besonders geeignet für deine Seminare, da sie bereits Interesse an KI-Technologien zeigen und von der Expertise in ChatGPT, richtiges Prompting, und KI-Governance profitieren könnten."

Nun lassen wir uns einen perfekten Kunden-Avatar von ChatGPT generieren.

4.2.2 Ein perfekter Kunden-Avatar

Ein Kunden-Avatar hilft uns, unsere Zielgruppe besser zu verstehen und unsere Marketing- und Verkaufsstrategien gezielt auf deren Bedürfnisse auszurichten. Mit einem klar definierten Avatar können wir Inhalte und Angebote entwickeln, die unsere Wunschkunden ansprechen und binden. So sparen wir Zeit und Ressourcen, indem wir uns auf unsere Zielgruppe fokussieren und unsere Energie auf das Wesentliche konzentrieren: der Gewinnung von Wunschkunden. Ein perfekter Kunden-Avatar könnte wie folgt aussehen:

- *Branche*: Maschinenbau
- *Unternehmensgröße*: Mittelständisches Unternehmen mit 200–500 Mitarbeitern

- *Position*: IT-Leiter oder Innovationsmanager
- *Interesse*: Automatisierung, Prozessoptimierung, und vorausschauende Wartung
- *Herausforderungen*: Mangel an spezialisierten KI-Kenntnissen, Implementierungshürden und Datenprobleme
- *Ziel*: Steigerung der Effizienz und Wettbewerbsfähigkeit durch den Einsatz von KI

Dieser Avatar repräsentiert ein Unternehmen, das sowohl die Notwendigkeit als auch das Potenzial der KI-Implementierung erkannt hat und bereit ist, in Weiterbildung und strategische Projekte zu investieren. Nun können wir ChatGPT sogar bitten, diesen Avatar in Form eines Bildes zu visualisieren.

4.2.3 Größte Herausforderungen

Nun haben wir den Kunden-Avatar. Doch wie geht es weiter? Die Kunden klopfen ja nicht an der Tür, nur weil wir sie als unsere Wunschkunden identifiziert haben.

Bevor wir Lösungen in Form von Produkten und Dienstleistungen anbieten, beleuchten wir die Probleme und Herausforderungen mittelständischer Unternehmen im Maschinenbau. Dies machen wir am besten anhand erprobter Methoden aus dem Design Thinking, wie beispielsweise Felderkundung, Kundenbefragung oder Greenfield Approach. Für einen Schnellstart bekommen wir jedoch auch bereits sehr umfangreiche und nützliche Informationen anhand der Generativen KI, denn diese durchsucht das Internet und gibt uns ein gutes Indiz für den Anfang. Denke daran, beim Verwenden der KI auch die Zielregion (beispielsweise Deutschland, D-A-CH, Europa) mit einzugrenzen. In unserem Beispiel ist dies der Mittelstand des Maschinenbaus in Deutschland. (Deloitte, 2021)

Unsere Befragung von ChatGPT ergab folgende Probleme und Herausforderungen:

Kompetenzmangel und Fachkräftemangel
Viele Unternehmen haben Schwierigkeiten, qualifizierte Mitarbeiter mit speziellen KI-Kenntnissen zu finden und zu halten.

Unser Lösungsansatz: Unsere Seminare können helfen, das vorhandene Personal weiterzubilden und ihnen das nötige Wissen zu vermitteln, um KI-Projekte erfolgreich umzusetzen. Ein hoher Standard an Qualifikation und Weiterbildung schafft insgesamt mehr Wissen und Kompetenz und zieht darüber hinaus Fachkräfte an. (Funke, 2023)

In einem zweiten Schritt können wir unsere Kunden bei der Einführung einer KI-Governance, eines Competence Center oder der Durchführung von KI-Projekten begleiten. Hierzu finden wir gute Ansätze in den weiteren Herausforderungen.

Implementierungshürden
Die Einführung von KI-Technologien erfordert erhebliche Investitionen in die Infrastruktur und ggf. einen Umbau bzw. eine Neuausrichtung in Richtung Cloud Technologien. Hierzu ist eine detaillierte Planung notwendig.

Unser Lösungsansatz: Wir unterstützen Unternehmen dabei, eine realistische und schrittweise KI-Strategie zu entwickeln und Pilotprojekte zu implementieren, die später skaliert werden können. Dabei achten wir auf eine strukturierte KI-Governance und bauen innerhalb der Firma ein Competence Center für KI auf. (Deloitte, 2021)

Datennutzung und Datenprobleme
Viele Unternehmen haben unzureichende Dateninfrastrukturen oder kämpfen mit der Datenqualität. Ein weiterer Aspekt sind die Anforderungen aus Datenschutzgründen, Daten von Kunden und Interessenten durchgängig identifizieren und löschen zu können. Ebenso ist es wichtig, die Daten in dezentralen Anwendungen und auf Testumgebungen anonymisiert zu speichern.

Unser Lösungsansatz: Durch unsere Seminare und Projektbegleitung können Firmen lernen, wie sie relevante Daten identifizieren, aufbereiten und effektiv nutzen, um ihre KI-Modelle zu trainieren. Spezialisierte Apps und KI-Tools können unterstützen, Daten zu anonymisieren und bei Bedarf vollständig und dokumentiert zu löschen.

Widerstand gegen Veränderung
Es gibt oft interne Widerstände gegen neue Technologien, insbesondere in traditionellen oder inhabergeführten Unternehmen.

Unser Lösungsansatz: Unsere KI-Seminare, die wir wahlweise mit Leadership-Seminaren und Mindset-Seminaren kombinieren, oder zunächst mit einem Mindset-Seminar die Tür zur KI öffnen, helfen dabei, das Bewusstsein und die Akzeptanz für KI zu erhöhen, indem wir unseren Kunden die Vorteile und Erfolgsgeschichten von KI-Anwendungen aufzeigen du zeigen, wie Gefahren und Cyberangriffe erkannt und abgewehrt werden können. Die Veränderung durch den Einsatz von KI ist bereits vielerorts spürbar und erkennbar. In ein bis zwei Jahren wird KI fast überall eine wichtige Rolle spielen und wir dürfen bezüglich Gefahren und Risiken gerne vorsichtig und aufmerksam agieren, jedoch überwiegen unseres Erachtens Chancen und Mehrwert durch Nutzung und Unterstützung der KI. Wer sich frühzeitig mit KI beschäftigt, wird Gefahren und Fake-Informationen schneller erkennen und den Umgang mit der KI sukzessive erlernen, so wie wir vor 30 bis 40 Jahren den Umgang mit Personalcomputern gelernt haben. Wer KI verweigert oder ignoriert, wird möglicherweise die Welt um sich herum in wenigen Jahren nicht mehr verstehen, denn bereits heute ist KI in zahlreichen täglichen Anwendungen und Systemen enthalten, wie beispielsweise im Navigationsgerät, bei der Heizungssteuerung, im Smart Home, in Übersetzungstools auf dem Handy, und vielen mehr.

Kosten und Ressourcen
Kleine und mittelständische Unternehmen (KMU) haben oft begrenzte finanzielle und personelle Ressourcen, was die Umsetzung von KI-Projekten erschwert.

Unser Lösungsansatz: Mit praxisorientierten Ansätzen und dem Fokus auf kosteneffiziente KI-Lösungen (z. B. KI-as-a-Service) helfen wir Unternehmen dabei, Quick-Wins umzusetzen und damit erste Erfolge zu erzielen, ohne hohe Anfangsinvestitionen zu tätigen. (Magazin Unternehmenswelt, 2019)

4.2.4 Lösungsansätze mit Mehrwert

Aus der Zusammenarbeit mit ChatGPT in den vorherigen Abschnitten können wir nun relativ einfach erkennen, wo der Mehrwert liegt und welche Lösungsansätze hierfür existieren. In unserem Fall wurden die folgenden Lösungsansätze aufgezeigt.

Weiterbildung und Schulung
Wir bieten gezielte Trainings und Workshops an, die das technische Wissen und die praktischen Fähigkeiten der Mitarbeiter verbessern.

Schwerpunkte: richtiges Prompting, Einsatz eines LLMs (Large Language Models) wie ChatGPT, Gemini oder Copilot, Erstellen kundeninterner *GPTs* bzw. *KI-Agenten* für effizientes Arbeiten, Nutzen weiterer KI-Tools für dedizierten Firmennutzen und Entwickeln von KI-Strategien. (Mittelstand-Digital Zentrum Berlin, 2023)

Beratung und Strategische Unterstützung
Wir helfen Unternehmen bei der Identifikation von geeigneten Anwendungsfällen für KI und bei der Erstellung von Implementierungsplänen.

Wir unterstützen sie bei der *Analyse und Optimierung* ihrer *Dateninfrastruktur*, beim Aufbau eines *KI Competence Center* und bei der Einführung einer *KI-Governance*.

Change Management
Wir führen Maßnahmen durch, welche die Akzeptanz und das Verständnis für KI innerhalb der Belegschaft erhöhen. Durch unsere zertifizierte Aus- und Weiterbildung sowie der langjährigen Erfahrung in den Bereichen *Führung* und *Mindset* beherrschen wir die Methoden des Change Management bereits und können diese auch mit unseren Kunden umsetzen.

Hierbei zeigen wir konkrete Beispiele und Erfolgsgeschichten, um die Vorteile von KI greifbar zu machen.

Effizienzsteigerung und Automatisierung
Wir demonstrieren in unseren Webinaren, Seminaren und live beim Kunden vor Ort, wie KI genutzt werden kann, um Prozesse zu automatisieren und die Effizienz zu steigern.

Wie zeigen, wie vorausschauende Wartung und intelligente *Assistenzsysteme* und *Frühwarnsysteme* den Betrieb optimieren können

Durch unsere Seminare können mittelständische Unternehmen im Maschinenbau die genannten Herausforderungen bewältigen und die Vorteile von KI voll ausschöpfen. Wir bieten ihnen das Wissen und die Werkzeuge, die sie benötigen, um ihre *Geschäftsprozesse* zu verbessern und wettbewerbsfähig zu bleiben.

Entwickeln eigener Produkte
Durch Kundenfeedback während unserer ersten Projekte sind wir aufmerksam auf weitere Möglichkeiten gestoßen, die wir in unser Produktportfolio aufnehmen können und künftig anbieten. Hierzu gehören beispielsweise *Lern-Bots* für Schüler und Studenten, *Chatbots* für die Kundenkommunikation über die Firmen-Website, dedizierte *KI-Agenten* für Solo-Entrepreneure, *Marketing-Tools* und *KI-generierte Videos* mit individuellen *KI-Avataren* zum einfacheren Generieren von *Erklärvideos*, *Produktvideos* und *Videos für die Aus- und Weiterbildung*. Anhand von *Automatisierungstools* lassen sich einzelne Produkte wie Bots, KI-Agenten und KI-Videos sehr gut *kombinieren*.

4.2.5 Bereiche zur Kosteneinsparung und Umsatzsteigerung

Eine der Kernfragen jedes Unternehmens ist die nach Fallbeispielen zur Kosteneinsparung und/oder Umsatz- und Margen-Steigerung. Denn erst durch den richtigen Use Case ist der Mehrwert für eine Firma auch finanziell messbar und spürbar. Zeitersparnis ist zwar ein wichtiges Ziel, steht jedoch bei den meisten Firmen nicht an oberster Stelle, da sie nicht konkret messbar ist. Auch wenn Mitarbeiter durch das Verwenden von Sprachmodellen (LLMs) täglich 2 h Zeit einsparen, ist der Nutzen für die Firma nur subjektiv durch die Geschäftsführung und Führungskräfte wahrnehmbar, jedoch selten konkret messbar.

Daher haben wir uns mit dem Thema beschäftigt, konkrete Anwendungsfälle zu eruieren, bei denen ein Kosten- oder Umsatzeffekt messbar ist.

Prozessautomatisierung
Kosteneinsparung: Die Automatisierung wiederkehrender und manueller Prozesse ist einer der Hauptfaktoren, welcher die Betriebskosten erheblich reduzieren kann. Zum Beispiel können Aufgaben wie die Datenverarbeitung, Qualitätskontrolle und Verwaltung durch KI-Systeme effizienter und schneller erledigt werden, wodurch Personal- und Betriebskosten gesenkt werden. Je stärker das Unternehmen bereits digitalisiert ist, desto größer ist der Effekt durch die Automatisierung – und desto schneller ist der Effekt auch erkennbar.

Umsatzsteigerung: Automatisierte und KI-gestützte Prozesse (beispielsweise durch Cobots) führen zu besseren und schnelleren Qualitätskontrollen und optimieren somit die Produktionskette. Schnellere und fehlerfreie Prozesse erhöhen auch die Produktionskapazität und verkürzen die Markteinführungszeit, was zu höheren Umsätzen führt. (Funke, 2023)

Vorausschauende Wartung
Kosteneinsparung: Durch den Einsatz von KI zur Überwachung und Analyse von Maschinendaten können Unternehmen Ausfälle vorhersagen und vermeiden. Dies reduziert ungeplante Stillstandszeiten und Wartungskosten erheblich.

Umsatzsteigerung: Höhere Maschinenverfügbarkeit und weniger Produktionsausfälle steigern die Produktionsleistung und somit den Umsatz.

Optimiertes Ressourcenmanagement
Kosteneinsparung: KI kann helfen, den Einsatz von Rohstoffen und Energie effizienter zu gestalten. Beispielsweise können Produktionsprozesse so optimiert werden, dass weniger Abfall entsteht und der Energieverbrauch sinkt.

Umsatzsteigerung: Effizientere Nutzung von Ressourcen kann die Produktionskosten senken und die Gewinnmargen erhöhen, was sich positiv auf den Umsatz auswirkt.

Intelligente Assistenzsysteme und Chatbots
Kosteneinsparung: Durch den Einsatz von Chatbots und intelligenten Assistenzsystemen im Kundenservice können Unternehmen die Kosten für menschliche Ressourcen reduzieren und gleichzeitig den 24/7-Support anbieten.

Umsatzsteigerung: Bessere Kundenbetreuung und kürzere Antwortzeiten können die Kundenzufriedenheit und -bindung erhöhen, was zu wiederkehrenden Umsätzen und höherem Lifetime Value der Kunden führt.

Zielgerichtete Werbung und Marketing
Kosteneinsparung: KI kann Marketingkampagnen durch genaue Zielgruppenanalyse und Personalisierung effizienter gestalten, was die Kosten pro Lead senkt.

Umsatzsteigerung: Effektivere Werbekampagnen können die Conversions-Raten erhöhen und somit den Umsatz steigern. (Mittelstand-Digital Zentrum Berlin, 2023)

Produkt- und Dienstleistungsinnovationen
Kosteneinsparung: Durch den Einsatz von KI können Unternehmen schneller und kostengünstiger neue Produkte und Dienstleistungen entwickeln und testen.

Umsatzsteigerung: Innovative Produkte und Dienstleistungen können neue Märkte erschließen und zusätzliche Umsatzquellen schaffen. Zudem entstehen durch KI neue Produkte am Markt, die von Unternehmen mit ähnlicher Produktpalette oder Produktionsprozessen adaptiert werden können und somit zusätzliche Einnahmequellen ermöglichen.

4.3 Programmieren mit KI, 3D-Druckprozesse

In der Welt der *Programmierung* stehen wir vor einer spannenden Wende: KI transformiert nicht nur, wie wir entwickeln, sondern auch, wie schnell und effizient unsere Projekte zum Leben erweckt werden. Es gibt einige Arbeitsfelder, in denen die KI die Programmierung erleichtert oder gar übernimmt:

Automatisierte Code-Generierung: Tools wie *GitHub Copilot* oder *replit* nutzen maschinelles Lernen, um Codevorschläge zu machen, die nicht nur Zeit sparen, sondern auch die Codequalität verbessern. Das heißt, weniger Bugs und mehr Zeit für Kreativität! ChatGPT hat mit der Version *GPT-4o with canvas* eine Umgebung geschaffen, die bei der Code-Generierung, der Fehlerbehebung und der Erklärung von Code-Snippets unterstützt. Hierbei kannst du einzelne Programmzeilen markieren und erklären oder ersetzen lassen.

DeepMind hat das Tool *AlphaCode* auf den Markt gebracht. Dieses ist darauf spezialisiert, Programmieraufgaben zu lösen und als Inspirationsquelle für komplexe Algorithmen zu dienen.

Tabnine ist ein weiteres nützliches Tool in der Programmierwelt. Es handelt sich hierbei um ein KI-gestütztes Autovervollständigungstool, welches mehrere Programmiersprachen unterstützt und kontextbezogene Code-Vorschläge unterbreitet.

Amazon hat ein Tool entwickelt, welches basierend auf natürlicher Spracheingabe dem Softwareentwickler Code-Vorschläge in Echtzeit bietet. Das Tool heißt *CodeWhisperer*. In der Werbung wird ein Programmierer gezeigt, der noch nicht einmal eine Tastatur an seinen PC angeschlossen hat, sondern seine Programme komplett durch Spracheingabe erstellt. Ob dies in der Praxis wirklich so reibungslos und einfach abläuft, wäre zu beweisen. Jedoch zeigt uns dieser Ansatz, wie wir die Programmierung einfacher und schneller durch Sprachsteuerung unterstützen können.

- *Intelligente Fehleranalyse*: KI-gestützte Plattformen können komplexe Codes analysieren und Fehler schneller identifizieren als je zuvor. Tools wie DeepCode bieten smarte Code-Reviews, die sicherstellen, dass dein Code nicht nur funktioniert, sondern auch optimiert ist.

- *Personalisierte Programmierassistenz*: Stell' dir einen digitalen Assistenten vor, der deinen Style versteht und dir maßgeschneiderte Unterstützung bietet. KI-Tools lernen mit jeder Codezeile dazu und passen sich immer besser an deine Bedürfnisse an.
- *Effizienzsteigerung und Kostensenkung*: Mit KI können wir Routineaufgaben automatisieren und den Entwicklungsprozess beschleunigen, was letztendlich zu erheblichen Kosteneinsparungen führt.

Diese Technologien sind nicht nur Zukunftsmusik, sie sind bereits verfügbar und revolutionieren, wie wir Software entwickeln.

Neben Fortschritten bei der Programmierung durch KI-Unterstützung ist KI auch ein großer Helfer beim *3D-Druck*. 3D-Druckprozesse lassen sich durch KI-basierte Vorhersagemodelle optimieren. Doch wie gelingt dies am einfachsten?

Um dieser Fragestellung nachzugehen, beschreiben wir zunächst die Problemstellung. Beim 3D-Druck (Abb. 4.1) müssen viele Variablen wie Materialwahl, Druckgeschwindigkeit, Temperatur und Schichtdicke optimal aufeinander abgestimmt werden, um hochwertige Druckergebnisse

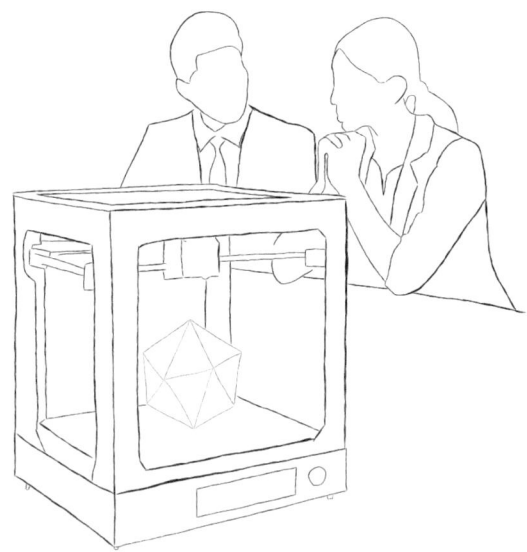

Abb. 4.1 3D-Drucker für Rapid Prototyping

zu erzielen. Die manuelle Einstellung dieser Parameter ist zeitaufwendig und fehleranfällig.

Ein Lösungsvorschlag mithilfe von KI sieht folgendermaßen aus:

- Programmierung: Entwicklung eines KI-Modells in Python, das maschinelles Lernen nutzt, um die optimalen Druckeinstellungen basierend auf dem gewünschten Ergebnis vorherzusagen. Dieses Modell kann aus historischen Daten lernen, welche Kombinationen von Einstellungen zu den besten Ergebnissen führen.
- Anschließend beginnen wir mit der Implementierung. Diese besteht aus mehreren Schritten, die wir nachfolgend aufführen:
- Datensammlung: Sammeln von Daten aus bisherigen Druckaufträgen, einschließlich der verwendeten Einstellungen und der Qualität der Druckergebnisse.
- Datenverarbeitung: Bereinigen und Strukturieren der Daten für das Training des KI-Modells.
- Modelltraining: Einsatz von Python und Bibliotheken wie TensorFlow oder PyTorch zum Entwickeln eines neuronalen Netzwerks, das die Beziehung zwischen den Druckparametern und den Druckergebnissen lernt.
- Validierung und Optimierung: Überprüfen der Vorhersagegenauigkeit des Modells und Feinabstimmung zur Verbesserung der Leistung.
- Integration: Einbinden des KI-Modells in die Software, die den 3D-Drucker steuert, sodass das Modell in Echtzeit die optimalen Einstellungen vorschlagen kann.

Die Vorteile, KI beim 3D-Druck zu verwenden, liegen auf der Hand.

- Durch Reduzierung der manuellen Einstellungszeit und Erhöhung der Druckgeschwindigkeit wird die Effizienz gesteigert.
- Anhand von konsistenteren und höherwertigen Druckergebnissen durch präzise KI-gesteuerte Anpassungen wird die Qualität verbessert.
- Weniger Materialverschwendung durch reduzierte Fehldrucke, sowie effizientere Materialnutzung führen zur Einsparung von Kosten.

Dieses Beispiel zeigt, wie spezifische Herausforderungen im Bereich des 3D-Drucks durch den Einsatz von KI in Kombination mit Python adressiert und gelöst werden können, was zu signifikanten Verbesserungen in Qualität, Effizienz und Kosten führt.

4.4 KI-Tools und Anwendungsmöglichkeiten

Künstliche Intelligenz (KI) bietet eine Vielzahl von Tools, die Selbständigen und Unternehmen dabei helfen können, alltägliche Herausforderungen zu meistern und ihre Effizienz zu steigern. Wenn du dich fragst, wie nun KI deine Herausforderungen in der Selbständigkeit oder für deine Firma konkret lösen kann, musst du zunächst verstehen, welches Tool für welchen Bereich geeignet ist. Denn es gibt nicht das eine Tool, welches alle Herausforderungen und Probleme meistert. ChatGPT, LLaMA oder Gemini sind zwar herausragende, recht umfangreiche KI-Tools aus dem Bereich der Generativen KI, jedoch sind sie am besten für den Einsatz von textbasierten Fragestellungen und im Bereich der Kommunikation.

Es gibt eine Vielzahl anderer Einsatzbereiche, für die es sinnvoll und nützlich ist, gezielt KI-Tools für den entsprechenden Zweck einzusetzen. Ein Beispiel ist das Erstellen eines Erklärvideos. Hierbei kann ein Tool zu Generativer KI zwar Textvorlagen erstellen, ein fertiges Video gestaltest du jedoch viel effizienter mit einem auf Erklärvideos spezialisierten Tool. Außerdem hast du hierbei ungeahnte Möglichkeiten zur Automatisierung.

Unser Ansatz
Anstatt zu schauen, welche KI-Tools es auf dem Markt gibt und welche fancy Funktionen diese können, empfehlen wir, zu überlegen, welche Aufgaben du durch KI durchführen lassen möchtest oder wobei du Unterstützung durch KI benötigst. Bei dieser Evaluierung ist es hilfreich und nützlich, zu notieren, welche Aufgaben häufig wiederkehrend sind, welche Aufgaben recht umständlich sind, welche Aufgaben reine Routine darstellen und welches deine unbeliebtesten Aufgaben sind.

Hast du diese Übersicht erstellt, kannst du recherchieren, oder einen Profi bzw. KI-Berater fragen, welche KI-Tools für deinen Zweck am besten geeignet sind.

Nachfolgend stellen wir ein paar KI-Tools vor. Zur besseren Auffindbarkeit und Übersichtlichkeit haben wir diese bereits in Kategorien entsprechend ihrer Nutzungsmöglichkeiten eingeteilt, damit du als Nutzer der Tools sofort erkennen kannst, welche konkreten Probleme die Tools bei dir lösen können (Abb. 4.2).

4.4.1 Bildbearbeitung

Tools zum Erstellen fotorealistischer Bilder gibt es mal im Kinoformat, mal mit integriertem Text. Bildbearbeitungstools, welche den Hintergrund oder gezielt Objekte entfernen oder ersetzen und vieles mehr. *Beispiele*:

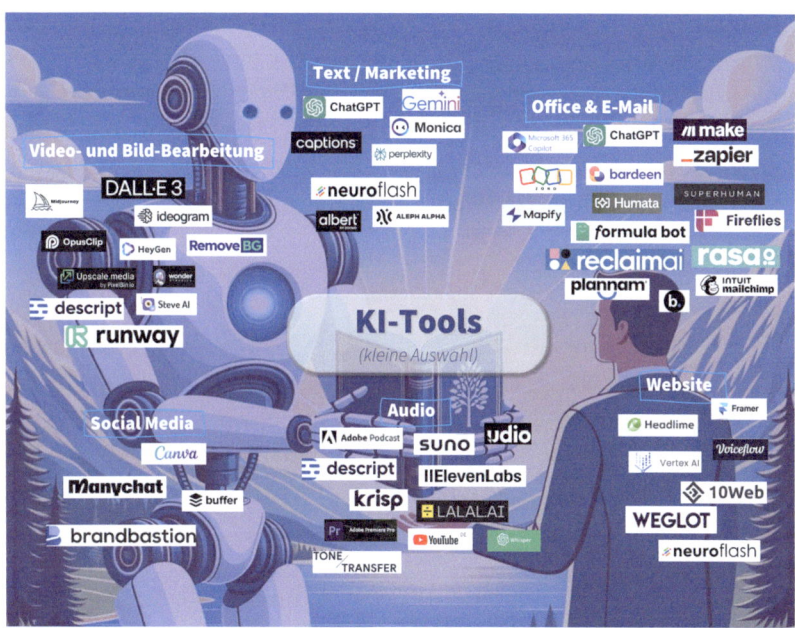

Abb. 4.2 Mehr als 50 KI-Tools, kategorisiert in Anwendungsgebiete

- *Midjourney*: Der wahrscheinlich bekannteste Text-zu-Bild Generator. Liefert fotorealistische Bilder und Motive, die teilweise sogar cineastisch anmuten. Es empfiehlt sich, die Prompts in englischer Sprache einzugeben.
- *Monet*: Ein Text-zu-Bild und ein Text-zu-Video Generator.
- *Adobe Photoshop*: das bekannte Fotobearbeitungsprogramm wurde durch KI-Features erweitert, wie Objekte ersetzen, Objekte KI-generiert hinzufügen, den Hintergrund durch KI austauschen lassen, Text-to-Picture Funktionen.
- *Adobe Firefly*: Text-zu-Bild Generator und generatives Füllen oder Ersetzen von Bildausschnitten und Mustern in Adobe Photoshop und Adobe Premiere Pro.
- *Canva*: das Tool der Influencer, um Fotos, Videos, Reels, Karussell-Beiträge, Flyer und vieles mehr zu gestalten und auf beliebigen Social Media Kanälen direkt zu teilen oder per Termin zur Veröffentlichung einzuplanen.
- *Ideogram*: Erzeugt realistische Bilder und ist vor allem gut in der Kombination mit eigenen Textpassagen innerhalb des Bilds. Es empfiehlt sich, die Prompts in englischer Sprache einzugeben.
- *DALL-E*: Der Begriff ist eine Kombination aus dem vom TV bekannten Roboter WALL-E und Salvador Dali, einem der bekanntesten Künstler des Surrealismus. Dementsprechend kann man mit DALL-E sehr schöne, schlichte Bilder erstellen, auch Flyer und Bilder für Präsentationen. Die Übersetzung aus dem Deutschen ist inzwischen hervorragend und selbst Text im Bild funktioniert inzwischen relativ gut.
- *Flux*: Ein KI-Tool für das kollaborative Design von Leiterplatinen. Der integrierte KI-gestützte Assistent Flux CoPilot kann Designs überprüfen und dokumentieren, das Routing der Leiterplatine unterstützen und sogar Datenblätter interpretieren.
- *Flux.1 AI*: Ein KI-Bildgenerator von Black Forest Labs in Freiburg (Deutschland).

Die beiden folgenden Bildserien in Abb. 4.3 und Abb. 4.4 wurden mit dem Programm DALL-E erstellt. Sie zeigen den Fortschritt und die rasante Entwicklung von der Bilderstellung mit vielen Ungereimtheiten

Februar 2023   November 2023   Juli 2024

Abb. 4.3 Beispiel für den Fortschritt bei DALL-E

Februar 2023   November 2023   Juli 2024

Abb. 4.4 Weiteres Beispiel für den Fortschritt bei DALL-E

und optischen Fehlern im Februar 2023 hin zu fotorealistischen KI-Bildern innerhalb von nur 16 Monaten.

Für das Erstellen der Bilder in Abb. 4.3 wurde zu jedem der genannten Zeitpunkte jeweils exakt dieser gleiche Prompt verwendet:

„students sitting on a meadow and working on a tablet. it is summer evening. there is also a bottle of water next to one student"

Für das Erstellen der Bilder in Abb. 4.4 wurde jeweils exakt dieser gleiche Prompt verwendet:

„Female childhood educators with ipads in their hands, sitting on a green meadow with colorful flowers and the sun and blue sky in the background"

4.4.2 Videobearbeitung

Video-Tools mit KI werden häufig verwendet, um ein Video mit einfachen Textbeschreibungen oder -passagen zu erstellen (text-to-video). Dies kann sein, um eine Idee zu veranschaulichen, ein Erklärvideo zu erstellen oder sich das Erstellen eines Videos mit Profi-Ausrüstung und professionellen Videogestaltern zu ersparen, indem man einen KI-Avatar nutzt, der eine bestimmte Aussage wie eine Produktbeschreibung oder Werbekampagne in Szene setzt. KI-Avatare sind auch sehr nützlich, um ein Video in mehreren Sprachen zu zeigen, wobei sich die Lippen des KI-Avatars stets synchron bewegen. *Beispiele*:

- *HeyGen*: Erstellt Animationsvideos basierend auf Textskripten. Erstellt Video aus Texten und von dir selbst aufgenommenen Videosequenzen. So kannst du deinen eigenen KI-Avatar erstellen, der dich nahezu beliebige Sprachen sprechen lässt oder ganz andere Texte sagen lässt. Du kannst jedoch auch beliebige KI-Avatare aus den vielen verfügbaren Vorlagen auswählen.
- *CapCut*: Videobearbeitung, sehr einfach und intuitiv zu bedienen. Tausende Vorlagen, die User für andere User erstellen und (meist via Tik Tok) teilen können. CapCut und Tik Tok gehören beide zur gleichen chinesischen Muttergesellschaft ByteDance. Daher wird CapCut sehr oft in Tik Tok beworben.
- *Synthesia*: erstellt professionelle Videos mit KI-Avataren, besonders für Schulungs- und Unternehmensvideos
- *VideoGen* oder *Lumen5*: Text-zu-Video Generator.
- *Loom*: Ein Tool zum Aufzeichnen von Bildschirmaktionen (*Screen Recording*). Durch Unterstützung mit KI kannst du hiermit dein Video **automatisch** in einzelne Sequenzen für YouTube unterteilen lassen, den gesprochenen Text transkribieren, Füllwörter entfernen, eine Prozessdokumentation (SOP) erstellen lassen, einen Fehlerbericht oder sogar Programmiercode dokumentieren lassen.
- *Runway*: Ändern von Elementen im Video.
- *Steve AI* oder *Vyond*: Erstellen eines Animationsvideos (beispielsweise ein Erklärvideo im Comic-Style) anhand eines Text-Skripts. Ermöglicht das Erstellen von 4 K-Videos.
- *Descript*: Entfernt automatisch Füllwörter wie „äh" und „mmm".

- *Adobe Premiere Pro und Premiere Rush*: Klassische Videobearbeitungstools mit zusätzlichen KI-Funktionen. Premiere Rush ist sehr gut als mobile Version auf dem Handy geeignet und eine gute Alternative zu CapCut, allerdings mit weniger Templates.
- *Adobe Firefly*: Text-zu-Video Generator und generatives Füllen oder Ersetzen von Videoausschnitten und Mustern in Adobe Premiere Pro.
- *Sora von OpenAI*: Basiert auf einem Deep Learning-Modell, welches auf DALL-E und GPT aufbaut. Benutzer der ChatGPT Plus Version können Sora nutzen und neben KI-Fotos aus 5 Sekunden lange Videos auf Basis einer Textbeschreibung erstellen lassen.

4.4.3 Textgenerierung/Medienproduktion

Diese KI-Tools können den gesamten Produktionsprozess von Medieninhalten erleichtern. Ihre Anwendungsgebiete reichen von der Erstellung bis zur Bearbeitung und Veröffentlichung. *Beispiele*:

- *ChatGPT*: Generiert Texte für Bücher und eBooks, sowie Textvorlagen für Hörbücher und Erklärvideos. Die Vorteile liegen vor allem in der breiten Datenbasis und der mehrsprachigen Formulierung mit sehr guten Ergebnissen.
- *Designrr.io*: Generiert vollständige eBooks anhand von wenigen Parametern und Voreinstellungen. Der Schwerpunkt liegt bei Online-Marketing.
- *Descript*: Vereinfacht die Bearbeitung von Audioinhalten und entfernt automatisch Füllwörter wie „Äh" und „Mmm".
- *Steve AI* : Erstellt Animationsvideos basierend auf Textskripten.

4.4.4 Marketing und Vertrieb

Diese KI-Tools können genutzt werden, um Marketingkampagnen zu personalisieren, zu optimieren und ihre Reichweite zu maximieren. *Beispiele*:

- *ChatGPT*: Schreibt Werbetexte und Social Media Beiträge. Ebenso gut geeignet zur Formulierung von mehrstufigen E-Mail-Kampagnen. Führt SEO-Analysen durch und macht Verbesserungsvorschläge.

- *Perplexity AI* : Führt Marktrecherche durch, um Trends und Kundenverhalten zu analysieren. Perplexity kann mit einer Google-Suche verglichen werden, welche die besten Suchergebnisse sinnvoll zusammenfasst und als Aussage formuliert. Dazu gibt es anschließend die Optionen, die Suche in eine bestimmte Richtung zu vertiefen. Damit entfällt das aufwendige Durchschauen mehrerer Seiten, bis man das richtige Ergebnis gefunden hat.
- Unser Tipp: wir verwenden Perplexity unter anderem, um Aussagen von ChatGPT zu verifizieren. Du kennst vielleicht den Begriff „Halluzination". Bei einer Halluzination erhältst du eine Antwort von ChatGPT, die falsch ist. Jedoch kannst du ihr nicht ansehen, dass sie falsch ist, da ChatGPT seine Antworten alle mit einer gewissen Überzeugung schreibt. Wenn du dir also bei einer Sache selbst unsicher bist und eine 100 %-ige Antwort benötigst, solltest du diese verifizieren, was am einfachsten durch die Verwendung anderer Tools funktioniert.
- *Albert.ai*: Automatisiert und optimiert die Aussteuerung von Echtzeit-Werbung.

4.4.5 Support und Kundendienst mit Chatbots

KI-gestützte Chatbots können den Kundenservice rund um die Uhr unterstützen, indem sie häufig gestellte Fragen beantworten und Probleme lösen. Und sie sind 24 h am Tag an 7 Tagen pro Woche verfügbar (7/24, also rund um die Uhr). *Beispiele*:

- *Voiceflow*, *Chatbase* (chatbase.co) und *Moin* (moin.ai): Entwickeln und implementieren Chatbots, die Kundenanfragen beantworten können.
- *ManyChat*: Automatisiert das Engagement in Social Media, um Kundenanfragen effizient zu bearbeiten. Wird auch zur automatischen Beantwortung von E-Mails genutzt.

4.4.6 Website-Management und SEO

Diese KI-Tools können die Erstellung und Optimierung von Webseiten erheblich vereinfachen, um eine bessere Sichtbarkeit und Nutzererfahrung zu gewährleisten. *Beispiele*:

- *Framer*: Erstellt komplette Website-Entwürfe basierend auf Nutzeranforderungen.
- *Weglot*: Übersetzt Webseiten in verschiedene Sprachen und optimiert Meta-Beschreibungen und SEO-Tags.
- *Neuroflash*: Hochwertige Texterstellung und Bildgenerierung, besonders geeignet für Marketing und SEO mit Einhaltung europäischer Datenschutzstandards

4.4.7 E-Mail-Management

Diese KI-Tools können das E-Mail-Management automatisieren, um Zeit zu sparen und die Kommunikation zu verbessern. *Beispiele*:

- *Superhuman*: Formuliert automatische Antworten und sortiert eingehende E-Mails.
- *Make* (Automatisierungstool) von Celonis (Deutschland): Kombiniert beliebige Apps, um Aufgaben zu automatisieren. Visueller Workflow-Builder integriert, umfangreiche Integrationen (bereits mehr als 1.500 Apps und Tools vorkonfiguriert), Router und Iteratoren, sowie individuelle Filterkriterien und Bedingungen in den Workflows. Sehr gut geeignet für Marketing-Automatisierung, CRM-Automatisierung und automatische Datenverarbeitung.
- Beispiel: Leitet eingehende E-Mails an die richtigen Empfänger weiter, speichert Anhänge auf dem Dateiserver und verschiebt E-Mails automatisch in Mailordner. Kann auch zur Zusammenfassung oder Protokollierung von E-Mails verwendet werden.
- *Zapier* (Automatisierungstool aus den USA): Ähnlich zu make (make.com) und *n8n* (n8n.io) aus Deutschland. App-Integrationen von mehr als 5.000 Apps, wie Gmail, Slack und Trello. Kernfunktion sind automatisierte Workflows („Zaps"), die aus einem Trigger (Auslöser) und einer oder mehreren Aktionen bestehen. Mehrstufige Prozesse möglich, sowie bedingte Logik und Zeitplanung. Beispiel: CRM-Automatisierung, E-Mail-Marketing.

4.4.8 Audio- und Sprachbearbeitung, Podcasts und Komposition

Diese KI-Tools verbessern die Qualität von Audioaufnahmen und ermöglichen neue kreative Möglichkeiten zum Erstellen von Tonaufnahmen und Komponieren von Liedern. *Beispiele*:

- *Adobe Podcast*: Automatisiert Prozesse bei der Aufnahme von Podcasts, verbessert die Audioqualität, entfernt Hintergrundgeräusche und vieles mehr.
- *Krisp*: Verbessert die Live-Audioqualität, indem Hintergrundgeräusche entfernt werden.
- *Descript*: Automatisiert die Bearbeitung von Pausen und Störgeräuschen in Podcasts.
- *ElevenLabs*: Erstellt Audiotexte anhand von Sprach-Avataren – text-to-speech. Diese Audio-Avatare werden gerne für dein Einsatz von automatischer Terminvereinbarung, Vertriebsgesprächen oder Kundensupport via Telefon eingesetzt.
- *Suno*: Tool zum Komponieren von eigenen, kompletten Musikstücken.
- *Udio*: Tool zum Komponieren von eigenen, kompletten Musikstücken.

4.4.9 Office-Anwendungen

Diese KI-Tools können verschiedene Büroaufgaben automatisieren und die Produktivität steigern. *Beispiele*:

- *Microsoft Copilot*: Unterstützt bei der Digitalisierung und Automatisierung von Arbeitsabläufen. Hiermit lassen sich Powerpoint-Präsentationen mit wenig Aufwand erstellen. Sehr nützlich innerhalb der MS 365 Umgebung ist das Zusammenfassen und Recherchieren anhand einzelner Stichwörter über mehrere Applikationen wie MS Teams, MS Outlook, MS Office und OneDrive hinweg.
- *Fireflies.ai*: Erstellt Meeting-Notizen und To-Do-Listen automatisch.

- *tl;dv*: automatisiert das Protokollieren von Meetings über alle Tools hinweg. Protkolliert Zoom-Meetings genauso wie Teams-Meetings, Webex, usw.

Durch den Einsatz von KI-Tools können Selbständige und Unternehmen erhebliche Zeit- und Kosteneinsparungen erzielen, ihre Produktivität steigern und letztlich ihre Wettbewerbsfähigkeit verbessern. Indem du diese Tools in deine Arbeitsprozesse integrierst, kannst du viele alltägliche Herausforderungen effizienter meistern.

4.5 Dem Fachkräftemangel mit KI-Agenten entgegenwirken

KI-Agenten sind aktuell in aller Munde. Sie sind programmierte Bots, die Aufgaben übernehmen und die tägliche Arbeit erleichtern. Am bekanntesten sind Chatbots, die auf der Homepage vieler Anbieter als Alternative zum Callcenter eingesetzt werden. Mit ihnen können die meisten Kundenfragen automatisch beantwortet werden, ohne dass ein Mensch involviert ist oder eingreifen muss. Werden die Fragen der Kunden zu speziell, leitet der Chatbot die Anfrage an einen Service-Mitarbeiter weiter. Bei der Buchung von Hotels, Fragen zu Produkten, Fragen beim Online-Banking und vielem mehr sind diese Chatbots schon sehr gut weiterentwickelt und beantworten die meisten Fragen zur Zufriedenstellung der Kunden. Sie sind rund um die Uhr einsatzbereit und sparen somit Zeit und Geld und lösen einen Teil des Fachkräftemangels.

Es folgt nun die Weiterentwicklung dieser Chatbots zu echten KI-Agenten, die vollautomatisierte Prozessketten ausführen können. Die sogenannten LLM-Agents (Large Language Model Agents) sind spezialisierte Anwendungen von großen Sprachmodellen, die in der Lage sind, als Agenten zu agieren und bestimmte Aufgaben oder Interaktionen selbstständig auszuführen. Sie kombinieren die Leistungsfähigkeit von LLMs mit einer Agentenstruktur, die es ermöglicht, auf komplexe oder sich verändernde Umgebungen zu reagieren, Entscheidungen zu treffen und Handlungen durchzuführen, die über einfache Textantworten hinausgehen.

> **Ein LLM-Agent zeichnet sich durch folgende Merkmale aus:**
> - *Verarbeitung von Text und Kontext*: Wie traditionelle LLMs verarbeitet der Agent Text, versteht Anfragen und generiert Antworten. Dabei berücksichtigt er den gesamten Kontext und die spezifischen Anforderungen einer Aufgabe.
> - *Selbstständige Aufgabenbearbeitung*: LLM-Agents sind in der Lage, nicht nur zu antworten, sondern auch aktiv zu handeln. Sie können Entscheidungen treffen, Schritte in einem Prozess ausführen oder mit anderen Systemen interagieren, um eine Aufgabe zu vervollständigen.
> - *Integrierte Tools und Fähigkeiten*: Viele LLM-Agents können mit externen Tools, Datenbanken oder APIs verbunden werden, um ihre Aufgaben zu erweitern. Ein Beispiel ist ein Agent, der auf das Web zugreifen kann, um aktuelle Informationen zu suchen, oder ein Agent, der Code generieren und ausführen kann. Anpassungsfähigkeit: Diese Agenten sind oft darauf programmiert, sich an neue Informationen oder geänderte Anforderungen anzupassen. Sie können aus der Interaktion mit Nutzern oder durch Feedback lernen, um ihre Leistung zu verbessern.

4.6 ChatGPT als Sprachübersetzer und als Video-Detektor

4.6.1 Der Audio-Übersetzer im Urlaub, beim Notarzt und auf der Arbeit

In Abschn. 3.3.7 *ChatGPT Mobile als Übersetzer beliebiger Sprachen* beschreiben wir bereits eine mögliche Situation auf einer *internationalen Baustelle*, bei der sich Bauarbeiter unterschiedlicher Herkunft – beispielsweise aus Polen, Rumänien, Spanien und Deutschland – anhand der mobilen ChatGPT-Version auf dem Handy sehr gut unterhalten können. ChatGPT kann hier sozusagen als Simultan-Übersetzer eingesetzt werden (Abb. 4.5). Die Übersetzung ist zwar nicht perfekt wie bei einem Dolmetscher, der angewandte Sprachwissenschaften studiert hat, jedoch reicht es für gewöhnlich, um die notwendigen Fachgespräche durchführen zu können und die Verständigung zu erleichtern. Multinationale Teams mit Bauleitern, Ingenieuren und Fachkräften aus verschiedenen Ländern profitieren von der *Echtzeit-Übersetzung*, um Arbeitsanweisungen, Sicherheitsvorschriften und technische Details verständlich zu vermitteln.

Abb. 4.5 ChatGPT Mobile fungiert als Simultan-Übersetzer

ChatGPT Mobile als Sprachübersetzer eröffnet völlig neue Möglichkeiten der interkulturellen Kommunikation. Es gibt zahlreiche weitere Bereiche, in denen die Übersetzungsfunktion sinnvoll ist und auch bereits vielfach angewendet wird. Im medizinischen Bereich ist der Einsatz von KI-gestützter Übersetzung ein wertvolles Hilfsmittel. In Notfallsituationen oder bei *medizinischen Einsätzen* können Rettungskräfte, Ärzte und Sanitäter mit Patienten kommunizieren, die ihre Sprache nicht beherrschen, um lebenswichtige Informationen schnell zu erfassen und angemessene Hilfe zu leisten.

Ein weiteres wichtiges Anwendungsfeld *sind internationale Geschäftsreisen und Meetings*, bei denen Führungskräfte und Fachpersonal Sprachbarrieren überwinden müssen. ChatGPT Mobile ermöglicht eine effiziente Echtzeit-Übersetzung während Verhandlungen oder Vertragsgesprächen, wodurch Unternehmen Zeit und Kosten für professionelle Dolmetscher sparen können. Hier ist neben ChatGPT insbesondere auch MS Teams zu erwähnen, welches Untertitel in Echtzeit beim jeweiligen Meeting-Teilnehmer einspielt und so internationale Gespräche in mehreren Sprachen synchronisieren kann. *Google meet* hat im Mai 2025 die neue Art der Simultanübersetzung in persönlichen

Video-Calls präsentiert. Im Hintergrund arbeitet hierbei Gemini als KI-Unterstützung. Internationale Videogespräche sind damit wahrscheinlich bald für jedermann auch ohne Sprachkenntnisse möglich.

Auch *im Tourismus* ist die KI-gestützte Übersetzung ein wertvolles Tool, um Reisenden die Kommunikation im Ausland zu erleichtern – sei es beim Hotel-Check-in, in Restaurants oder bei unvorhergesehenen Notfällen.

Darüber hinaus trägt ChatGPT Mobile wesentlich zur *Flüchtlingshilfe und humanitären Einsätzen* bei. Hilfsorganisationen und freiwillige Helfer nutzen die App, um mit Geflüchteten in Notunterkünften zu kommunizieren, behördliche Prozesse zu erleichtern oder sprachliche Hürden bei der Integration zu überwinden. Auch *Polizei- und Sicherheitskräfte* setzen KI-gestützte Übersetzungen ein, um Zeugenaussagen aufzunehmen, Reisende an Grenzen effizient zu kontrollieren oder Verdächtige zu befragen.

In der Industrie kommt ChatGPT Mobile in *Produktionsstätten und Fabriken* zum Einsatz, insbesondere in Unternehmen mit internationalen Arbeitskräften. Die KI hilft dabei, Sprachbarrieren zwischen Schichtleitern und Mitarbeitern zu überwinden, Anweisungen klar zu vermitteln und die Sicherheit am Arbeitsplatz zu gewährleisten. Ein weiteres Anwendungsfeld ist der Bildungsbereich, in dem *Schulen, Universitäten und Austauschprogramme* ChatGPT Mobile nutzen, um Studierende und Lehrkräfte aus verschiedenen Ländern besser zu vernetzen. Dies erleichtert Gruppenarbeiten, Vorlesungen und interkulturellen Austausch.

Nicht nur in der Bildung, sondern auch im *Kundenservice und Support* ist KI-gestützte Übersetzung ein zunehmend wichtiger Faktor. Unternehmen mit internationalem Kundenstamm setzen ChatGPT Mobile in Callcentern oder Live-Chat-Support ein, um Anfragen in verschiedenen Sprachen schneller und verständlicher zu beantworten. Auch in der Medien- und Filmbranche erleichtert die Technologie die Zusammenarbeit auf internationalen Sets: Bei *Filmproduktionen* oder *journalistischen Interviews* sorgt ChatGPT Mobile dafür, dass Regisseure, Schauspieler und Interviewpartner reibungslos kommunizieren können.

All diese Beispiele zeigen, dass ChatGPT Mobile als Sprachübersetzer eine **revolutionäre Entwicklung in der Kommunikation zwischen Menschen unterschiedlicher Sprachen und Kulturen darstellt**. Ob in der Wirtschaft, der Medizin, der Sicherheit oder im Bildungsbereich – die Möglichkeit, Sprachbarrieren in Echtzeit zu überbrücken, eröffnet völlig neue Perspektiven für globale Zusammenarbeit und interkulturellen Austausch.

4.6.2 Der Video-Detektor zum Erkennen von Mustern und Gegenständen

In Abschn. 3.3.8 *Erkennen von Gegenständen für Menschen mit Sehbehinderung* beschreiben wir, wie du mit der mobilen ChatGPT-Version auf deinem Handy anhand der Handy-Kamera beliebige Muster und Gegenstände erkennen kannst. Hier möchten wir nun noch darauf eingehen, wofür diese Funktion im Arbeitsalltag nützlich sein kann.

Die neue Kamerafunktion von ChatGPT Mobile eröffnet eine Vielzahl praktischer Anwendungsmöglichkeiten, die weit über das bloße Erkennen von Gegenständen hinausgehen. Die KI kann nicht nur Objekte identifizieren, sondern auch Muster analysieren, Texte aus Bildern extrahieren und sogar komplexe Informationen visuell verarbeiten. Dies macht sie zu einem wertvollen Begleiter in zahlreichen Alltagssituationen sowie in beruflichen und wissenschaftlichen Kontexten.

Ein besonders naheliegendes Anwendungsfeld ist die *Identifikation von Alltagsgegenständen*. Ob es darum geht, ein unbekanntes Gerät zu erkennen, eine Pflanze zu bestimmen oder ein seltenes Kunstobjekt zu identifizieren – die KI liefert schnell präzise Informationen. Dies ist besonders nützlich für Menschen, die sich für Botanik, Design oder Antiquitäten interessieren. Eng damit verbunden ist die *Erkennung von Markenprodukten*, etwa bei Modeartikeln, elektronischen Geräten oder Haushaltswaren. Nutzer können so herausfinden, um welches Modell es sich handelt oder ob es alternative Bezugsquellen gibt.

Auch im Bereich der *Lebensmittelerkennung* erweist sich die Kamerafunktion als praktisch. Sie kann einzelne Zutaten identifizieren, Nährwertinformationen abrufen oder sogar Vorschläge für Rezepte basierend auf den erkannten Lebensmitteln liefern. Dies ist besonders hilfreich für Menschen, die ihre Ernährung bewusster gestalten oder sich an spezielle Diäten halten möchten. Zudem kann sie beim *Einkauf von Produkten* unterstützen, indem sie Barcodes oder QR-Codes scannt und sofort relevante Informationen zu Herkunft, Inhaltsstoffen oder Nachhaltigkeitskriterien anzeigt.

Ein weiteres bemerkenswertes Anwendungsfeld ist die *Übersetzung von Schildern, Menükarten oder Dokumenten in Echtzeit*. Reisende profitieren enorm von dieser Funktion, da sie fremdsprachige Texte sofort verstehen können, sei es in Restaurants, an Bahnhöfen oder auf amtlichen Dokumenten. Ergänzend dazu hilft die KI bei der *Erkennung von Handschriften*, indem sie schwer lesbare Notizen oder alte Dokumente digitalisiert und in maschinenlesbaren Text umwandelt.

In der Arbeitswelt findet die Kamerafunktion ebenfalls zahlreiche Einsatzmöglichkeiten. So kann sie *technische Zeichnungen oder Baupläne analysieren*, um Architekten, Ingenieuren und Handwerkern wertvolle Unterstützung zu bieten. Sie kann auch im *medizinischen Kontext* genutzt werden, etwa zur Analyse von Hautveränderungen oder zur Erkennung von Medikamenten anhand ihrer Verpackung.

Besonders beeindruckend ist die Fähigkeit der KI, *Muster zu erkennen und zu analysieren*. Dies reicht von der Identifikation wiederkehrender Designs in Mode und Kunst bis hin zur Analyse von Textilmustern oder grafischen Strukturen. Ebenso kann sie *mathematische Formeln auf Papier erkennen und lösen*, was Schülern und Studierenden eine wertvolle Lernhilfe bietet.

Auch im Bereich der *Sicherheit und Smart-Home-Technologien* gibt es nützliche Anwendungen. So kann die Kamera dazu verwendet werden, *verdächtige Objekte oder beschädigte Gegenstände zu erkennen*, um etwa Wartungsbedarf frühzeitig zu identifizieren. Darüber hinaus kann sie *Autoteile oder Maschinenkomponenten analysieren*, um Mechanikern oder Hobbybastlern bei Reparaturen zu helfen.

Nicht zuletzt wird die Funktion auch häufig in der Künstlerszene genutzt. Künstler und Designer verwenden sie, um *Farben und Farbkombinationen zu identifizieren*, Inspiration aus gescannten Bildern zu gewinnen oder eigene Entwürfe mit bestehenden Designstilen abzugleichen. Ebenso können *Bilder oder Kunstwerke analysiert und interpretiert* werden, indem die KI Stilrichtungen, bekannte Künstler oder geschichtliche Hintergründe zuordnet.

Die vielseitige Kamerafunktion zeigt, wie leistungsfähig moderne KI-Technologie geworden ist. Ob im Alltag, bei der Arbeit oder in

Abb. 4.6 ChatGPT Mobile erkennt Muster und Gegenstände

kreativen Bereichen – die Fähigkeit, visuelle Informationen intelligent zu verarbeiten, eröffnet eine Vielzahl neuer Möglichkeiten, von denen Nutzer in unterschiedlichsten Situationen profitieren (Abb. 4.6).

4.7 Erklärvideos für Kunden und Azubis mit KI-Avataren

Nachdem die KI-Tools zur Bildgenerierung in den wenigen Monaten von Ende 2022 bis Mitte 2024 einen unglaublichen Fortschritt gemacht haben, können wir gerade beobachten, wie sich das Ganze nun mit Videos weiterentwickelt. Sora von OpenAI ist recht schnell bekannt geworden, als das Tool, welches Schauspieler überflüssig machen und ersetzen könnte. Daraufhin sind viele Schauspieler in Hollywood auf die Straße gegangen und haben demonstriert. Aktuell ist nämlich rechtlich nicht geklärt, ob eine KI beispielsweise Bruce Willis oder Will Smith einfach kopieren und darstellen darf.

Sicherlich wird hier bald eine Klärung erfolgen, und möglicherweise werden wir bereits im Jahr 2025 den ersten komplett durch KI erstellten Blockbuster erleben. Pixar hat schon unglaubliche Videos im Disney-Style hervorgebracht. Hier wurden bisher die Filmsequenzen von Programmierern und Designern erstellt, sicherlich bereits mit KI-Unterstützung. Künftig wird jedoch KI weitere Automatisierungsaufgaben übernehmen können, und aus einer Regie-Anleitung in Textform eine komplette Filmsequenz erstellen können.

Man erkennt den *Nutzen,* wenn man das Tool HeyGen ausprobiert, um ein Video zu erstellen, bei dem du nicht selbst zu sehen bist, sondern dein KI-Avatar. Hierzu musste Heiko drei Videos von sich aufnehmen, die jeweils ca. 30 s gedauert haben. Das war's auch schon. Doch neben dem Verwenden dieses sogenannten Instant Avatars bietet HeyGen auch einen Studio Avatar an. Studio Avatare sind vor allem für Unternehmen geeignet und benötigen etwas mehr Aufwand, bieten jedoch eine bessere Qualität als Instant Avatare. Grundsätzlich kannst du die Qualität aller Avatare bereits durch eine hohe Ausgangsqualität beeinflussen, die eine entscheidende Rolle spielt. Mit guten Lichtverhältnissen und einer hochwertigen Kamera sorgst du für ein professionelles Setting und hochwertige Ergebnisse.

Ich kann ChatGPT bitten, eine inhaltliche Zusammenfassung zu den eigenen Seminaren und Vorträgen zu schreiben, die nicht länger als 90 s gehen soll. Diesen Text kann ich anschließend nach HeyGen kopieren und mir mittels Text-to-Video dieses Video erstellen lassen. Solche Prozesse kann ich mit Automatisierungstools wie *n8n,* make.com oder Zapier vollständig automatisieren. Wie das funktioniert, erklärt Heiko in seiner Online-Akademie und auf seinen Seminaren. Auf Anhieb fallen direkt 3 mögliche Nutzungsoptionen für Firmen ein:

- Erstellen von Erklärvideos für Auszubildende und Mitarbeiter. Hier können Ausbildungsunterlagen, die bereits in digitaler Form (beispielsweise im PDF-Format) vorliegen, einfach als Basis verwendet werden, um hieraus Kurzvideos zu erstellen. Mit einem Sprachmodell wie ChatGPT oder Copilot kann man sich die Inhalte zusammenfassen lassen, verständlicher erklären lassen, in der Sprache von Lehrer Schmitt erklären lassen und vieles mehr. Falls die Unterlagen nicht digital sind, lohnt es sich, diese einzuscannen oder digital von anderen Quellen zu beschaffen.

- Mehrwert: Hat ein Azubi einmal Leerlauf oder ein Ausbilder keine Zeit für ihn, dann kann er in der Zwischenzeit durch Videos hinzulernen. Und das visuelle und auditive Lernen funktioniert bei uns Menschen besser als das Lesen von Lernmaterialien.
- Mehrwert 2: vor allem die junge Generation der Digital Natives lernt viel lieber über Videos als anhand von Ordnern und Unterlagen.
- Erstellen von Produktvideos in beliebigen Sprachen. Produktbeschreibungen, Datenblätter, Handbücher usw. liegen normalerweise für jedes Produkt vor. Der Trend geht jedoch dahin, dass wir uns keine Beschreibung durchlesen, sondern lieber ein kurzes Erklärvideo anschaue. Und anhand KI-Tools können wir ohne ein Kamerateam und gestylten Mitarbeitern vor der Kamera mit relativ einfachen Mitteln, die kaum Kosten verursachen, diese Erklärvideos erstellen. Und das Beste: wir können sie sogar in verschiedene Sprachen übersetzen lassen und mit Untertiteln versehen. HeyGen übersetzt dein Video nicht nur einfach als *Voiceover* in eine andere Sprache, sondern führt auch eine vollständige Lippen-Synchronisation durch, was es einzigartig macht. Dies bedeutet, dass meine Lippen sich anhand der KI so bewegen, dass mein Video in einer anderen Sprache absolut realitätsnah erscheint, wie du in den beigefügten Links auf meine Videos auf YouTube nachschauen kannst.
- Auch Fake-News und Fake-Videos lassen sich somit recht einfach erstellen. Nicht, dass du jetzt anfängst und massenweise Fake-News produzierst und veröffentlichst. Das geht mit HeyGen auch gar nicht so einfach, denn HeyGen hat Sicherheitsmechanismen eingeführt, um Missbrauch zu verhindern. Hierzu gehören beispielsweise die Verifizierung der Identität und dass kein Klonen ohne Zustimmung möglich ist. Uns geht es hier auch eher um die Aufklärung, denn nicht jedes Tool ist so sicher wie HeyGen. Heiko zeigt in seinen Seminaren zu Achtsamkeit und KI, wie Fake-Videos entstehen und wie man diese erkennen oder entlarven kann. Dies ist besonders wichtig für

Teenager, die unbekümmert stundenlang Videos auf Instagram, Tik-Tok und YouTube ansehen, ohne dabei zu bedenken, was wahr und was falsch sein könnte. Oder auch Rentner, die mit modernen Enkel-Tricks wie der Stimme der Enkelin am Telefon, die einen Unfall hatte und dringend Geld braucht. Wenn ich als Opa die Stimme meiner Enkelin höre, ergreift mich das sofort emotional und möglicherweise falle ich dann auf diesen Trick herein, obwohl ich ihn kenne.

- Heikos Tipp an dieser Stelle ist, ein geheimes Kennwort innerhalb der Familie zu vereinbaren, welches man in solchen Fällen abfragen kann – die KI dürfte dieses nicht kennen, es sei denn, Siri oder Alexa haben mitgehört. Doch dies kannst du ja vermeiden.

Erklärvideo auf deutsch: https://youtu.be/_sjLemkfD-0

(Knödel, Seminare und Vorträge präsentiert von Heikos KI-Avatar, 2024)

Und nachdem HeyGen das Video erstellt hat, kann man dieses sofort in anderen Sprachen, wie Hindi oder Mandarin anbieten. Das zuvor von Text zu Video erstellte Video mit Heikos KI-Avatar kann man mühelos durch HeyGen in andere Sprachen, wie Hindi und Mandarin übersetzen lassen. Auch wenn wir selbst weder Hindi noch Mandarin sprechen, so kann das unser KI-Avatar schon ☺

- Übersetzte Videos in andere Sprachen: https://youtube.com/shorts/OIvYQgiTxjU

(Knödel, Video mit KI-Avatar in 3 Fremdsprachen, 2024)
- Und mit etwas Übung werden die Videos immer besser. Heikos selbst erstelltes Video mit seinem KI-Avatar in amerikanischem Englisch https://youtu.be/xm1U0bnw_K4

(Knödel, Lernvideo mit KI-Avatar in American English, 2024)
- Sein selbst erstelltes Video mit seinem KI-Avatar inklusive Präsentation auf deutsch. https://youtu.be/uLuzCTn2KBQ

(Knödel, Bewerbung eines Seminars mit einem KI-Avatar, 2024)

Noch besser wirkt ein KI-Avatar in der Kombination mit einer Präsentation in Form eines Podcasts (s. Abb. 4.7). In unserem Beispiel unterhalten sich zwei KI-Avatare über ein Produkt oder eine beliebige Website und erklären deren Inhalt. Wir hatten HeyGen die Aufgabe gegeben, mit den zwei KI-Avataren auf dem Bild die Inhalte von Heikos Blog über horizontale und vertikale KI zu diskutieren und zu erklären. Als Ergebnis kam ein hervorragendes, 2 min langes Video heraus. Und der Aufwand zur Anfrage betrug nur wenige Minuten. Stell dir einmal vor, du nutzt dies als Automatisierung zur Erklärung Eurer Firmenprodukte oder Dienstleistungen. Oder als Erklärvideo für Auszubildende. Videos und Bilder bleiben viel besser und länger in unserem Gedächtnis als ein Handbuch oder eine Produktbeschreibung.

Abb. 4.7 Zwei KI-Avatare erklären einen Blog-Inhalt in Form eines Podcast (HeyGen, 2025)

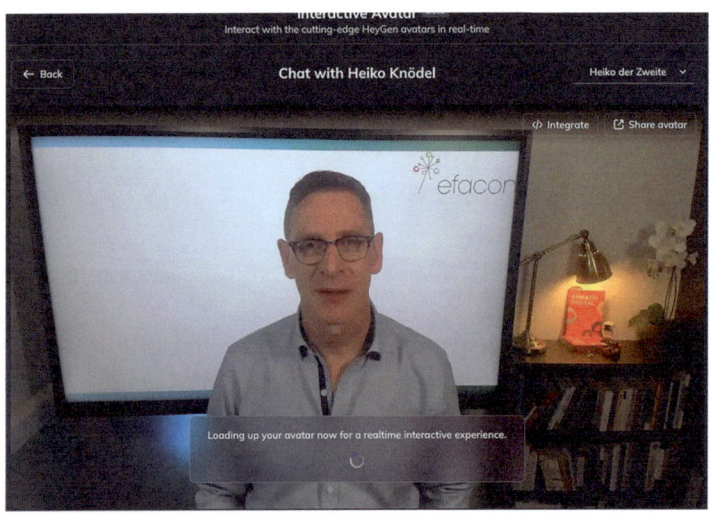

Abb. 4.8 Interaktiver KI-Avatar für den direkten Dialog in beliebiger Sprache (HeyGen, 2025)

Und das Allerbeste ist der interaktive Avatar (s. Abb. 4.8), der sich live mit dir unterhält und dabei als Support-Bot fungieren kann oder auch als Lern-Bot, der beliebige Fragen beantwortet oder Aufgaben verteilt und die Ergebnisse bewertet und verbessert. Mit diesem interaktiven Avatar kannst du dich über beliebige Themen unterhalten, die beispielsweise auch im Dialog mit ChatGPT möglich sind. Du kannst diesen Avatar jedoch auch gezielt trainieren, sodass er Experte für ein Thema ist, beispielsweise als Support für thailändische Kunden oder als Materialexperte für ein bestimmtes Produkt. Ganz witzig ist auch die Möglichkeit, deinen eigenen KI-Avatar zu kreieren und dich dann persönlich mit diesem zu unterhalten. Das Schöne daran ist, dass der Avatar tagsüber nicht mit Emotionen beladen wird und auch nicht mit dem falschen Fuß aufsteht. Er wird also immer mit Klarheit und Fokus antworten und dabei ein sehr guter Gesprächspartner sein. (Knödel, YouTube-Kanal: KI verstehen und Nutzen, 2025)

- Breaking News mit Heikos eigenem KI-Avatar
  https://youtu.be/HU-fzg2h0kc

(*Dauer: 45 s*)
- Live-Demo mit Heikos persönlichen interaktiven KI-Avatar
  https://youtu.be/W9RFSiegDkI

- 2 KI-Avatare unterhalten sich über einen Blog zu horizontaler vs. vertikaler KI (englisch)
https://www.efacon.shop/blogs/news/horizontale-vs-vertikale-ki

4.8 Hoch- und Tiefbau, Automotive-Branche

4.8.1 Planung, Analyse, Überwachung

Zur Überwachung der Baustelle und des *Baufortschritts* werden mittlerweile *Drohnen* und KI eingesetzt.

Ein Sicherheits-Szenario zur Grundstücksüberwachung und *Einbruchprävention* sieht wie folgt aus: Sobald die Videokameras und *thermischen Sensoren* einen Eindringling erkannt haben, startet eine Drohne, um diesen zu identifizieren, ihn zu verfolgen und seine exakte Position dem Sicherheitspersonal in *Realtime* zu übermitteln (Abb. 4.9).

Drohnen werden jedoch nicht nur zur Sicherheit eingesetzt, sondern sie überwachen auch den Fortschritt auf der Baustelle. *„In sehr großen Industrieanlagen oder schwer zugänglichen Bauwerken werden Drohnen genutzt, um Bilder von kritischer Infrastruktur zu sammeln. Entweder per Fernsteuerung oder vorher festgelegten Navigationspunkten können kritische Punkte genau unter die Lupe genommen werden."* (Wennker, Künstliche Intelligenz in der Praxis, 2020) Mittels KI werden die Informationen der Drohne in Kombination mit Kameras, Robotertechnologie und *Augmented Reality (AR)* ausgewertet (Abb. 4.10). Dies hilft bei der *Planung, Durchführung, Tracking* und *Fortschritts-Analyse*. Der Bauleiter verwendet zum Beispiel eine AR-Brille (Augmented Reality), welche ihm den Sollzustand aus dem digitalen Zwilling direkt im Vergleich zum Ist-Zustand zeigt. Somit kann er geplante Elemente des Baus in der echten Umgebung sehen. Die geplanten Elemente werden dabei

4 KI im Arbeitsalltag 127

Abb. 4.9 Drohne überwacht den Baufortschritt

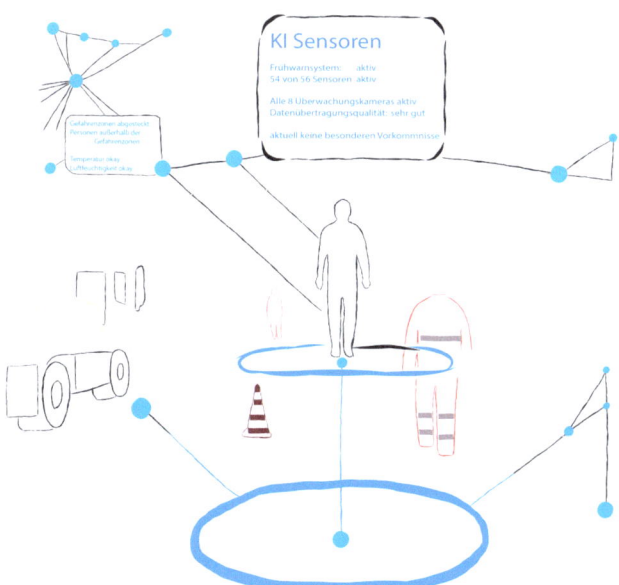

Abb. 4.10 Baustellen-Überwachung anhand von Sensoren, Frühwarnsystem und Augmented Reality

virtuell eingeblendet, so wie wir es aus Filmen wie Terminator oder Ironman kennen. Dabei können auch Informationen in Form von Text mit eingeblendet werden. Der Bauleiter sieht nun die reale Welt und darüber den visualisierten Soll-Zustand der Baustelle und kann somit die Soll-Ist-Abweichungen bewerten, analysieren und beurteilen, um schnellere und bessere Entscheidungen zu treffen.

4.8.2 Wartung und Instandhaltung

Auch bei der *Wartung* und *Installation* von Maschinen, Anlagen und Geräten kommt KI in Verbindung mit AR-Brillen zum Einsatz. AR-Brillen verbinden die Realität bzw. die Sicht auf die reale Umgebung mit virtuellen Bildern und Anleitungen. Wer Avengers-Fan ist, kennt diese Sicht aus den Szenen mit Ironman. Die Älteren unter uns erinnern sich vielleicht an die Szenen, in denen man die Sicht von Terminator einnehmen konnte.

Ein Techniker kann somit beispielsweise ein kompliziertes Gerät bedienen oder reparieren, während er gleichzeitig durch die AR-Brille die Bedienungsanleitung sieht und diese ihm mit Hinweisen und Richtungspfeilen anzeigt, was im nächsten Schritt zu tun ist. So kann die Reparatur einer komplexen Maschine direkt vor Ort durchgeführt werden, ohne dass der Monteur zurück in die Niederlassung fahren muss, um eine Bedienungsanleitung zu holen, oder sich die Bedienungsanleitung auf sein Handy herunterlädt und stundenlang in ihr umherscrollt und recherchiert.

Bei der Wartung und Instandhaltung kommt ebenfalls KI zum Einsatz. Hier überwachen beispielsweise KI-Sensoren die Statik, das Design, die Lasten oder die Bewegungen von Bauelementen. Somit kann zum Beispiel die strukturelle Integrität einer Brücke permanent überprüft werden. Ebenso können Auswertungen, Statistiken und Analysen während des Echtbetriebs, wie das Befahren einer Brücke durch mehrere LKWs, Busse und PKWs durchgeführt werden. Die errechneten Ergebnisse können dann über ein Frühwarnsystem eine Überprüfung oder Wartung der Anlage veranlassen.

4.8.3 Roboter, Technik und Steuerung

Auf dem Bau und im Handwerk herrscht *Fachkräftemangel*. Und immer wieder werden wir gefragt, in welchen Situationen hierbei die KI zur Besserung beitragen könnte. Ein Beispiel sind KI-gesteuerte Roboter, welche Baumaschinen (Bagger, Bohrer, Schrauber) lenken und führen. Diese werden dabei von Sicherheitspersonal gesteuert oder überwacht (Abb. 4.11). Roboter können auch bald als Handlanger und zum Transport von schwerem Material auf einer Baustelle eingesetzt werden. Selbst das Mauern, das Setzen eines Fensters oder einer Tür, der Einbau eines Garagentors, das Verlegen von Fließen, ja eigentlich alles, was sehr häufig vorkommt, kann durch Roboter mit KI teilweise oder ganz durchgeführt werden. Die Präzision wird sich über die nächsten Jahre entwickeln und im „ausgereiften" Zustand werden diese Roboter dann wahrscheinlich sogar genauer sein, als die meisten Bauarbeiter oder Handwerker. Ob sie dadurch wirklich eine ernsthafte Gefahr für diesen Berufszweig sind, oder nur unterstützen und Lücken füllen werden, wird sich bald zeigen.

Ein weiteres Szenario ist der Einsatz von Robotern zur *exakten Vermessung*. Hierzu wurde der *Roboterhund Spot von Boston Dynamics* zu

Abb. 4.11 Ein ferngesteuerter Bagger mit KI-Unterstützung

Forschungszwecken mit dem Handscanner *goSCOUT3D* des *Fraunhofer IOF* gekoppelt, um einen digitalen Zwilling erstellen zu können (Fraunhofer IOF, 2024). Dieses Vorgehen scheint aktuell noch übertuert zu sein, jedoch wird es richtungsweisend für Qualität und Anspruch an Robotertechnik der Zukunft sein. Vorteilhaft ist dies insbesondere in schwer zugänglichem Gelände oder an gefährlichen Stellen auf der Baustelle. Dort kann der Roboter neben der Vermessung auch andere Tätigkeiten durchführen, wie Bohren, Schrauben oder Schweißen. Und da sich auch hier die Technik weiterentwickelt und die Kosten pro Einsatz schnell günstiger werden, ist es ein sehr realistisches Szenario für die nahe Zukunft.

Wenn Arbeiten in einem einsturzgefährdeten Gebäude oder Rettungstätigkeiten in einer kritischen Situation, wie in einem brennenden Gebäude, durchgeführt werden müssen, dann können künftig auch hier Roboter einen Teil der *gefährlichen Tätigkeiten* durchführen und somit Rettungskräfte unterstützen oder entlasten.

Wenn Arbeiten an *schwer zugänglichen Stellen* oder an nahezu nicht erreichbaren Stellen durchgeführt werden müssen, können Roboter die Tätigkeit anstelle von Menschen übernehmen. Dadurch, dass Roboter immer geschickter werden und viele Handgriffe durchführen können, den Kraftaufwand perfekt dosieren und auch schweres Material auf der Baustelle transportieren, wird dieses Szenario möglicherweise bald zum Alltag auf einer Groß-Baustelle gehören (Abb. 4.12).

4.8.4 Digitaler Zwilling und 3D-Modellierung

Einige Ingenieure nutzen bereits jetzt ein KI-gestütztes 3D-Modell für die Bauplanung. Anhand eines *Digitalen Zwillings* (englisch: *Digital Twin*) werden Prototypen und Veränderungen auf der Baustelle simuliert. Es wird viel Zeit und Geld gespart, indem Veränderungen auf der Baustelle zuvor exakt simuliert werden können. Dabei kann visuell überprüft werden, ob ein Bauteil in die Lücke passt, ob die Reihenfolge von Baumaßnahmen geändert werden kann (zum Beispiel, um eine andere Bauphase vorzuziehen, wenn das Material für die anstehende Bauphase verspätet geliefert wird), oder ob die Statik äußeren Einflussfaktoren standhält.

Abb. 4.12 KI-gestützte Fernsteuerung eines Krans an unübersichtlichen Stellen

4.8.5 Autonomes Fahren und Komfort für die Insassen

Die Automobilindustrie erlebt gerade einen fundamentalen Wandel. Da gibt es viele Diskussionen um den richtigen Antrieb, wobei *Umweltfaktoren* eine große Rolle spielen und die ganzheitliche, globale Betrachtung von Herstellungsprozessen eine komplexe Herausforderung darstellen, nicht zuletzt wegen notwendig werdender einheitlicher, globaler Standards.

Und dann kommt auch noch Künstliche Intelligenz hinzu, als treibende Kraft für ein ganz neues Fahrerlebnis, die nahezu alle Aspekte der Branche revolutioniert. Vom *autonomen Fahren* über *smarte Fertigungsanlagen* bis hin zu einem personalisierten Fahrerlebnis.

KI ist die Grundlage für autonome Fahrzeuge, die in der Lage sind, ohne menschliches Eingreifen zu fahren. Technologien wie Computer Vision, maschinelles Lernen und Sensorfusion ermöglichen es Fahrzeugen, ihre Umgebung zu verstehen, Entscheidungen zu treffen und sicher zu navigieren.

Autonomes Fahren funktioniert bereits in Teilbereichen und Testgebieten. So kann man seit Mitte 2022 mit einem Robotaxi durch San Francisco fahren. Zunächst war dies nur mit einem Sicherheitsfahrer an Bord erlaubt, wurde dann am 11.8.2023 jedoch von der kalifornischen Regulierungsbehörde CPUC auch komplett fahrerlos erlaubt. (ARD Tagesschau, 2023), (Auto Motor und Sport, 2023) Ermöglicht wird dies durch die Firmen Waymo (Tochtergesellschaft von Alphabet, zu der auch Google gehört), sowie Cruise (einer Tochtergesellschaft von General Motors). (Spiegel Wirtschaft, 2023)

Das Treffen von Entscheidungen ist hierbei ein Knackpunkt des autonomen Fahrens und wird weltweit unter ethischen Gesichtspunkten diskutiert. Dabei geht es um die Frage, ob KI selbständig Entscheidungen treffen darf. Und wer haftet, wenn hierbei Menschen zu Schaden kommen oder im schlimmsten Fall sogar tödlich verunglücken.

Vollautomatische Fahrzeuge, die keine Fahrer mehr benötigen, fallen in die Automatisierungs-Kategorie Level 4 bis Level 6. (ZF Friedrichshafen AG, 2022) Daneben ist KI auch in vielen teilautomatischen Fahrzeugen im Einsatz. Fahrerassistenzsysteme wie Spurhalteassistenten, Toter-Winkel-Assistent oder Notbremsassistenten werden so gut wie in jedes neue Fahrzeug eingebaut. (ADAC, 2024)

Neben dem autonomen Fahren wird auch gleichzeitig der Fahrkomfort für die Insassen verbessert. Spätestens, wenn wir uns nicht mehr ans Steuer setzen müssen, können wir während der Fahrt die Online-Zeitung lesen, einen Film oder Erklärvideos schauen, Podcasts hören und uns in eine gemütliche Atmosphäre begeben. Dabei kann künftig über Sensoren im Auto erkannt werden, wer einsteigt, welchen emotionalen Zustand diese Person gerade hat – und im Falle einer sehr aggressiven Stimmung zum Beispiel mit Entspannungsmusik und entsprechender Beleuchtung zur Beruhigung beitragen – und welche Vorlieben die Person hat. So könnten zum Beispiel jeden Morgen bei der ersten Fahrt zunächst die Neuigkeiten des Tages in 3 min zusammengefasst werden und anschließend automatisch mein Lieblingspodcast starten.

Noch ist die Technologie des autonomen Fahrens nicht vollständig ausgereift. Herausforderungen, wie die technische Komplexität aufgrund der extremen Vielzahl an benötigten Daten und Informationen, die Entwicklung von Algorithmen, die unter allen Bedingungen zuverlässig funktionieren, das Klären regulatorischer Fragen wie gesetzliche

Rahmenbedingungen zu Sicherheit und Haftung, sowie die Akzeptanz und das Nutzervertrauen in autonome Systeme müssen noch gemeistert werden, bevor wir alle ohne Führerschein von A nach B fahren können.

4.8.6 Die „Smart Factory"

Der Begriff *„Smart Factory"* steht für eine intelligente Fertigung. Hierzu gehört das Optimieren von Produktionsprozessen, Automatisierung, sowie das Reduzieren von Fehlern und Steigern der Effizienz.

So kann KI-basierte Bildverarbeitung viele Produktionsfehler in Bauteilen in Echtzeit erkennen und damit die *Qualitätskontrolle* erheblich schneller und effizienter gestalten. Die Qualitätsüberwachung und Analyse von Maschinen und Robotern in der Fertigungsstraße werden durch *Predictive Maintenance* unterstützt und ermöglichen somit eine Vorhersage von Wartungsbedarfen oder anstehenden Reparaturen. Auch die Planung und Optimierung von Produktionsabläufen erfolgt heutzutage KI-basiert, u, um Ressourcen besser einzusetzen und *Fertigungslayouts* zu erstellen bzw. zu analysieren.

4.8.7 Kommunikation zwischen Autos und Gebäuden

Fahrzeuge, Gebäude und Infrastruktur werden hierbei komplett miteinander vernetzt. Auch Tunnel, Brücken, Strom- und Funkmasten spielen eine wichtige Rolle, um Kameras und Sensoren für Internet of Things (IoT) = Internet der Dinge) nutzen zu können. Dadurch werden Straßen sicherer, denn Fahrzeuge können sich gegenseitig automatisch Warnmeldungen, wie beispielsweise bei einem Geisterfahrer, zuspielen, Staus werden vermieden, da vom Navigationssystem automatisch staufreie Strecken ausgewählt werden, und die Umweltbelastung wird verbessert, indem durch Anpassung der Geschwindigkeit eine „grüne Welle" erreicht wird oder der CO_2-Ausstoß verringert wird(Abb. 4.13) – wenn nicht weiterhin in Deutschland viele Ampeln auf rot schalten, wenn sich Autos nähern, um angeblich den Verkehr zu beruhigen. In Frankreich dagegen freue ich mich immer wieder, den Spirit der grünen Welle (durch einfach auf den Ampeln angebrachte Kameras) zu erleben.

Abb. 4.13 IoT (Internet of Things) vernetzt Autos und Gebäude

Dies betrifft auch die Elektrifizierung und smartes Energiemanagement. Der Preis an Ladesäulen wird automatisch an die verfügbare Stromkapazität angepasst. Die Gebäude-Infrastruktur und die Automobil-Infrastruktur greifen hierbei Hand in Hand.

4.9 Cobots, autonome Roboter und digitale Zwillinge

Cobots sind die Zukunft der Mensch-Maschine-Kollaboration. Cobots – kurz für *kollaborative Roboter* – revolutionieren die Industrie, indem sie *Mensch und Maschine in einer gemeinsamen Arbeitsumgebung* zusammenbringen. Im Gegensatz zu klassischen Industrierobotern, die hinter Sicherheitszäunen isoliert arbeiten, sind Cobots darauf ausgelegt, *direkt mit Menschen zu interagieren und sie bei komplexen Aufgaben zu unterstützen.* Diese neue Generation von Robotern ist nicht nur flexibler und intelligenter, sondern auch sicherer und einfacher in bestehende Arbeitsprozesse zu integrieren.

Cobots basieren auf *fortschrittlichen Sensoren, künstlicher Intelligenz und adaptiven Steuerungssystemen*, die es ihnen ermöglichen, ihre Umgebung in Echtzeit zu analysieren. Sie sind mit *Kraft- und Kollisionserkennung* ausgestattet, wodurch sie ihre Bewegung sofort stoppen, sobald ein Mensch in den Arbeitsbereich eintritt. Moderne Cobots können *lernen, Bewegungen zu imitieren* und lassen sich oft intuitiv programmieren – etwa durch Sprachanweisungen oder durch das manuelle Führen des Roboterarms, anstatt umständliche Codezeilen zu schreiben.

Ein entscheidender Vorteil von Cobots ist ihre *Flexibilität*. Während klassische Industrieroboter für spezifische Aufgaben programmiert werden und teuer umgerüstet werden müssen, lassen sich Cobots leicht an neue Produktionsanforderungen anpassen. Das macht sie ideal für kleine und mittelständische Unternehmen, die agile Fertigungsprozesse benötigen.

Die *Anwendungsbereiche und Branchen* von Cobots sind vielfältig. Unter anderem werden sie in der *Automobilindustrie*, in der *Elektronikfertigung*, der *Logistik*, dem *Gesundheitswesen* und sogar in der *Landwirtschaft* eingesetzt. In der *Produktion* übernehmen sie monotone oder körperlich anstrengende Aufgaben, wie das Montieren von Bauteilen, das Verpacken von Produkten oder das Polieren von Oberflächen. In der *Logistik* helfen sie beim Sortieren, Kommissionieren und Bewegen schwerer Lasten.

Auf den beiden Fotos in Abb. 4.14 sind mögliche Einsatzszenarien für Cobots auf der Messe cobots4you am 24.10.2023 in Würzburg demonstriert worden. Der Cobot links hat einen Greifarm, mit dem er den Montageprozess an einem Fließband unterstützen kann, indem er Teile aussortiert oder richtig platziert. Dies ist auch bei der Chip-Fertigung hilfreich. Der Vorteil gegenüber einem bisherigen Roboterarm liegt darin, dass der Cobot mit einfachen Sprachbefehlen umprogrammiert werden kann und somit für vielfältige Aufgaben flexibel einsetzbar ist. Zudem sind die Preise für Cobots deutlich günstiger als die für Roboter in der Präzisionsfertigung. Mit seinen vielen Kameras kann er auch eingesetzt werden, um beispielsweise Platinen oder Chips auf Fehler und Ausschuss zu überprüfen und fehlerhafte Teile direkt auszusortieren. Der

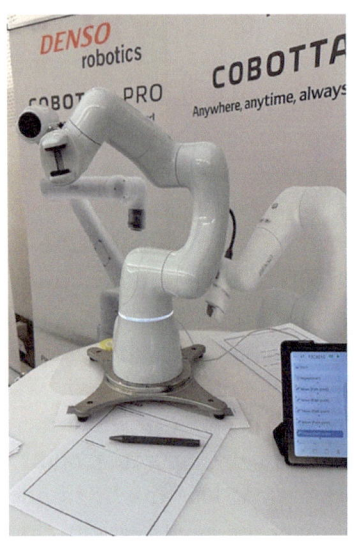 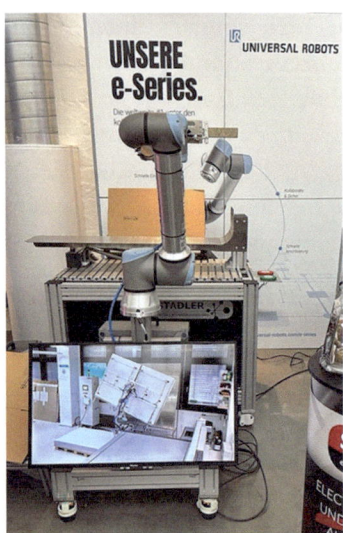

Abb. 4.14 Links: Cobot mit mehreren Kameras zur Qualitätskontrolle. Rechts: Verpackungsroboter

Cobot rechts hat eindrucksvoll demonstriert, wie er in der Lage ist, für Gegenstände unterschiedlicher Größe den richtigen Karton für die Verpackung auszuwählen und den Gegenstand dann in diesem Karton fertig zu verpacken und auf das Laufband für den Versand zu stellen.

Besonders spannend ist der Einsatz von Cobots auch im *Gesundheitswesen*, wo sie bei Operationen assistieren, Proben analysieren oder in Pflegeeinrichtungen einfache Serviceaufgaben übernehmen. In der *Lebensmittelindustrie* werden sie für hygienisch kritische Arbeiten genutzt, beispielsweise zum präzisen Schneiden und Verpacken von Produkten. Selbst in kreativen Bereichen wie *Handwerk und Design* kommen Cobots zum Einsatz, indem sie Künstler oder Designer bei feinen Gravurarbeiten oder Malprozessen unterstützen.

Die Einführung von Cobots bringt zahlreiche **Vorteile** mit sich. Neben der *Steigerung der Produktivität* entlasten sie Mitarbeiter von gefährlichen oder belastenden Aufgaben und senken das Verletzungsrisiko. Unternehmen profitieren von einer *höheren Effizienz und Qualität*, da Cobots durch ihre Präzision Fehlerquoten reduzieren. Zudem sind sie vergleichsweise *kostengünstig*, da sie keine aufwendigen Schutzvorrichtungen benötigen und sich flexibel umprogrammieren lassen.

Allerdings gibt es auch **Herausforderungen**. Eine der größten Fragen ist die *Akzeptanz in der Belegschaft* – nicht jeder Mitarbeiter steht der Zusammenarbeit mit einem Roboter von Anfang an positiv gegenüber. Schulungen und eine gezielte Integration in bestehende Teams sind daher essenziell. Zudem bleibt das Thema *Sicherheit und Regulierung* ein wichtiger Aspekt, da Cobots in unmittelbarer Nähe von Menschen arbeiten und entsprechende Normen erfüllt werden müssen.

Cobots sind letztendlich ein *Schlüsselbestandteil der modernen Industrie 4.0* und verändern die Art und Weise, wie Menschen mit Maschinen zusammenarbeiten. Sie sind nicht als Ersatz für menschliche Arbeitskräfte gedacht, sondern als *intelligente Helfer, die Prozesse effizienter und sicherer gestalten*. Mit steigender Rechenleistung, besseren KI-Algorithmen und fortschrittlicher Sensorik werden Cobots in Zukunft noch vielseitiger und intelligenter – und damit zu einem unverzichtbaren Partner in der Produktion, Logistik und vielen weiteren Branchen.

Autonome Roboter gehören nach und nach zum Alltag dazu. In Singapur patrouillieren Polizeiroboter oder liefern Roboter Essen aus. Hierzulande gehört dies noch nicht zum Straßenbild, es ist jedoch nur eine Frage der Zeit, wann auch hier die ersten Einsätze in realer Umgebung stattfinden werden. Und in 10 bis 15 Jahren wird es Heikos Meinung nach zum typischen Straßenbild gehören, dass wir neben Menschen und Tieren auch Roboter in den Fußgängerzonen und auf Gehwegen sehen werden, oder sie fliegen in Form von Drohnen über unsere Köpfe hinweg.

Die Anfänge sind bereits gemacht. In Singapur kommt Polizeiroboter „Xavier" zum Einsatz und überwacht Verstöße gegen Regeln, sowohl per Videokamera als auch per Mikrofon. Der Roboter gibt dann Warnhinweise aus oder ruft Unterstützung durch Mitarbeiter des Ordnungsamts. (t-online, 2021)

Hierzu konnte Heiko sich kürzlich als Teilnehmer einer Online-Podiumsdiskussion live mit einem der Anbieter in Singapur unterhalten. Dieser setzt seine Liefer-Roboter bewusst nicht vollkommen autonom ein, sondern lässt sie bei kritischen Entscheidungen stehen bleiben, um niemanden zu verletzen oder zu gefährden, womit der *Ethik* in Verbindung mit KI Rechnung getragen wird.

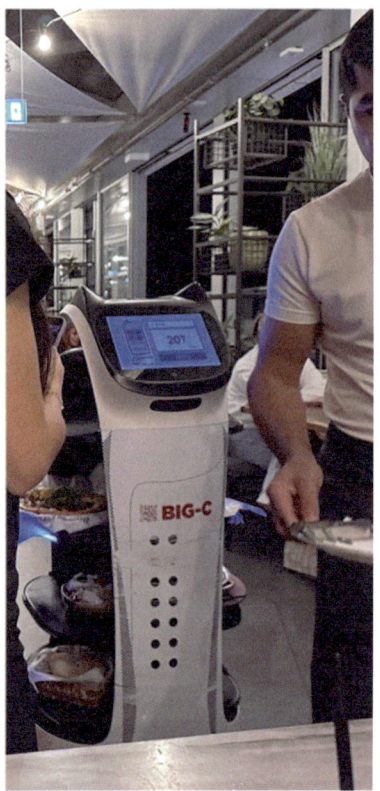

Abb. 4.15 Foto vom Gastronomie-Roboter Big-C

In der Restaurantkette Big Chefs wird im Einkaufszentrum MyZeil in Frankfurt am Main von einem Roboter serviert. Die Idee entstand durch Fachkräftemangel. So haben nun die Kellner mehr Zeit für die Kunden und nehmen die Bestellungen auf, kurz darauf liefert der Roboter „Big C" das Essen an den Tisch, der Kellner serviert es oder man nimmt es sich selbst (Abb. 4.15). Streichelt man den Roboter an einem Ohr, so schnurrt er wie ein Kätzchen. Die Kellner werden hierdurch entlastet und stehen den Kunden für Nachbestellungen sowie bei der Zahlung zur Verfügung. (Veitenhansl, 2022)

Immer mehr solcher Service-Roboter kommen in Hessen in der Gastronomie und auch in Pflegezentren zum Einsatz. (Frankfurter Rundschau, 2024)

Neben Boston Dynamics Atlas-Roboter, der durch seine Hindernisläufe und Saltosprünge zu weltweitem Ruhm gelangt ist, forschen neben Boston Dynamics gerade auch Firmen wie Figure AI, SoftBank Robotics, Tesla und Apple an Robotern, die künftig als Helfer in unserem Haushalt eingesetzt werden können. Diese Haushaltsroboter nehmen uns täglich bis zu 3 h Zeit ab (Kochen, Putzen, Waschen, Bügeln, Tisch decken und abräumen, usw.) und sollen durch eine Leasingrate erschwinglich sein.

Ein *Digitaler Zwilling* ist eine digitale Kopie eines echten Produkts oder Systems. Dies kann beispielsweise eine komplette Baustelle sein. Beim digitalen Zwilling wird die Baustelle in einer Art Showroom digital simuliert (Abb. 4.16). Damit können komplexe Situationen, schwierige Problemstellungen, unübersichtliche Zusammenhänge und vieles

Abb. 4.16 KI-gestütztes 3D-Modell als digitaler Zwilling (TSK Anlagenbau GmbH, 2023)

mehr frühzeitig erkannt werden. Durch Simulation und Rapid Prototyping spart man darüber hinaus viel Zeit und auch Geld, da Fehler und Probleme sehr frühzeitig erkannt werden.

Digitale Zwillinge haben sehr vielfältige Einsatzmöglichkeiten, wie beispielsweise in der Stadtplanung, der Energieversorgung, der Land- und Forstwirtschaft, dem Gesundheitswesen und der Automobilbranche.

5

KI in der Schule und zu Hause

Inhaltsverzeichnis

5.1	KI in der Schule	142
5.2	Smart Home der Zukunft	154
5.3	Haushaltsroboter und Lernroboter	156
5.4	Was kommt nach den Smartphones?	160
5.5	Roboter-Begegnungen	164

Es wird oft diskutiert, ob KI bei den Hausaufgaben eingesetzt werden darf. Viele Schulen verbieten ihren Schülerinnen und Schülern, ChatGPT für die Hausaufgaben und die Vorbereitung eines Vortrags zu verwenden. Warum? Wir führen Gespräche mit Lehrern, Schulleitern, Eltern und Kindern und versuchen, die Bedenken dahinter zu verstehen. Denn eines ist klar: andere Länder unterrichten KI in der Schule. Wer bereits KI-Erfahrung gesammelt hat, sei es in der Schule oder außerhalb, hat einen Vorteil bei der Berufswahl und bei seinen Bewerbungen. KI wird nicht in jedem Job benötigt, doch KI zu verstehen und nutzen zu können ist genauso sinnvoll, wie mit einem Computer arbeiten zu können.

Wenn wir bedenken, welchen Fortschritt und welche weiteren Möglichkeiten KI im professionellen Sport bereits bietet, erkennen wir, dass KI immer mehr in die verschiedenen Lebensbereiche eindringt. KI-gestützte Analysen gehören beim Profisport inzwischen bereits zur Tagesordnung. Wir erleben dies insbesondere live beim Fußball, Tennis, Basketball und Eishockey oder erfahren technische Möglichkeiten durch die Berichterstattung der Medien. Im Fußball sind beispielsweise der Spielball und die Tore mit KI-Sensoren ausgestattet, um beispielsweise millimetergenau feststellen zu können, ob der Ball im Tor war oder nicht. Zahlreiche Kameras und Sensoren analysieren genau die Laufwege einzelner Spieler und die Ausführung eines geplanten Spielzugs. Somit können Spielzüge perfektioniert, das Training auf Spielertypen abgestimmt und ein außerordentliches Team mit einzigartigen Athleten geformt werden. All das gelingt dank technischem Einsatz von KI für ein optimiertes Training.

5.1 KI in der Schule

Während nur jedes fünfte Unternehmen (20 %) in Deutschland im Jahr 2024 die Technologien der Künstlichen Intelligenz (KI) nutzte (Statistisches Bundesamt, 2024) – s. Kap. 2 – gehören Schülerinnen und Schüler hierzulande zu den Pionieren. 74 % nutzen bereits KI-Systeme, davon 68 % auch mehrmals pro Monat beim Lernen. „… unabhängig davon, ob Lehrer und Lehrerinnen Systeme der künstlichen Intelligenz in ihrem Unterricht einsetzen oder nicht, die Technologie ist im Raum und wird benutzt. Auch jede zweite Lehrkraft hat KI schon für die Schule genutzt." (Deutsche Kinder- und Jugendstiftung (DKJS), 2025).

In diesem Abschnitt möchten wir mögliche konkrete Schritte zur Nutzung von KI in der Schule aufzeigen. Diese sollen, teils provokant, zum Nachdenken anregen. Denn eines ist aus unserer Sicht klar: ein Verbot von KI an den Schulen, wie es momentan häufig anzutreffen ist, wird dazu führen, dass Deutschland ein Land der Analphabeten in einer digitalen Welt mit KI wird. Was nützt ein Abitur, wenn die Arbeitgeber lieber einen Abgänger aus Skandinavien oder den BeNeLux-Ländern bevorzugen, weil diese bereits den Umgang mit KI gelernt haben. So gut wie jede Firma wird sich immer mehr mit KI beschäftigen bzw. beschäftigen müssen, und KI-Tools zur Automatisierung, Vereinfachung oder zu Forschungszwecken im Alltag einsetzen.

Es kann nun argumentiert werden, dass wir in der Schule auch nie gelernt haben, wie ein Fax versendet oder empfangen wird. Das Faxgerät zu bedienen ist äußerst einfach. KI hingegen ist nicht gekommen, um wieder in der Versenkung zu verschwinden. Sie wird bleiben, genauso wie Computer nicht mehr wegzudenken sind und Mikrochips in jedem Handy, Minigerät und Sensoren verbaut sind, so wird auch die KI überall – meist unbemerkt – eingesetzt werden. Aufgrund der exponentiellen Entwicklung von KI wird es immer schwerer, alle Bereiche und Möglichkeiten der KI schnell durchdringen zu können.

Spezielle *Kurse* über KI-Grundlagen oder *Workshops* zum *sinnvollen Umgang mit ChatGPT und Co.* helfen Schülerinnen und Schülern, den Nutzen und den Mehrwert richtig einzuschätzen und anzuwenden. Gerade während der Schulzeit ist es nicht ratsam, KI als Helfer im Alltag so einzusetzen, dass diese alles für dich erledigt. Das Lernen und Merken übernimmt die KI zwar für dich, jedoch wäre es fatal, die Leistung unseres eigenen Gehirns nicht mehr zu trainieren, denn logisches Denken und Herleiten von Zusammenhängen sind sehr wichtig für die Entwicklung des Gehirns. Bildung ist ein Schlüsselelement für erfolgreiche Nationen. Daher raten wir dazu, dein Gehirn so gut wie möglich zu trainieren, und KI nur zur Unterstützung heranzuziehen. Und dies auch nicht bei jeder Aufgabe. Bei der Arbeit versuchen wir zwar, durch die Verwendung von KI möglichst jede Aufgabe effizient und einfach durchzuführen. Jedoch ist es auch hier sinnvoll und ratsam, ab und zu innezuhalten, und zu prüfen, was die sinnvollen nächsten Schritte sind. Wenn ich beispielsweise nach Italien in den Urlaub fahre, kann ich fahren, fahren, fahren, bis ich in Sizilien bin und es nicht weiter südlich geht. Sinnvoller ist jedoch, mir vorher ein Ziel zu setzen. Möchte ich nämlich einen Städtetrip nach Rom machen, nützt es nichts, wenn ich bis Sizilien durchgefahren bin und dann feststelle, dass ich wieder eine große Strecke zurückfahren muss.

Es ist also immer ratsam, über praktische Anwendungen und ethische Fragen nachzudenken. Das Ziel für Arbeitnehmer kann ein Verständnis für Daten, Algorithmen und mögliche Fehlerquellen sein. Das Ziel für Schüler kann ein schnelleres Recherche-Ergebnis und die Aufbereitung von Präsentationen sein. Auch kann KI dazu genutzt werden, sich auf eine Klassenarbeit vorzubereiten, eine Probe-Klausur zu schreiben, die Sprachkenntnisse zu verbessern (hast du schon einmal die mobile ChatGPT-Version ausprobiert und dich auf englisch, spanisch, französisch, türkisch, russisch oder einer Sprache deiner Wahl mit ChatGPT unterhalten?) oder Zusammenhänge zu verstehen?[1]

5.1.1 Verwenden von KI im Unterricht

KI kann, genauso wie Medienkompetenz, während des Unterrichts eingesetzt werden. Schüler lernen dabei anhand realer Tools wie ChatGPT, MS Excel mit KI-Add-Ons oder KI-gestützten Rechercheplattformen, wie man KI gezielt für Analysen, Schreibarbeiten oder kreative Projekte einsetzt. Uns fallen viele Anwendungsfälle ein, in denen man den klassischen Unterricht mit KI kombinieren kann. Dies wäre beispielsweise bei der Analyse und Diskussion zu politischen Aussagen oder Debatten. Hier kann der Lehrer in einer Art Challenge zunächst die Schüler eine Analyse durchführen lassen, anschließend lassen sie die Analyse gemeinsam von einem KI-Tool durchführen und diskutieren die Unterschiede, stellen fest, welche Details die KI zusätzlich erkennt oder ausgearbeitet hat und was dem menschlichen Auge – also den Schülern – entgangen ist. Eine andere Möglichkeit besteht darin, eine lebhafte Debatte zu kreieren. KI ist bereits in der Lage, einen Text in einen Podcast oder eine Podiumsdiskussion mit KI-Avataren zu überführen. Damit entfällt das langweilige Lesen des Texts und der Unterricht wird durch eine visuelle Debatte bereichert. Diese bleibt viel besser in den Köpfen der Schüler und fördert möglicherweise auch den Spaßfaktor am Unterricht.

Wenn die Schule den Einsatz von KI dosieren möchte und KI nur schrittweise einsetzen möchte, dann kann hier auch variiert werden, indem es Unterrichtsstunden mit KI und andere ohne KI gibt. Die Verwendung von KI ist auch vom Fach abhängig. Bei den Sprachfächern

---

[1] Aber Achtung: gerade bei Zusammenhängen kommt manchmal mehr Verwirrung auf als Klärung.

kann KI sehr wertvollen Input liefern, genauso wie bei Geschichte, Erdkunde, Politik und Wirtschaft, sowie bei allen naturwissenschaftlichen Fächern. Bei kreativen Fächern wie Kunst, Sport oder Musik ist vor allem der menschliche Geist und Input gefragt. Jedoch ist selbst hier das Verwenden von KI ab und zu sinnvoll, um beispielsweise Hintergrundwissen, theoretisches Detailwissen, Vorschläge zur Anwendung von Zeichentechniken für ein bestimmtes Kunstobjekt, Analyse von Bewegungsabläufen im Sportunterricht, Komponieren von Musik mit KI-Unterstützung zu erfragen.

Problemorientierte Aufgaben
Wenn es in der Schule um das Lösen von Problemen geht, kann KI als Unterstützung dienen. Mögliche Einsatzgebiete der KI sind zum Beispiel Datenaufbereitung, Brainstorming oder Simulationen. Die Schüler können sich dabei mit unterschiedlichen Sichtweisen auseinandersetzen. Sie können das Problem auch aus der Gegenperspektive oder Vogelperspektive betrachten (lassen), denn KI kann jede beliebige Perspektive einnehmen und repräsentieren – und dies macht sie bei Bedarf ganz emotionslos. Somit können Betrachtungsweisen auftreten, die der Lehrer oder das Schulsystem noch gar nicht im Blick hatten. Damit kann die Analyse eines Problems auch schrittweise erfolgen. In Schritt eins wird das Problem wie bisher auf die konservative Methode unter Beteiligung der Meinungen und Lösungsvorschlägen von Schülern und Lehrern bearbeitet. In Schritt zwei wird die KI dazu befragt, wodurch zuvor erarbeitete Lösungen eventuell bestätigt oder bestritten werden, oder gänzlich neue Lösungsansätze infrage kommen. Dabei kann es selbstverständlich auch zu absurden Ideen durch die KI kommen, wenn beispielsweise ein Missverständnis auftritt oder ein komplexes Problem nicht klar genug beschrieben werden kann.

Um die Leistung der Schüler zu beurteilen und zu bewerten, können die Schüler ihre Vorgehensweise präsentieren, Situationen in kleinen Teams nachstellen und in Form von Rollenspielen vorstellen oder das erweiterte Wissen hervorheben, um ihre Eigenleistung zu betonen.

Lehrkräfte befähigen, KI in den Unterricht zu integrieren
Neue Technologien lernen Kinder relativ schnell, während ältere Menschen Schwierigkeiten damit haben. Das gilt für das Einrichten von technischen Geräten wie TV-Geräten genauso wie für die Benutzung eines Personal-Computers. Und da wahrscheinlich nur die wenigsten Lehrer Informatikunterricht mit Schwerpunkt KI in ihrem Studium hatten, stellt sich die Frage, wie die Lehrer befähigt werden können, KI in ihren Unterricht zu integrieren.

Weiterbildung und Schulungen: Regelmäßige Fortbildungen zu KI-Tools und deren Anwendung im Unterricht sind hierbei sehr naheliegend und sinnvoll. In Bayern wurde das Thema KI bereits im Schuljahr 2023/24 im Informatikunterricht der 11. und 13. Jahrgangsstufe an Gymnasien als Pflichtthema eingeführt. (Kultusministerium Bayern, 2024) Um dies flächendeckend zu erreichen, hat der Freistaat Bayern seine Informatik-Lehrer bzgl. KI weitergebildet. Hierzu wurden wissenschaftliche Mitarbeiter des Bereichs Informatik an den Universitäten als Multiplikatoren eingesetzt, um möglichst schnell möglichst viele Lehrer zu erreichen und weiterbilden zu können. Parallel dazu steht den Informatiklehrern eine Handreichung zur Verfügung, welche bei der Umsetzung der Lehrplaninhalte zu KI unterstützt. Diese Materialien sind Teil der Fortbildungsinitiative „Künstliche Intelligenz" und sollen Lehrkräfte bestmöglich auf die Vermittlung von KI-Inhalten vorbereiten.

Bereits im November 2022 startete der Modellversuch „KI@school" an 15 ausgewählten Schulen in Bayern. Dieser Schulversuch zielte darauf ab, den Einsatz von KI in verschiedenen pädagogischen Konzepten und Lernsettings zu erproben.

Praxisleitfäden unterstützen die Lehrkraft bei der Unterrichtsgestaltung. Das können einfache Anleitungen sein, die aufzeigen, wie KI bei Aufgabenstellungen, Feedback-Optimierung oder struktureller Unterrichtsvorbereitung genutzt werden kann. Es können jedoch auch Leitfäden sein, die praktische Übungen für den Unterricht enthalten, oder Hinweise für die Nutzung von KI durch die Schüler während der Unterrichtsstunde, um beispielsweise zu recherchieren, zu analysieren oder zu vergleichen.

Netzwerk schaffen: Im *Team* arbeiten wir leichter. Wenn wir uns in Gruppen zusammentun und austauschen, fällt es jedem in der *Gruppe* leichter, sich in ein neues Thema einzuarbeiten. So ist es auch mit der KI. Plattformen, die den *Community*-Gedanken fördern und den Austausch unter Lehrern ermöglichen, sind motivierend und anregend. Hierüber können die Lehrer sich gegenseitig unterstützen und bewährte Methoden oder kreative Ideen untereinander verbreiten.

Ältere Lehrer an das Thema KI heranführen
Ältere Lehrer, die aufgrund ihrer Fachrichtung oder anderen Interessensschwerpunkten bisher wenig mit IT oder KI zu tun hatten, können sich in *Teamarbeit* mit digital-affinen Kollegen der Verwendung von KI annähern. Vereinfacht wird dies durch *Tandem*-Modelle, bei denen erfahrene Lehrer von jüngeren Kollegen in die Technik eingeführt werden. Die jüngeren Kollegen werden hierdurch wertgeschätzt und in der Zusammenarbeit profitieren sie umgekehrt von der Erfahrung der älteren Kollegen in anderen Themengebieten.

Die Einbindung von Schülern ist ebenfalls ein guter Ansatz für ältere Lehrer. Sie könnten Schüler ermutigen, KI als Ressource zu erklären oder im Unterricht zu präsentieren. Das erhöht die *Dynamik* und zeigt *Eigenverantwortung*.

Und dann dürfen wir uns bewusst machen, dass KI auf der einen Seite exponentielle Fortschritte macht (jeden Monat erscheinen aktuell weltweit mehr als 1.500 neue KI-Tools), auf der anderen Seite viele KI-Themen in Form einer Sinus-Kurve auf den Markt kommen. Das heißt, sie erleben Höhen und Tiefen. Da wird beispielsweise eine neue Möglichkeit vorgestellt, täuschend echte Videos in beliebigen Sprachen zu erstellen, dann wird dieser Fortschritt jedoch kritisiert aufgrund der Gefahren durch Falschmeldungen und Fake-News. Oder Schauspieler streiken, da sie ihre Jobs in Gefahr sehen und zugleich ihre Persönlichkeit für einen KI-Avatar gestohlen werden kann.

Somit ist es durchaus möglich, *KI-Innovation* im *eigenen Tempo* kennenzulernen und zu nutzen. Ein erster Schritt hierbei wäre, *Inspiration* für die Aufgabenstellung bei Hausaufgaben zu finden oder *kreative* Fragestellungen auszuarbeiten.

Sinnvolle Formate

- *Gruppenarbeiten*: Fördert Kollaboration und kritische Diskussionen.
- *Projektarbeiten*: Aufgaben, bei denen Schüler eine KI-gestützte Lösung entwickeln und präsentieren.
- *Debatten und Reflexionsrunden*: Um ethische und gesellschaftliche Fragen rund um KI zu diskutieren.
- *Kombinierte Formate*: hybride Modelle, die Theorie, Praxis und Diskussion verbinden, wären optimal.

Fächer mit KI-Fokus und Verbotszonen für KI

Das Vermitteln von Computerwissen und das Anwenden von Programmen für Präsentationen, Videoerstellung, Texterstellung und mehr erfolgt übergreifend über fast alle Schulfächer hinweg.

Genauso wie Informatik ist KI eher im Bereich der MINT-Fächer (Mathematik, Informatik, Naturwissenschaften & Technik) angesiedelt. In der Informatik geht es hauptsächlich um die Einführung von wesentlichen Begriffen und Methoden der Informatik, die technischen und theoretischen Grundlagen zu Hard- und Software sowie Codieren und Decodieren von Daten, Verschlüsselungs-Systematiken, Funktionsweise von Automaten und ein Grundverständnis zu Algorithmen und Programmen. Und neuerdings auch um KI als Teilbereich der Informatik. Das Grundwissen über KI kann im Informatik-Unterricht vermittelt werden, die Anwendung von KI-Tools und KI-Methoden zur Unterstützung des Unterrichts erfolgt über alle Fächer hinweg, genauso wie das Nutzen und Bedienen von Computern in jedem Fach möglich ist.

Am Informatik-Unterricht lässt sich einfach verstehen, warum es in Deutschland wahrscheinlich auch in naher Zukunft kein einheitliches Schulsystem geben wird. Während Informatik in Bayern, Mecklenburg-Vorpommern, Saarland, Sachsen und Bayern ein Pflichtfach über mehrere Schuljahre hinweg und in Baden-Württemberg, Niedersachsen und Nordrhein-Westfalen zumindest über ein Schuljahr ist, wird es in den anderen Bundesländern maximal als Wahlpflichtfach oder Wahlfach angeboten. (Gesellschaft für Informatik e. V., 2024) Die Intensität variiert sehr stark, obwohl bereits in den 1970er Jahren mit Industrie 3.0 das Zeitalter der Informationstechnologie und Automatisierung und im

Jahr 2011 das Zeitalter der digitalen Transformation als „Zukunftsprojekt Industrie 4.0" gestartet ist. (VDI nachrichten, 2011) Die Welt wird immer technischer, die Berufe wurden mit Industrie 3.0 nicht abgeschafft, sondern ebenfalls technischer und viele neue technische Berufe sind entstanden. Da ist es sinnvoll, bereits in der Schule ein Grundverständnis für Technologie zu vermitteln. Und dieses Grundverständnis von Informationstechnologie ist eine Voraussetzung für das Verstehen von KI. Nicht jeder braucht später in seinem Beruf das Wissen zu IT und zu KI. Aber auch nicht jeder braucht in seinem Beruf den Satz des Pythagoras oder Wissen über das Plusquamperfekt. Und wir sind der Meinung, dass die Grundlagen der KI für die Zukunft unserer Kinder und auch für unsere Zukunft mindestens genauso wichtig sind wie der Satz des Pythagoras oder das Plusquamperfekt.

Verbotszonen für KI
Es dürfen Verbotszonen für KI eingerichtet werden. Die KI soll nicht das Denken und Lernen der Schüler übernehmen. Außerdem ist es pädagogisch wertvoll, Inhalte, Aufgaben und Lösungen selbst zu erarbeiten, um sie zu lernen. Wenn wir zu viel KI in der Schule einsetzen, besteht die Gefahr, dass auch wichtige Bereiche der Pädagogik und des Erwerbens kognitiver Fähigkeiten auf der Strecke bleiben.

Als Verbotszone für KI darf der größte Teil der *Prüfungen* angesehen werden. In Leistungsprüfungen sollte die eigenständige Denkleistung im Vordergrund stehen. Hilfsmittel sollten hier klar reglementiert sein.

Ebenso sollten Schüler in Kunst oder Literatur auch eigenständige Originalität zeigen können. Daher sollte unseres Erachtens auch bei *kreativen Arbeiten* der Einsatz von KI tabu sein, wenn KI nicht gerade Bestandteil dieser Arbeit ist.

Jedoch sollte der Einsatz von KI erlernt und reflektiert werden, statt sie kategorisch zu verbieten. Eine *Überregulierung* schadet unserem Schulsystem und unserer Wirtschaft mehr, als sie von Nutzen ist. So wie heute in fast jedem Beruf erwartet wird, dass neue Mitarbeiter mit einem PC umgehen können, wird es in Zukunft in den meisten Berufen an der Tagesordnung sein, dass von neuen Mitarbeitern erwartet wird, dass sie ein Grundverständnis zu KI mitbringen.

Fächer ohne oder mit wenig KI-Bezug

- Kunst: Für Kreativität und Selbstausdruck, ohne Abhängigkeit von KI.
- Sport: Bewegung bleibt analog. Für die Analyse kann jedoch wiederum KI mit verwendet werden.
- Musik: KI kann den Unterricht ergänzen, aber nicht ersetzen.

Fächer mit KI-Fokus

- Informatik: Mit KI-Grundlagen, Programmierung und Ethik als festen Bestandteilen.
- Mathematik: Datenanalyse und KI-basierte Statistiken.
- Gesellschaftskunde/Politik: Analyse von KI-Auswirkungen auf Gesellschaft, Wirtschaft und Ethik.

Voraussetzungen für KI im Schulsystem
Ein **Zukunftsvorschlag** für das deutsche Schulsystem mit Blick auf internationale Vorbilder und den Einsatz von KI könnte so aussehen, wie nachfolgend beschrieben.

Eine Grundvoraussetzung für das Vermitteln von Informations-Technologie und Künstlicher Intelligenz ist eine funktionierende Infrastruktur und entsprechende Ausstattung an den Schulen. Der Aufbau der *digitalen Infrastruktur* steht somit an erster Stelle. Jede Schule braucht flächendeckendes WLAN, moderne Geräte und Zugang zu digitalen Lernplattformen. KI kann hier personalisierte Lernpfade und adaptive Systeme bereitstellen.

Schüler sollten lernen, KI wie einen Taschenrechner zu nutzen – als Unterstützung, nicht als Denkersatz. *KI ist Werkzeug* und darf auch als solches zur Unterstützung des Unterrichts angesehen werden, anstatt KI als Ersatz zu lehren. Fächerübergreifender Unterricht könnte zeigen, wie KI in Mathe, Geschichte oder Kunst hilft, ohne die Eigenleistung zu ersetzen.

Kritisches Denken fördern: Ein verpflichtendes Fach wie „Digitale Kompetenz & Ethik" könnte den Umgang mit KI, Daten und sozialen Medien lehren. Das Ziel hierbei ist, Quellen kritisch bewerten zu können, Daten sinnvoll zu interpretieren und ethische Fragen zu reflektieren. All dies gehört dazu, wenn du dich mit dem Einsatz und Nutzen von KI beschäftigst.

Projektbasiertes Lernen stärken: Schulprojekte in skandinavischen Schulen zeigen, wie reale Probleme gelöst werden können. Projekte machen den Unterricht spannend und abwechselnd. Projektwochen stärken den Zusammenhalt in der Klasse, lehren nebenbei den Vorteil von interdisziplinären Gruppen und die Entwicklung einer Gruppendynamik. In einer Projektwoche könnte beispielsweise ein Roboter zusammengebaut, durch *API-Schnittstellen* mit einem KI-System verbunden und anschließend durch Schüler programmiert oder trainiert werden. In anderen Projekten könnte KI Simulationen oder Datenanalysen ermöglichen, bei denen jedoch die Schüler die kreative und analytische Arbeit übernehmen.

Lehrer weiterbilden: Jeder Lehrer sollte ein Grundverständnis zu KI haben. Lehrer von naturwissenschaftlichen Fächern und KI-interessierte sollten zu Multiplikatoren für KI-Kompetenz werden. Dazu ist es sinnvoll, zielführende Fortbildungen anzubieten und durchzuführen und Plattformen für den Erfahrungsaustausch bereitzustellen. Die Plattformen können dabei auch schulübergreifend sein.

Interdisziplinäre Fächer einführen: Dänemark zeigt, dass ein Mix aus Technik, Gesellschaft und Kreativität den Schülern hilft, komplexe Herausforderungen der Zukunft zu meistern. Durch die Kombination aus KI und Nachhaltigkeit oder auch Achtsamkeit im Umgang mit Technik und KI wird nicht nur das technische Verständnis geschult, sondern auch Chancen, Risiken und Herausforderungen erläutert.

Prüfungen modernisieren: Leistungsprüfungen müssen nicht nur durch Klassenarbeiten erfolgen. An den meisten Schulen hat die mündliche Mitarbeit bereits einen hohen Stellenwert. Doch introvertierte Schüler, die möglicherweise einen sehr hohen Anteil an Kreativität und praktischem oder theoretischem Verständnis haben, fallen hierbei durchs Raster und werden sogar demotiviert, obwohl viel Potenzial in ihnen steckt. Erfolg wird nicht nur durch auswendig gelernte Aufgabenstellungen und Lösungen definiert. Vielmehr müssen wir weg vom reinen Auswendiglernen hin zu kompetenzorientierten Prüfungen. Schüler könnten praktische KI-Projekte oder datengetriebene Analysen als Prüfungsleistung einreichen.

Deutschland muss mutiger werden, traditionelle Methoden loszulassen, und stattdessen die Schule als Ort für Innovationsförderung und Zukunftskompetenzen verstehen. Die Balance zwischen Eigenleistung und KI-Unterstützung ist der Schlüssel – und ein bisschen Spaß am Experimentieren darf auch nicht fehlen!

5.1.2 China ist weltweit führend beim Einsatz von KI im Schulunterricht

China ist führend im Einsatz von Künstlicher Intelligenz (KI) im Schulunterricht. Dort werden KI-Technologien umfassend integriert, um den Lernprozess zu individualisieren und zu optimieren.

Beispiele für die Integration von KI in chinesischen Schulen sind *adaptive Lernsysteme*. Plattformen wie Squirrel AI nutzen KI, um personalisierte Lernpläne für Schüler zu erstellen. Durch die Analyse individueller Stärken und Schwächen werden maßgeschneiderte Inhalte bereitgestellt, die den Lernfortschritt fördern.

Viele Schulen in China setzen Stirnbänder oder Überwachungskameras ein, welche die Konzentration der Schüler messen. Durch diese *intelligente Überwachung* werden Daten in Echtzeit an Lehrer und Eltern übermittelt, um die Aufmerksamkeit im Unterricht zu überwachen. Dabei wird an einigen Stellen auch übertrieben. Wenn beispielsweise Kinder durch schlechte Noten bestraft werden, weil sie während des Unterrichts aus dem Fenster schauen, anstatt den Aktionen und Worten des Lehrers zu folgen, ist dies kontraproduktiv. Gerade intelligente Schüler benötigen zusätzliche Anreize für ihr Gehirn, um sich während des Unterrichts nicht zu langweilen oder sich Worte besser einprägen zu können. Dabei schauen sie auch einmal aus dem Fenster. Wir machen hierzu eine kleine *Übung*: denke mal kurz an ein Erlebnis in deinem letzten Urlaub. Mitten im Gedanken sollst du nun bewusst erstarren – und achte nun darauf, wohin deine Augen gerichtet sind. Fast immer schauen wir zur Seite, nach oben oder nach unten, wenn wir uns an eine Situation erinnern.

Beschaffung von Wissen und Lehrmaterialien durch Lehrer
Lehrkräfte in China erhalten Zugang zu KI-gestützten Plattformen und Schulungen, um diese effektiv im Unterricht einzusetzen. Durch Partnerschaften mit Technologieunternehmen und staatliche Initiativen werden sie im Umgang mit neuen Technologien geschult und kontinuierlich weitergebildet.

Diese Maßnahmen zeigen, wie KI den Bildungsprozess unterstützen kann, indem sie personalisiertes Lernen ermöglicht und Lehrkräfte bei ihrer Arbeit entlastet.

5.1.3 Finnland gilt als Vorreiter beim Einsatz von KI in Europa

In Europa zählt Finnland zu den Vorreitern beim Einsatz von Künstlicher Intelligenz (KI) im Schulunterricht. Das Land integriert KI-Technologien umfassend in den Bildungsprozess und legt dabei besonderen Wert auf die Ausbildung sowohl der Schüler als auch der Lehrkräfte.

Beispiele für die Integration von KI in finnischen Schulen sind *Online-Kurse zur KI-Grundbildung*. Die Universität Helsinki hat in Zusammenarbeit mit dem Unternehmen Reaktor den kostenlosen Online-Kurs "Elements of AI" entwickelt. Dieser Kurs vermittelt grundlegende Kenntnisse über KI und steht sowohl Schülern als auch Lehrern zur Verfügung, um ein breites Verständnis für die Technologie zu fördern.

Auch in Deutschland gibt es Ansätze und Angebote, wie den KI-Campus (https://ki-campus.org). Hier ist durch ehrenamtliche Tätigkeiten einiges möglich, jedoch sind viele kostenlose Angebote für Schüler oft weitgehend unbekannt und nicht länderübergreifend abgestimmt.

Finnland beteiligt sich aktiv an der Entwicklung und Umsetzung *ethischer Leitlinien* für die *Nutzung von KI in Schulen*. Diese Leitlinien sollen sicherstellen, dass KI-Technologien verantwortungsvoll und zum Wohle der Schüler eingesetzt werden.

Unterstützung und Weiterbildung für Lehrkräfte
Finnische Lehrkräfte erhalten umfassende Unterstützung, um KI effektiv im Unterricht einzusetzen. Dies umfasst regelmäßige Fortbildungen,

den Zugang zu spezialisierten Ressourcen und die Einbindung in Netzwerke, die den Austausch bewährter Praktiken fördern. Durch diese Maßnahmen sind die Lehrer in der Lage, KI-Technologien sinnvoll in ihren Unterricht zu integrieren und den Schülern einen kompetenten Umgang mit diesen Werkzeugen zu vermitteln.

Finnland zeigt somit, wie eine durchdachte Integration von KI im Bildungswesen sowohl die Lehrqualität verbessern als auch die Schüler auf die Anforderungen der digitalen Zukunft vorbereiten kann.

5.2 Smart Home der Zukunft

KI wird die Technologie und die Kommunikation im Smart Home Wir haben uns überlegt, wie ein Zukunftsszenario zu Smart Home mit KI in 10 Jahren aussehen könnte.

Das Smart Home der Zukunft wird nicht nur automatisiert, sondern intelligent und lernfähig sein – ein persönlicher Assistent, der sich nahtlos in den Alltag einfügt und das Leben spürbar erleichtert. KI wird dabei die zentrale Rolle spielen, indem sie Daten aus verschiedenen Quellen verknüpft, Vorlieben erkennt und proaktiv handelt.

Proaktives Zuhause statt reaktive Technik: In 10 Jahren wird dein Zuhause nicht mehr nur auf Kommandos reagieren. Es erkennt deine Bedürfnisse, bevor du sie aussprichst. Zum Beispiel passt das Haus die Beleuchtung an, wenn du gestresst bist, bereitet deinen Lieblingskaffee vor, bevor du den Raum betrittst, und reguliert die Raumtemperatur, basierend auf deinem Schlafrhythmus und Wetterprognosen.

Persönlicher Komfortmanager: KI im Smart Home wird deine Routinen, Vorlieben und gesundheitlichen Daten kontinuierlich analysieren. Der Morgen beginnt mit deinem Lieblingslied, angepasst an deine Stimmung, während die Dusche automatisch die ideale Wassertemperatur einstellt. Dein Spiegel zeigt dir tagesaktuelle Informationen wie Termine, Wetter und Gesundheitsdaten – alles personalisiert.

Nahtlose Integration: Alle Geräte im Haus – von Kühlschrank bis Türschloss – sind vernetzt und arbeiten harmonisch zusammen. Deine KI sorgt dafür, dass der Kühlschrank automatisch einkauft, wenn Lebensmittel zur Neige gehen, und sie schlägt dir Gerichte vor, die auf deinen

Ernährungszielen basieren. Die Waschmaschine wählt die Waschzeit so, dass sie während der günstigsten Stromphase läuft.

Sicherheit mit Weitblick: Smart Home-KI wird ein unsichtbarer Wächter sein. Sie erkennt ungewöhnliche Aktivitäten, wie einen Wasserrohrbruch oder unbefugte Bewegungen, und informiert dich sofort – egal, wo du bist. Durch Gesichtserkennung und lernende Algorithmen wird das Sicherheitssystem unterscheiden können, ob es sich um einen Familienfreund oder einen Eindringling handelt.

Gesundheit im Fokus: Dein Zuhause wird dich aktiv dabei unterstützen, gesund zu bleiben. KI-gestützte Sensoren erkennen Veränderungen in deiner Haltung, deinem Schlafverhalten oder deiner Atemfrequenz. Sie schlagen Maßnahmen vor, um Stress zu reduzieren, warnen vor potenziellen Gesundheitsrisiken oder bestellen dir diskret eine Beratung mit einem Telemediziner.

Nachhaltigkeit durch Intelligenz: Energieeffizienz wird optimiert. Die KI steuert den Energieverbrauch basierend auf deiner Anwesenheit und den Energiepreisen. Sonnenenergie wird gespeichert und gezielt genutzt, während überschüssige Energie mit dem Netz geteilt wird. Das Smart Home wird nicht nur dein Wohlbefinden maximieren, sondern auch den ökologischen Fußabdruck minimieren.

Interaktion ohne Barrieren: Die Bedienung deines Smart Homes erfolgt intuitiv. Sprachassistenten, Gestensteuerung und sogar Gedankensteuerung (mittels Gehirn-Computer-Schnittstellen) könnten Realität sein. Du wirst nicht mehr „Steuerungen" bedienen müssen – dein Zuhause versteht dich einfach.

Lernendes Zuhause: Das Smart Home wird nicht statisch sein. Es lernt und passt sich ständig an neue Vorlieben, Lebensumstände und Technologien an. Ziehst du um oder veränderst deinen Tagesablauf, wird es sich ohne manuellen Eingriff anpassen.

Das Smart Home in 10 Jahren wird mehr als ein technisches Gadget sein – es wird ein intuitiver, proaktiver Lebensraum, der Komfort, Sicherheit, Gesundheit und Nachhaltigkeit in den Mittelpunkt stellt. Und das Beste: Es wird so dezent und nahtlos agieren, dass du seine Existenz kaum noch bemerkst – außer, wenn du es bewusst tust.

5.3 Haushaltsroboter und Lernroboter

Saugroboter und Mähroboter gehören bereits zum Alltag in vielen Haushalten. Diese sind funktional für eine spezielle Aufgabe entwickelt. Sie nutzen oftmals KI-Methoden, um sich im Raum zu bewegen und Gegenstände und Hindernisse zu erkennen. Stell dir vor, diese beginnen nun mit dir zu kommunizieren wie deine Alexa. Oder sie stehen auf wie ein Transformer und begegnen dir auf Augenhöhe. So etwas wird bald Realität in Form von Haushaltsrobotern oder Lernrobotern.

5.3.1 Haushaltsroboter

Welche Tätigkeiten werden in 10 Jahren wohl größtenteils von Haushaltsrobotern durchgeführt?

In 10 Jahren werden Haushaltsroboter dank KI und modernster Mechanik so vielseitig und effizient sein, dass sie nahezu alle unangenehmen oder zeitaufwendigen Aufgaben übernehmen können. Hier ein Überblick über ihre möglichen Tätigkeiten:

Reinigung und Pflege

- *Staubsaugen und Wischen*: Roboter erledigen gründlich alle Bodenarten, inklusive schwer zugänglicher Ecken.
- *Fensterputzen*: Selbstständig und streifenfrei – auch an schwer erreichbaren Stellen wie Glasdächern.
- *Möbelpflege*: Sie reinigen Oberflächen, polieren Holzmöbel oder entstauben Deko-Objekte.
- *Wäschepflege*: Vom Einsammeln über das Waschen, Trocknen bis zum Falten und Sortieren deiner Kleidung.

Kochen und Küchenarbeit

- *Mahlzeiten zubereiten*: Roboter-Köche werden Rezepte beherrschen, Zutaten vorbereiten, kochen und servieren. Sogar individuelle Vorlieben und Diätpläne werden berücksichtigt.

- *Lebensmittelmanagement*: Sie prüfen Vorräte, sortieren Lebensmittel und bestellen rechtzeitig Nachschub.
- *Küchenreinigung*: Nach dem Kochen reinigen sie die Arbeitsflächen, spülen Geschirr und räumen es ein.

Gartenarbeit

- *Rasenpflege*: Vom Rasenmähen über das Düngen bis zur perfekten Kantenpflege.
- *Unkraut entfernen*: Sie erkennen Unkraut präzise und entfernen es ohne Chemikalien.
- *Pflanzenpflege*: Roboter überwachen Bodenfeuchtigkeit, setzen Dünger ein und bewässern gezielt.

Organisation und Logistik

- *Hausordnung*: Sie räumen auf, sortieren Spielzeug, Bücher oder Haushaltsgegenstände.
- *Transportaufgaben*: Vom Getränk holen bis zum Müll rausbringen – alles wird automatisiert erledigt.
- *Lieferannahme*: Sie empfangen Pakete, packen sie aus und räumen den Inhalt an seinen Platz.

Persönliche Assistenz

- *Pflegeunterstützung*: Sie helfen älteren oder eingeschränkten Personen bei täglichen Aufgaben wie Anziehen oder Essen.
- *Kinderbetreuung*: Sie können mit Kindern spielen, sie bei den Hausaufgaben unterstützen oder einfach ein Auge auf sie haben.
- *Haustierbetreuung*: Von der Fütterung über das Gassi-Gehen (für kleinere Hunde) bis zur Fellpflege.

Reparaturen und Wartung

- *Kleinreparaturen*: Sie reparieren defekte Geräte, tauschen Glühbirnen oder ölen quietschende Türen.

- *Systemwartung*: Sie führen Diagnosen an Haushaltsgeräten durch, warten diese und melden größere Probleme.

Soziale Interaktion

- *Unterhaltung*: Von Schachpartien bis zum Erzählen von Geschichten – sie sorgen für Unterhaltung.
- *Gesundheitsüberwachung*: Sie erinnern an Medikamente, messen Vitalwerte und informieren bei Abweichungen.

Haushaltsroboter werden in 10 Jahren wahre Alleskönner sein, die nicht nur monotone Aufgaben übernehmen, sondern auch aktiv zur Organisation und Pflege des Haushalts beitragen. Sie werden sich nahtlos in den Alltag einfügen und uns Zeit und Energie für die wirklich wichtigen Dinge im Leben schenken.

5.3.2 Lernroboter

In der Zukunft wird Lernen mit Robotern für Kinder ein fester Bestandteil des Alltags sein. Dabei wird es zwei Ansätze geben: *Haushaltsroboter mit Lernfunktionen* und spezialisierte *Lernroboter*, die für den Bildungsbereich optimiert sind.

Haushaltsroboter mit Lernfunktionen

Haushaltsroboter, die ohnehin im Haus präsent sind, werden grundlegende Lernaufgaben übernehmen können, vor allem in alltäglichen Kontexten, wie bei der *Hausaufgabenhilfe*. Hier beantworten sie Fragen, helfen beim Suchen von Informationen oder erklären einfache Konzepte in Mathe, Naturwissenschaften oder Sprache. Besonders nützlich werden diese beim *Üben von Sprachen* sein. Durch interaktive Gespräche können Kinder spielerisch Fremdsprachen lernen. Auch beim *Fördern von Lerngewohnheiten* werden wir den Fortschritt genießen. Der Roboter erinnert an Hausaufgaben, strukturiert Lernzeiten und lobt, wenn Aufgaben erledigt sind. Und er wird das *praktische Lernen* unterstützen. Er integriert Wissen in den Alltag, z. B. durch Mathematik beim

Backen („Wie viele Milliliter sind $\frac{2}{3}$ einer Tasse?") oder Naturwissenschaft beim Pflanzenwachstum.

Spezialisierte Lernroboter
Für intensivere oder didaktisch anspruchsvollere Aufgaben wird es spezialisierte Lernroboter geben. Diese Roboter sind speziell darauf ausgelegt, Wissen kindgerecht zu vermitteln:

- *Individuelle Anpassung*: Lernroboter analysieren den Wissensstand, das Tempo und die bevorzugte Lernmethode eines Kindes und passen sich dynamisch an.
- *Interaktive Lernspiele*: Sie fördern spielerisches Lernen durch Rätsel, Simulationen und Kreativübungen.
- *Virtuelle Welten*: Lernroboter könnten VR- oder AR-Funktionen integrieren, um Kinder in historische Szenarien, wissenschaftliche Experimente oder Sprachen einzutauchen lassen.
- *Kollaboratives Lernen*: Sie arbeiten mit Lehrplänen der Schule, stimmen sich mit Lehrern ab oder integrieren sich in hybride Lernsysteme.
- *Emotionale Intelligenz*: Lernroboter erkennen Frustration oder Überforderung und reagieren einfühlsam, um die Motivation zu fördern.

Die Kombination macht's
Während Haushaltsroboter eher allgemeine Unterstützung bieten, könnten Lernroboter tiefer in komplexe Themen einsteigen und eine Art „digitalen Tutor" darstellen. Besonders bei spezifischen Themen wie MINT-Fächern (Mathematik, Informatik, Naturwissenschaft, Technik) oder Sprachen wären Lernroboter effektiver, während Haushaltsroboter praktische und alltägliche Lernsituationen fördern.

In der Zukunft werden Kinder sowohl von Haushaltsrobotern als auch von spezialisierten Lernrobotern profitieren. Haushaltsroboter schaffen eine lernfreundliche Umgebung und fördern spielerisches Lernen im Alltag, während spezialisierte Lernroboter als hochintelligente Tutorensysteme individuelle und schulische Bildung gezielt unterstützen. Beide Roboterarten ergänzen sich perfekt – und machen Lernen effektiver, kreativer und vor allem spaßiger.

5.4 Was kommt nach den Smartphones?

Stelle dir eine Welt ohne Smartphones vor. Wenn du älter als 20 Jahre bist, kannst du dich vielleicht an die Zeit vor den Smartphones erinnern. Doch wir möchten keinen technologischen Rückschritt, sondern die *Technologien der nächsten Ära* beschreiben. In 15 Jahren könnten Smartphones, wie wir sie heute kennen, durch neue Technologien ersetzt werden, die nahtloser, intuitiver und weniger aufdringlich in unseren Alltag integriert sind. In diesem Abschnitt beschreiben wir Technologien, die bereits entwickelt wurden oder werden und ein paar von ihnen werden wahrscheinlich in naher Zukunft unser täglicher Begleiter sein.

Wearables und Implantate als nächste Schnittstelle
Die technologische Interaktion wird vom Smartphone auf den Körper übergehen, mit Wearables oder sogar implantierten Geräten.

Smart Glasses & AR-Brillen ersetzen Bildschirme und ermöglichen uns, digital erweiterte Realitäten zu erleben. Navigation, Nachrichten, Anrufe – alles ist in Sichtweite. Dabei projizieren leichte, elegante Brillen Informationen direkt in unser Sichtfeld. Wir können diese Funktionen durch Sprachkommandos beliebig aktivieren und deaktivieren, sodass sie uns in manchen Situationen nicht stören oder im Weg sind. Manche dieser Geräte können wir fragen, so wie wir heute Google oder ChatGPT zu allen möglichen Wissensthemen befragen.

Gedankensteuerung könnte Realität werden. Unternehmen wie Neuralink arbeiten an Technologien, die Gehirnströme lesen und uns erlauben, Geräte direkt mit unseren Gedanken zu steuern. Sogenannte *Brain-Computer-Interfaces (BCI)* können unser Gehirn vernetzen. Dies ist vor allem im Gesundheitswesen sehr vorteilhaft. Es gibt bereits KI-Systeme, welche Prothesen durch Gedankensteuerung bewegen. Kleine Implantate in der Nähe des Ohrs lassen einen Hörgeschädigten wieder Stimmen und Umgebungsgeräusche wahrnehmen. Heiko hat in den letzten Monaten 2 Menschen getroffen, die ein Cochlea-Implantat haben und damit wieder hören können. Ihre wiedergewonnene Lebensfreude ist unbeschreiblich. Sie erzählten, wie sich die Welt in ihrer Wahrnehmung positiv geändert hat, selbst wenn sich Menschenstimmen heute teilweise noch blechern oder roboterartig anhören. Und ähnliche Möglichkeiten gibt es hoffentlich auch bald für Sehgeschädigte.

Hautnahe Technologien: Flexible Displays oder Sensoren, die auf die Haut aufgebracht werden, könnten Informationen anzeigen, Gesundheitsdaten überwachen oder mit einem Wisch gesteuert werden. Dies hilft insbesondere bei Hauterkrankungen und zum Erkennen von Krebs.

Virtuelle Assistenten als omnipräsente Helfer
Die klassische Interaktion mit Geräten wird durch KI-Assistenten ersetzt, die überall verfügbar sind. *Sprachgesteuerte Assistenten* sind nicht mehr an Geräte gebunden, sondern in der Umgebung integriert – in Wänden, Möbeln oder Kleidungsstücken. Ein einfacher Satz reicht, um Aufgaben zu erledigen. Virtuelle Assistenten lernen *kontextuelles Handeln*. Die Assistenten kennen unsere Routinen und Bedürfnisse, agieren proaktiv und denken wie ein unsichtbarer persönlicher Butler mit. Und zu guter Letzt werden *holographische Interfaces*, wie wir sie als „Holo-Deck" aus Raumschiff Enterprise kennen, Realität werden. Informationen werden dabei als 3D-Hologramme projiziert, die sich durch Gesten steuern lassen.

Augmented Reality (AR)
Augmented Reality (AR) wird zur zentralen Technologie der Post-Smartphone-Welt. Mit einer AR-Brille werden wir *virtuelle Räume* erleben und den realen Raum durch virtuelle Objekte und Informationen visuell ergänzen. Statt Apps auf einem Display zu öffnen, erscheinen diese als virtuelle Objekte in deiner Umgebung. Du checkst deine E-Mails, indem du einen virtuellen Schreibtisch öffnest, der überall verfügbar ist. Dies betrifft auch *Einkaufen* und *soziale Interaktion*. Produkte werden als 3D-Modelle vor dir angezeigt. Videotelefonate finden in Form von realistischen Hologrammen statt. Und auch die Spielindustrie wird sich hierdurch verändern. *Gaming und Unterhaltung* werden noch realistischer. Deine Umgebung wird zur Bühne – Spiele und Filme verschmelzen mit der realen Welt, wenn wir eine AR-Brille verwenden.

Nahtlose Kommunikation durch Internet der Sinne
Das Internet wird nicht nur sicht- und hörbar, sondern auch fühlbar und riechbar. Handschuhe oder Implantate können virtuelle Gegenstände spürbar machen, sodass du sie „anfassen" kannst und sozusagen ein *haptisches Feedback* bekommst. Für die Nase gibt es dann *Geruchssimulationen*. Dabei erzeugen Sensoren Gerüche, um digitale Erlebnisse realistischer zu gestalten. Und in einer virtuellen Umgebung erleben wir *immersive Erlebnisse*: Reisen, Einkaufen und Lernen werden durch multisensorische Technologien völlig neue Dimensionen erreichen.

Die Forscher und Entwickler machen sich hierbei auch Gedanken über die *Nachhaltigkeit und Unabhängigkeit*. An erster Stelle steht hier die *Energieeffizienz*. Neue Technologien werden energieautark sein und keine Energie durch Batterien oder Stromkabel benötigen. Sie erhalten die benötigte Energie dann etwa durch Körperwärme, Solarenergie oder kinetische Energie. Der Einsatz von Materialen und Hardware wird dabei auf das Wesentliche reduziert. Unter dem Stichwort *minimale Hardware* werden große Geräte durch smarte und unsichtbare Technologien ersetzt, die kaum Platz einnehmen.

Leben ohne Smartphones als realistisches Szenario
Die Kommunikation mit Geräten und Sprachassistenten wird sich verändern. Du benötigst unterwegs kein Handy mehr, auf dem du recherchierst. Stattdessen sprichst du mit einem KI-Assistenten, der in deinem Ohr oder über eine Brille integriert ist. Nachrichten werden vorgelesen und Anrufe durch Gedanken gesteuert. Auf der Arbeit werden Think Tanks und Besprechungsräume viel frequentierter benutzt werden, als dies heute der Fall ist. *Virtuelle Arbeitsplätze* erscheinen überall, wo du bist. Du loggst dich in Meetings ein, indem du ein Hologramm startest oder deine Brille aktivierst.

Die *Freizeitgestaltung* und *Unterhaltungsmedien* werden interaktiver und die Übergänge werden fließend. Filme, Spiele und Social Media verschmelzen mit deiner Umgebung. Ein Spaziergang wird durch AR zu einem Abenteuer. Auch beim Thema *Gesundheit* wird sich einiges – hoffentlich mehr zum Positiven – verändern. Implantate überwachen ständig deine Vitaldaten und geben in Echtzeit Empfehlungen zur Ernährung, Bewegung oder Stressbewältigung.

Auf dem Weg zur Zukunft ohne Smartphones gibt es auch einige Herausforderungen zu bewältigen. Zum einen ist dies das Thema *Datenschutz*. Die Integration in den Körper oder die Umgebung macht Schutz vor Missbrauch noch wichtiger. Auch die immensen Datenmengen, welche für die Überwachung und Analyse durch Sensoren anfallen, müssen die Privatsphäre schützen. Ein anderer wesentlicher Aspekt sind die *Kosten*. Wie gelingt es, diese Technologien kostengünstig anbieten zu können? Und wie können diese Technologien für die breite Bevölkerung *zugänglich* gemacht werden? Und genauso, wie wir jetzt bereits einen Widerstand gegen die Nutzung von KI erleben, da viele Menschen vor allem die Gefahren der KI meiden möchten, wird auch die *technologische Akzeptanz* von integrierten Assistenzsystemen und Geräten eine große Hürde sein. Nicht jeder wird sofort bereit sein, invasive Technologien wie Implantate zu akzeptieren.

Die Welt in 15 Jahren wird von einer nahtlosen Integration zwischen Mensch und Technologie geprägt sein. Smartphones werden durch intelligente, körpernahe und immersive Technologien ersetzt, die das Leben intuitiver, vernetzter und effizienter machen. Aber die Herausforderungen – von Ethik bis Datenschutz – werden ebenso Teil dieser spannenden Zukunft sein.

Es ist wahrscheinlich, dass Smartphones in den kommenden zehn bis 15 Jahren durch fortschrittlichere und vielseitigere Geräte ersetzt oder ergänzt werden. Ein zentraler Trend ist die Entwicklung von *Smart Glasses* und *Mixed-Reality-Brillen*, die digitale Informationen nahtlos in unser Sichtfeld integrieren. Apple hat mit der Vision Pro bereits einen bedeutenden Schritt in diese Richtung unternommen. Die Verschmelzung von Smart Glasses und autonomen Fahrzeugen könnte unser Fahrerlebnis revolutionieren. Statt auf ein zentrales Display im Fahrzeug zu schauen, könnten Informationen wie Navigation, Geschwindigkeit und Fahrzeugstatus direkt in unser Sichtfeld projiziert werden, wie bei einem Head-up Display. Dies würde nicht nur den Komfort erhöhen, sondern auch die Sicherheit verbessern, da der Blick stets auf die Straße gerichtet bleibt.

Aktuelle Entwicklungen der großen Technologieunternehmen
Apple: Mit der Vision Pro hat Apple eine AR/VR-Brille vorgestellt, die eine immersive Erfahrung bietet und digitale Inhalte direkt in das Sichtfeld projiziert. (Computer-Bild, 2024)

Samsung: Samsung arbeitet an einer eigenen smarten Brille, die in Zusammenarbeit mit Google entwickelt wird. Diese soll ähnliche Funktionen wie die *Ray-Ban* Meta Smart Glasses bieten und voraussichtlich im Jahr 2025 auf den Markt kommen. (Inside Digital, 2024)

Google: Google entwickelt unter dem Codenamen "Project Iris" eine eigene AR-Brille, die das Aussehen einer normalen Brille haben soll. Die Veröffentlichung war ursprünglich für 2024 geplant, wurde jedoch auf unbestimmte Zeit verschoben. (Wikipedia, 2024)

5.5 Roboter-Begegnungen

Roboter faszinieren unseren Autor Heiko schon seit seiner Kindheit. Wenn ein Roboter selbständig eine Aufgabe erledigt, in Produktionsprozessen eingesetzt wird, sich bewegt und sich sogar mit uns unterhält, dann hat diese eine Art Charme und Faszination zugleich. Wir können uns mit einem Sprachmodell per Texteingabe oder auch Audio unterhalten, richtig faszinierend wird so eine Unterhaltung jedoch erst, wenn sie mit einem Roboter geführt wird.

Mechanische Automaten, wie beispielsweise Theatermaschinen mit Seilzügen und Dampfkraft, dachten sich bereits die alten Griechen (Heron von Alexandria, ca. 300 v.Chr.) aus. Im Mittelalter tüftelte Leonardo da Vinci an mechanischen Rittern. Richtige Roboter im heutigen Sinne gibt es seit den 1950ern, in Serienproduktion (bei General Motors) ab 1961. Bisher kannte man sie jedoch meist nur als programmierte Maschinen, die gezielte Tätigkeiten ausführten. Dies hat sich in den letzten Jahren geändert. Roboter können inzwischen gut kommunizieren, Gefühle erkennen und Sprachbefehle ausführen.

5.5.1 Der Unterhaltungsroboter Pepper

Roboter gibt es schon seit längerem. SoftBank Robotics aus Japan hat bereits im Jahr 2014 den Roboter *Pepper* herausgebracht, der insbesondere durch seine Erkennung und Analyse von Emotionen schnell große Bekanntheit erlangte. Besondere Fähigkeiten hat Pepper darüber hinaus bei der Sprachverständnis und -ausgabe, der Gestenerkennung und nonverbalen Kommunikation, der autonomen Bewegung und Navigation, sowie dem Internetzugriff für Informationssuche.

Unser Autor Heiko hat den Roboter Pepper bereits mehrfach angetroffen, sei es auf Messen und Kongressen, in großen Einkaufshäusern, oder wie hier auf diesem Bild (Abb. 5.1), welches bei einer Alumni-Veranstaltung des St. Gallen Management Instituts (SGMI) am 8. November 2018 bei Deloitte in Berlin entstanden ist.

Quellen und weiterführende Informationen:

- https://www.softbankrobotics.com
- Lernprozess: „ball in a cup" (2016)

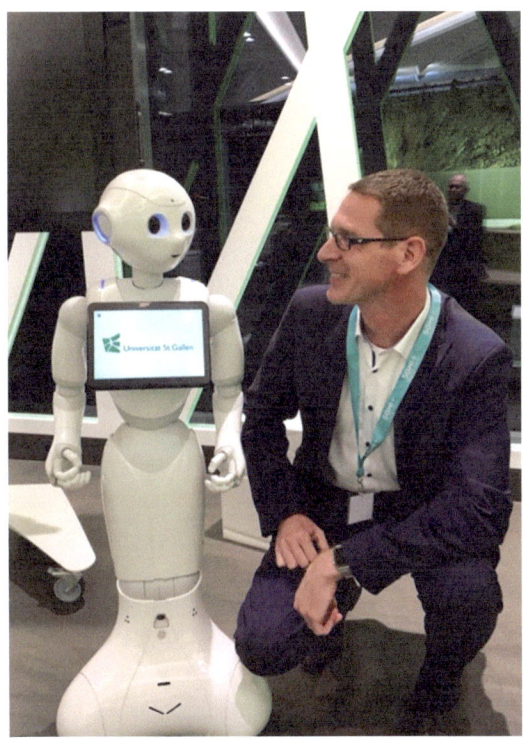

Abb. 5.1 Heiko mit Roboter Pepper

https://youtu.be/jkaRO8J_1XI?si=eACiTzGUH5I53WcS
- Pepper's ChatGPT Integration (2024)
https://youtu.be/SsQGAtEuhY0?si=QSj8PgOtzLQZtarD

5.5.2 Der technische Roboterhund Spot

Auf der Messe COBOTS4YOU m 24. Oktober 2023 im Vogel Convention Center in Würzburg hatte Heiko die Gelegenheit, den Roboterhund *Spot* von *Boston Dynamics* in Aktion zu sehen und zu erleben (Abb. 5.2).

Für einen bewegenden Eindruck von Spot und anderen Roboter-Entwicklungen (wie beispielsweise dem berühmten humanoiden Roboter HD Atlas) von Boston Dynamics weisen wir auf zwei sehr inspirierende YouTube-Videos von Boston Dynamics hin:

- What does it take to put Spot to work? (2023)
https://youtu.be/_Ux-N-NK2GM?si=g8KShWpnDxElLK4y

Abb. 5.2 Heiko mit Roboter Spot

- Humanoider Roboter HD Atlas durchläuft Fitness-Parkourt (2024)
  https://youtu.be/-9EM5_VFlt8?si=fcX-VfHkjMhUQobs

5.5.3 Der humanoide Do-It-Yourself-Roboter pib

Beim Informatik-Festival 2024, der Tagung der Gesellschaft für Informatik e. V., am 24. September 2024 hat Heiko Bekanntschaft mit dem Humanoidem Roboter pib gemacht (und Dr. Jürgen Baier, Geschäftsführer der isento GmbH) (Abb. 5.3).

Pib steht für „*printable intelligent bot*" und ist als Bausatz für den 3D-Drucker erhältlich. Die Programme und Software sind als Open Source erhältlich und somit ideal für das Drucken, Bauen und Programmieren

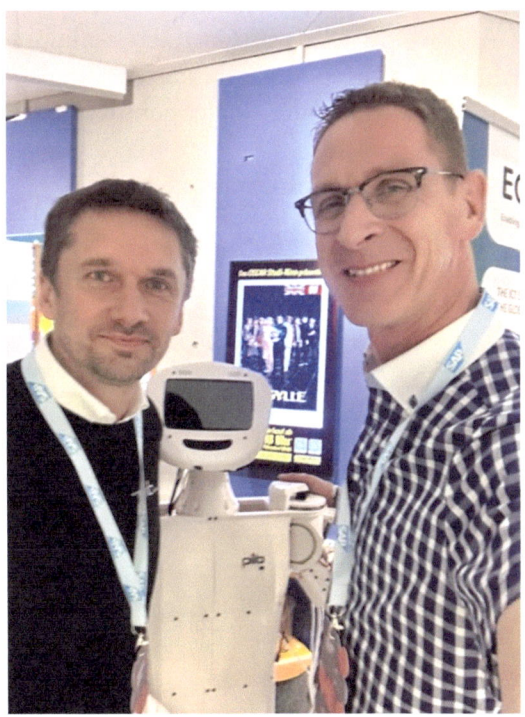

Abb. 5.3 Heiko mit Roboter pib

eines eigenen Roboters in der Schule. Pib ist in Deutschland sehr erfolgreich und hat den **Digicon Award 2023** (Munich Digital Innovation Award), den **CIVIC Innovation Award 2023** und den **German Design Award 2025** gewonnen. Verschiedene Schulen haben darüber hinaus folgende Preise mit pib gewonnen:

- P-Seminarpreis Gymnasium Ernestinum in Coburg 2024
- P-Seminarpreis Hans-Sachs-Gymnasium Nürnberg 2024
- Jugend forscht Preis „Human machine interaction" 2024 für Liebfrauen-Schule Bensheim

Pib eignet sich sehr gut für ein Seminar, eine AG oder eine Projektwoche in der Schule. Der Körper wird komplett mittels 3D-Drucker ausgedruckt, anschließend mit einem Bausatz aus Scharnieren und Motoren zusammengebaut. Das Display und der Raspberry Pi lassen sich beispielsweise via API-Schnittstelle mit ChatGPT verknüpfen und schon ist ein neuer Schulkamerad geboren. Die Kosten sind dabei recht moderat und über den Förderverein oder einen Sponsor finanzierbar.

Quellen und weiterführende Informationen:

- https://pib.rocks

Teil III
Symbolische KI

6
Entscheidungsbäume als Hilfsmittel

Inhaltsverzeichnis

6.1 Der Entscheidungsprozess beim Menschen 172
6.2 Beispiel zu Entscheidungsbäumen anhand eines Roboter-Schäferhunds. 175
6.3 Optimierung. 178
6.4 Fachbegriffe und Erläuterung 178
6.5 Zusammenfassung. 179

In einer Welt voller Daten sind kluge Entscheidungen der Schlüssel zum Erfolg. Doch wie trifft eine Maschine sinnvolle Entscheidungen? Während neuronale Netze oft als „Black Box" gelten, liefern *Entscheidungsbäume* transparente, nachvollziehbare Antworten. Sie zerlegen komplexe Probleme in einfache Wenn-Dann-Regeln – ein Grundpfeiler der *symbolischen KI*.

Ob in der Medizin zur Diagnose, im Finanzsektor zur Risikoanalyse oder in der Produktion zur Qualitätskontrolle – Entscheidungsbäume helfen, aus strukturierten Daten Muster zu extrahieren und begründete

Entscheidungen abzuleiten. Dieses Kapitel zeigt, wie Entscheidungsbäume funktionieren, wo ihre Stärken und Grenzen liegen und warum sie bis heute eine zentrale Rolle in der KI spielen. Um es dem Leser einfacher zu machen, erklären wir das Prinzip von Entscheidungsbäumen darüber hinaus anhand eines einfachen Beispiels. Und um die Sinnhaftigkeit und den Nutzen von Entscheidungsbäumen in der KI zu verstehen, beginnen wir mit der Erklärung des Entscheidungsprozesses durch unser menschliches Gehirn und unser Unterbewusstsein.

6.1 Der Entscheidungsprozess beim Menschen

Ein Mensch trifft täglich mehr als 60.000 Entscheidungen. Die meisten davon finden unbewusst statt – Schätzungen gehen davon aus, dass bis zu 95 % aller Entscheidungen vom *Unterbewusstsein* gesteuert werden. Nur etwa 5 % der Entscheidungen sind bewusst, also solche, bei denen wir aktiv nachdenken und abwägen.

Automatische Abläufe: Viele Entscheidungen betreffen Gewohnheiten, Routinen und alltägliche Handlungen, z. B. Zähneputzen, Blinzeln, den Griff zum Telefon.

Effizienz des Gehirns: Das Gehirn nutzt unbewusste Muster und Glaubenssätze, um Energie zu sparen und schnelle Entscheidungen zu ermöglichen.

Emotionale Steuerung: Das limbische System, unser „emotionales Gehirn", bewertet Situationen blitzschnell auf Grundlage von Erfahrungen und Emotionen.

Heuristiken: Unser Gehirn wendet vereinfachte Denkstrategien an, um in komplexen Situationen schnell zu reagieren. Dessen sind wir uns oft gar nicht bewusst, was viele Beispiele zu optischen Illusionen zeigen, bei denen wir selbst getäuscht werden, indem wir etwas anderes erkennen, als tatsächlich zu sehen ist.

In Abb. 6.1 sehen wir eine optische Täuschung. Die *Hering-Täuschung* ist eine im Jahre 1861 von dem deutschen Physiologen, Hirn- und Wahrnehmungsforscher Ewald Hering (1834–1918) entwickelte geometrisch-optische Täuschung (Hering-Täuschung, 2023). Zwei

6 Entscheidungsbäume als Hilfsmittel

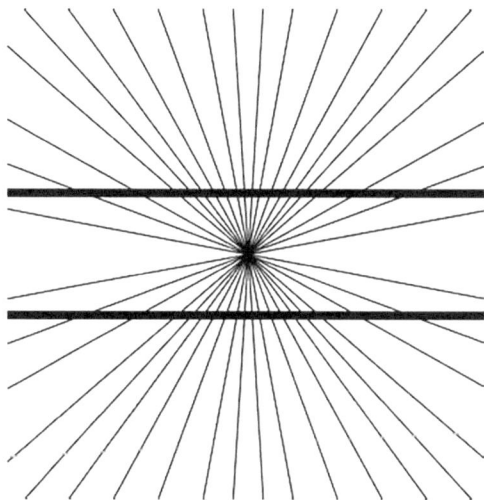

Abb. 6.1 Optische Täuschung: (Hering-Täuschung, 2023)

gerade, parallele Linien erscheinen, als ob sie nach außen gebogen wären. Dies wird durch das Hintergrundmuster aus radialen Linien verursacht. Je dichter das Geradenbündel ist, desto intensiver tritt der Täuschungseffekt zutage.

Abb. 6.2 zeigt die sogenannte Zöllner-Täuschung, welche im Jahr 1860 von dem Astrophysiker Karl Friedrich Zöllner (1834–1882) veröffentlicht und nach ihm benannt wurde (Zöllner-Täuschung, 2021). Mehrere Linien, die völlig parallel zueinander angeordnet sind, wirken hier so, als ob sie sich neigen oder konvergieren. Dies wird durch die kurzen diagonalen Striche, die sie kreuzen, verursacht.

Nur etwa 5 % unserer Entscheidungen treffen wir Menschen *bewusst*. Hierzu gehören *analytische Überlegungen*: Diese erfordern kognitive Ressourcen, wie z. B. beim Planen, Problemlösen oder strategischen Denken. Der präfrontale Kortex, der für bewusste Entscheidungen zuständig ist, arbeitet deutlich langsamer als das unbewusste System.

Und nun fragst du dich vielleicht, wofür unser Unterbewusstsein darüber hinaus so viele Entscheidungen trifft. Dies liegt größtenteils an Entscheidungen, die aus dem Bewegungsablauf und Reaktionen rühren.

Abb. 6.2 Optische Täuschung: (Zöllner-Täuschung, 2021)

- *Energiemanagement*: Der bewusste Verstand ist energieintensiv und kann nicht alle Aufgaben allein bewältigen.
- *Verhaltensmuster*: Wiederholte Handlungen werden im Gehirn gespeichert und automatisiert, um bewusste Kapazitäten für Neues freizuhalten.
- *Überlebensmechanismus*: Unbewusste Entscheidungen sichern unser Überleben durch schnelle Reaktionen auf potenzielle Gefahren.

Um dies genauer zu verstehen, schauen wir uns noch kurz die Rolle von Glaubenssätzen an. *Glaubenssätze* sind tief verankerte Überzeugungen im Unterbewusstsein, die Entscheidungen unbewusst beeinflussen. Sie bestimmen, wie wir Situationen wahrnehmen, bewerten und darauf reagieren. Oft handeln wir unbewusst nach diesen Glaubenssätzen, z. B.: „Ich bin nicht gut genug" oder „Ich schaffe das schon."

Das Zusammenspiel von *bewussten* und *unbewussten Prozessen* zeigt, wie stark unser Leben vom Unterbewusstsein beeinflusst wird. Bewusstes Reflektieren und „*Umprogrammieren*" von Glaubenssätzen (NLP, Neuro-Linguistic Programming) kann diesen Einfluss positiv verändern.

6.2 Beispiel zu Entscheidungsbäumen anhand eines Roboter-Schäferhunds

Sie dir das Bild an. Nehmen wir an, Otto, der Schäfer, hat sich einen KI-gesteuerten Roboter-Hund namens Robi zugelegt. Da sein Schäferhund alt und schwach geworden ist, hilft ihm Robi beim Hüten der Schafe. Hierzu muss unser KI-Hund zwischen den Schafen, dem Hund, vielen Hühnern und dem Schäfer selbst unterscheiden können, um entsprechend zu agieren (Abb. 6.3).

> Hinweis: Die echte Welt ist noch viel komplexer mit Bäumen, Zäunen usw., jedoch wollen wir das Beispiel möglichst anschaulich gestalten. Du kannst dir jedoch sicherlich gut vorstellen, was ein Roboter oder Roboterhund heutzutage tatsächlich zu leisten hat, um sich in unserer komplexen Landschaft sicher bewegen zu können.

Robi nutzt einen Entscheidungsbaum (englisch „*decision tree*"), um auf Basis von Beobachtungen zu erkennen, mit wem er es zu tun hat.

Abb. 6.3 Schäfer mit seiner Herde, Hühnern und Schäferhund

Schritt 1: Definition der Merkmale. Um den Entscheidungsbaum zu bilden, definieren wir zunächst die Merkmale (Features), die zur Unterscheidung dienen:

- *Farbe* (weiß, braun, bunt, keine)
- *Größe* (klein, mittel, groß)
- *Laute* (Blöken, Bellen, Gackern, Sprechen, Stille)
- *Aktivität* (herumlaufen, rennen, hüpfen, fliegen, stillstehen)
- *Anzahl Beine* (2, 3, 4)

Schritt 2: Aufbau des Entscheidungsbaums. Wir beginnen mit der Frage, die uns hilft, die erste große Unterscheidung zu treffen. Nehmen wir an, Robi beginnt mit dem Merkmal *Farbe*. Das könnte schon direkt funktionieren. In unserem naiven Schäferbild sind Schafe *weiß*, der Hund *schwarz*, die Hühner *braun* und der Schäfer *blau* (Blue Jeans) oder *bunt*. Doch halt: es gibt auch schwarze Schafe. – Und es gibt weiße Hühner, braune Hunde, Schäfer mit brauner oder schwarzer Kleidung. Das Merkmal Farbe reicht also allein nicht aus, um zwischen den Akteuren unterscheiden zu können (Abb. 6.4).

Schritt 3: Verzweigung (weitere Äste). Nehmen wir als nächstes Merkmal die *Größe* hinzu.

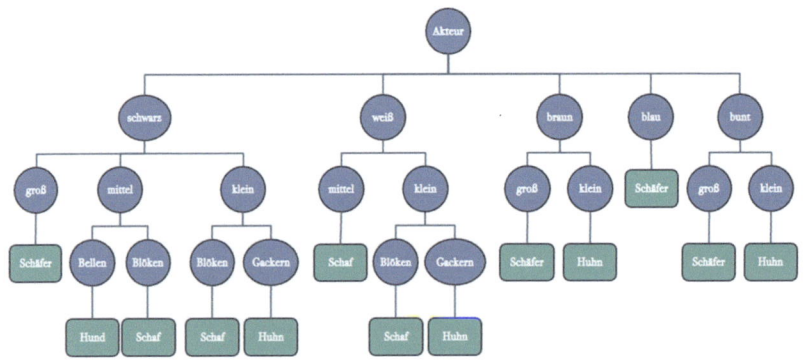

Abb. 6.4 Entscheidungsbaum für den KI-Roboterhund Robi

- *bunt* in Kombination mit *groß* führt direkt zu „Schäfer"
- *bunt* in Kombination mit *klein* führt direkt zu „Huhn"
- *schwarz* in Kombination mit *groß* führt direkt zu „Schäfer"
- *schwarz* oder *weiß* in Kombination mit *klein* führen zu einer weiteren Frage, die wir mit dem Merkmal *Laute (Geräusche)* beantworten möchten.

Schritt 4: Weitere Verzweigung. Nehmen wir als nächstes Merkmal also die *Laute* (Geräusche) hinzu.

- bei *schwarz* oder *weiß* in Kombination mit *mittel* kann es sich um einen Hund oder ein (kleines) Schaf handeln. Vernimmt Robi nun ein *Bellen*, erkennt er einen Hund, vernimmt er hingegen ein *Blöken*, erkennt er ein Schaf
- *schwarz* oder *weiß* in Kombination mit *klein* kann ein Huhn oder ein (kleines) Schaf sein. Vernimmt Robi nun ein *Blöken*, erkennt er ein Schaf, vernimmt er hingegen ein Gackern, erkennt er ein Huhn

Und so weiter und so fort. Je mehr Möglichkeiten es gibt, desto größer und komplexer wird der Entscheidungsbaum. Man kann auch Sicherheitsabfragen mit einbauen, wie beispielsweise die Form des Kopfes. Dann kann Robi den Schäfer auch von einem Huhn unterscheiden, falls der Schäfer herumalbert und gackert wie ein Huhn.

Schritt 5: Robi trifft Entscheidungen. Je nachdem, welche Merkmale Robi beobachtet, navigiert er durch diesen Entscheidungsbaum, um zu erkennen, mit welchem Tier oder dem Schäfer er es zu tun hat. Hier ist ein einfaches Beispiel, wie Robi vorgehen würde:

- Robi erkennt *blau*, und geht davon aus, dass er es mit dem Schäfer zu tun hat.
- Robi erkennt *weiß* und *mittelgroß*, und geht davon aus, dass er es mit einem Schaf zu tun hat.
- Robi erkennt *schwarz, klein* und hört *Blöken*. Dann geht er davon aus, dass ein Schaf vor ihm steht.

6.3 Optimierung

Nun liegt es nahe, so einen Entscheidungsbaum zu optimieren, sodass Robi möglichst schnelle Entscheidungen treffen kann. Hierzu wird die Höhe des Baums und die Verteilung auf die Blätter gewichtet und bewertet. Dann wird der Baum entsprechend umgebaut. Im vorigen Beispiel ist es offensichtlich, dass eine erste Unterscheidung nach der *Größe* gefolgt von dem Merkmal *Laute/Geräusche* zu schnelleren Entscheidungen führt (Abb. 6.5).

6.4 Fachbegriffe und Erläuterung

Ein *Entscheidungsbaum* (englisch „*decision tree*") beginnt immer mit einer *Wurzel* („*root*"). Dies ist der Ausgangspunkt. Fun Fact am Rande: In der Informatik steht der Baum normalerweise auf dem Kopf, d. h. die Wurzel ist oben und seine Blätter sind unten. Die Verzweigungen, die jeweils eine Frage oder ein Entscheidungskriterium betreffen, nennt

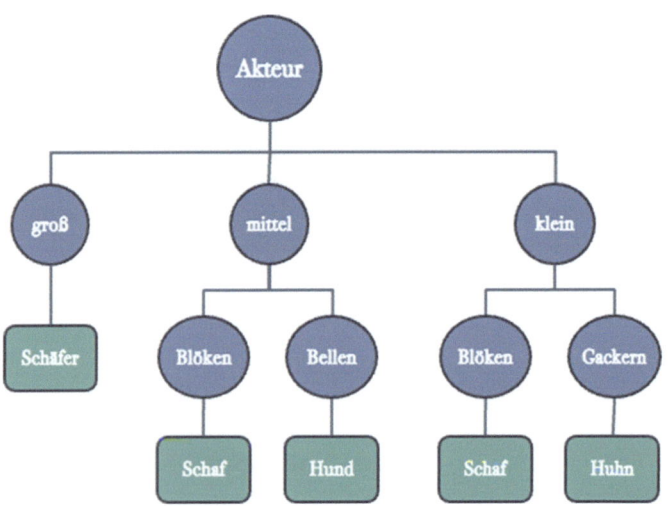

Abb. 6.5 Schnelle Entscheidungswege mit einem optimalen Entscheidungsbaum

man *Kanten* („*edges*"). Am Ende jeder Kante kommt entweder ein *Knoten* („*nodes*"), welcher ein Ergebnis einer Zwischenentscheidung repräsentiert, oder ein *Blatt* („*leaf*"), welches ein Endergebnis repräsentiert. Man kann auch *Teilbäume* („*sub trees*") oder Verzweigungen untersuchen, um komplexe Problemstellungen aufzuteilen („*Splitting*"). Weitere häufige Begriffe, vor allem im Zusammenhang mit der Optimierung von Entscheidungsbäumen, sind *Entropie* („*entropy*"), welche die Unreinheit der Daten misst und *Informationsgewinn* („*information gain*"). Ein Attribut mit hohem Informationsgewinn reduziert die Entropie des Datensatzes deutlich und sorgt für eine klarere Zuordnung. Einfacher erklärt: Die Knoten werden entsprechend ihrem Informationsgehalt bewertet, wodurch der Entscheidungsbaum optimiert werden kann. Dabei entsteht in der Regel ein neuer Entscheidungsbaum, der so aufgebaut ist, dass er möglichst schnell zu einer guten Entscheidung kommen kann, da er an den richtigen Stellen unterscheidet.

6.5 Zusammenfassung

Durch den Einsatz eines Entscheidungsbaumes kann Robi, der KI-gesteuerte Roboter-Hund, effektiv zwischen Schafen, einem anderen Hund, Hühnern und dem Schäfer unterscheiden. Jedes Mal, wenn Robi auf ein Tier oder den Schäfer trifft, bewertet er die definierten Merkmale und folgt den Verzweigungen des Entscheidungsbaums, um zu einer Schlussfolgerung zu kommen. Dies ermöglicht es Robi, spezifische Aufgaben auszuführen, wie zum Beispiel die Schafe zu sammeln, ohne den Schäfer oder die Hühner zu stören.

Beliebtheit von Entscheidungsbäumen
Stelle dir vor, du wärst in einem riesigen Labyrinth gefangen, und an jeder Kreuzung müsstest du eine Entscheidung treffen: Links, rechts oder geradeaus? Wie findest du den Weg heraus? Genau hier kommen Entscheidungsbäume ins Spiel, allerdings nicht nur in echten Labyrinthen, sondern in allen möglichen Lösungsszenarien der Künstlichen Intelligenz.

Entscheidungsbäume sind eine Methode des maschinellen Lernens, die für Klassifizierungs- und Regressionsaufgaben verwendet wird. Sie helfen Computern, komplexe Entscheidungen zu treffen, indem sie ein Problem in eine Reihe von Ja/Nein-Fragen zerlegen, ähnlich wie die Verzweigungen eines Baumes. An der Wurzel des Baumes beginnend, folgt jede Entscheidung einem Ast, der zu weiteren Fragen führt, bis eine endgültige Entscheidung oder Vorhersage getroffen wird.

Aber warum sind Entscheidungsbäume so beliebt? Einfach gesagt: Sie sind leicht zu *verstehen* und zu *interpretieren*. Stell dir vor, du hättest Daten von verschiedenen Wetterstationen über das aktuelle Wetter und möchtest entscheiden, ob du einen Regenschirm mitnehmen solltest. Ein Entscheidungsbaum könnte an der Wurzel beginnen mit: „Wird es regnen?". Auf seinem Entscheidungsweg kommt er an Fragen vorbei wie „Wo regnet es gerade?", „Wo sinkt der Luftdruck?", „Wann zieht das Regentief zu uns?" und „Wird es nach noch stark genug sein?" Entsprechend der Ergebnisse in den Blättern des Entscheidungsbaums kann ich dann entscheiden, ob ich einen Schirm mitnehme, oder nicht. Noch einfacher wäre die Frage „Regnet es bei uns gerade?". Wenn ja, nimmst du einen Schirm mit; wenn nein, dann nicht. Die Einfachheit von Entscheidungsbäumen macht sie zu einem mächtigen Werkzeug in der KI.

Entscheidungsbäume sind auch außerordentlich *vielseitig*. Sie können für fast jede Art von Daten verwendet werden und sind in der Lage, sowohl numerische als auch kategoriale Daten zu verarbeiten. Ob in der Finanzwelt, um Kreditrisiken zu bewerten, in der Medizin, um Diagnosen zu stellen, oder im Einzelhandel, um Kundenverhalten vorherzusagen – Entscheidungsbäume bieten klare Einblicke und Lösungen.

Ein weiterer Vorteil von Entscheidungsbäumen ist ihre Fähigkeit, mit *großen Datenmengen* umzugehen und dabei sowohl wichtige Variablen zu identifizieren als auch irrelevante zu ignorieren. Dies macht sie zu einem unschätzbaren Werkzeug in der heutigen datengetriebenen Welt, wo die Fähigkeit, schnelle und genaue Entscheidungen zu treffen, entscheidend ist.

Allerdings haben Entscheidungsbäume auch ihre *Grenzen*. Ohne sorgfältige Einschränkungen können sie zu komplex und spezifisch für die Trainingsdaten werden, indem zum Beispiel irrelevante Muster identifiziert und in die Entscheidung mit einbezogen werden – ein Phänomen, das als „Overfitting" („Überanpassung") bekannt ist. Dies kann die Fähigkeit von Entscheidungsbäumen, genaue Vorhersagen für neue, unbekannte Daten zu treffen, beeinträchtigen. Glücklicherweise gibt es Techniken wie das „Pruning" („Beschneiden") des Baumes, die helfen, dieses Problem zu mildern.

Zusammenfassend sind Entscheidungsbäume sehr wichtig in der Künstlichen Intelligenz. Durch ihre Einfachheit, Vielseitigkeit und Effektivität ermöglichen sie es Maschinen, aus Daten zu lernen und fundierte Entscheidungen zu treffen. Wie bei jedem Werkzeug ist es wichtig, sie verantwortungsvoll und mit Bedacht einzusetzen.

7

KI zur Wissensextraktion

Inhaltsverzeichnis

7.1 Einführung in Knowledge Extraction mit KI................ 184
7.2 Anwendung und Vorteile für Firmen...................... 188

Knowledge Extraction (KE) bezeichnet den Prozess der Extraktion und Strukturierung von Wissen aus unstrukturierten Datenquellen wie Texten, Bildern, Audio und Videos. Dieser Prozess nutzt Methoden der künstlichen Intelligenz (KI), insbesondere der natürlichen Sprachverarbeitung (NLP) und des maschinellen Lernens (ML), um relevante Informationen zu identifizieren und systematisch zu organisieren. Im folgenden Abschnitt wird die Anwendung von Knowledge Extraction näher erläutert, um ihre Bedeutung und ihren Nutzen in verschiedenen Kontexten zu verdeutlichen.

Für diejenigen, die tiefer in die Materie eintauchen möchten, oder vorhaben, KI für gezielte Analyse-Zwecke beispielsweise bei der Text-, Bild- oder Video-Analyse oder bei der Unterstützung von Compliance, Risikomanagement, Kundensupport und Personal in ihrer Firma einzusetzen, widmet sich dieses Kapitel den technischen Details und Möglichkeiten.

Wir betrachten die Anwendung fortgeschrittener Konzepte wie Deep Learning, neuronale Netzwerkarchitekturen und die Möglichkeiten sowie die Herausforderungen bei der Datenverarbeitung. Im Anschluss zeigen wir einen wissenschaftlichen Ansatz zum Prompt Engineering auf der Basis von Prolog.

7.1 Einführung in Knowledge Extraction mit KI

Wie der Begriff *Knowledge Extraction (KE)* bereits sagt, geht es um die Verarbeitung, sozusagen das Extrahieren (Herausziehen) von Informationen aus verschiedenen Datenquellen wie Texten, Bildern, Audio und Video. Bei diesem Prozess werden unstrukturierte Informationen mittels KI in strukturierte Informationen umgewandelt.

KI-gestützte Knowledge Extraction-Technologien nutzen maschinelles Lernen (ML) und natürliche Sprachverarbeitung (NLP), um relevante Informationen zu identifizieren, zu extrahieren und zu organisieren.

Nachfolgend zeigen wir einige der wichtigsten Aspekte und Anwendungen von KE mit KI:

7.1.1 Natürliche Sprachverarbeitung (NLP)

Eine der zentralen Techniken der Knowledge Extraction ist die natürliche Sprachverarbeitung. NLP (Natural Language Processing) ermöglicht es, menschliche Sprache zu analysieren und zu verstehen, um daraus relevante Informationen zu extrahieren. Ein typisches Beispiel für NLP in der Knowledge Extraction ist die *Named Entity Recognition (NER)*, die Entitäten wie Namen von Personen, Orten, Organisationen und Daten in Texten identifiziert. Dabei werden gezielt Informationen im Text gesucht, welche diese Daten enthalten, beschreiben oder im Zusammenhang stehen, wie beispielsweise die Adresse oder das Geburtsdatum einer Person.

Relation Extraction geht einen Schritt weiter, indem es die Beziehungen zwischen diesen Entitäten erkennt und extrahiert und idealerweise auch gleich erkennt, um welche Art von Zusammenhang es sich handelt. Diese Techniken sind besonders nützlich in großen Textsammlungen wie wissenschaftlichen Artikeln, Nachrichten oder Unternehmensberichten, wo sie helfen, wichtige Informationen schnell und präzise zu extrahieren.

Unter dem Begriff *Information Retrieval* verstehen wir das Durchsuchen und Abrufen relevanter Informationen aus großen Textmengen. Wenn wir Menschen einen Text lesen, merken wir uns davon normalerweise nur ca. 10 bis 15 %. Das ist nicht schlimm, denn der Rest ist irrelevant. Diese Erkenntnis wird beispielsweise beim Speed Reading genutzt. Und ähnlich kannst du dir das Information Retrieval vorstellen. Hierbei werden gezielt Hauptwörter, beschreibende Adjektive und seltener – je nach Anforderung – auch Verben zu der Ausdrucksweise gesucht. Mit diesen lassen sich Kontext und Zusammenhänge meistens ausreichend beschreiben oder für die weitere Verarbeitung strukturieren und darstellen.

7.1.2 Text Mining und Datenextraktion

Text Mining bezieht sich auf die Analyse großer Textmengen, um Muster zu erkennen und Informationen zu extrahieren. Dabei werden Häufigkeiten analysiert, Korrelationen ermittelt und bewertet, und auch Informationen strukturiert.

Das *Pattern Matching* sucht zum Beispiel nach gleichen Textbausteinen und Mustern innerhalb eines großen Texts. Es wird auch angewandt, um Texte zu vereinheitlichen. Heiko hat einmal für eine große Bank gearbeitet und dort haben sie Begriffe harmonisiert, das heißt möglichst vereinheitlicht. Wir sind während unserer Analyse (zu der wir keine KI als Hilfsmittel eingesetzt hatten) auf die Bezeichnung „Kreditanstalt für Wiederaufbau" gestoßen, die wir in unterschiedlichen Begriffen, wie „KfW", „K.f.W.", „KFW" oder „Kred. f. Wiederaufbau" mehrfach gefunden haben. Wir lernen in der Schule, Wiederholungen zu vermeiden. Dies ist bei Prosatexten wie Briefen und Romanen auch sehr sinnvoll. Bei strukturierten, fachlichen Texten und Datenbanken ist jedoch eine Harmonisierung von Begriffen sehr sinnvoll und nützlich.

Ein Anwendungsbeispiel, bei dem KI die Bewertung einer Aussage bzw. Stimmung in Texten durchführt, z. B. bei einer Kundenbewertung in sozialen Medien, nennt man *Sentiment Analyse*. Wir können dies auch vereinfacht als „Lesen zwischen den Zeilen" beschreiben.

Bei der *Themenextraktion* geht es um die Identifikation von Hauptthemen und Trends in Textdokumenten.

Durch den Aufbau von *Wissensgraphen* werden Entitäten und ihre Beziehungen in einem strukturierten Format dargestellt.

7.1.3 Automatische Konsolidierung

Ein weiterer wichtiger Anwendungsbereich von Knowledge Extraction ist die automatische Textzusammenfassung (Konsolidierung). Hierbei werden lange Dokumente auf ihre wesentlichen Inhalte reduziert, was es dem Nutzer ermöglicht, die wichtigsten Informationen auf einen Blick zu erfassen. Dies ist besonders nützlich in Bereichen wie dem Journalismus, wo es darum geht, umfangreiche Artikel in kurze, prägnante Zusammenfassungen zu verwandeln, oder in der Wissenschaft, wo Forschungsarbeiten effizienter durchgesehen werden können.

Die Zusammenfassungen können durch maschinelle Lernmodelle erstellt werden, die die wichtigsten Sätze und Absätze eines Textes identifizieren und diese in einer logischen Reihenfolge präsentieren. Dabei werden lange Texte durch die Unterstützung von KI-Methoden automatisch gekürzt, Textmuster extrahiert oder Textbausteine generiert.

Wir unterscheiden hier hauptsächlich zwischen Dokumentenzusammenfassung und Nachrichtenzusammenfassung. Bei der *Dokumentenzusammenfassung* werden fachliche Dokumente, wissenschaftliche Artikel, Produkthandbücher, Geschäftsberichte, Bilanzen oder juristische Dokumente zusammengefasst.

Bei der *Nachrichtenzusammenfassung* geht es in erster Linie um die kompakte Darstellung der wichtigsten Nachrichtenereignisse, wie beispielsweise bei der *Tagesschau in 100 s*, bei der die klassische

Berichterstattung der wichtigsten Ereignisse des Tages von 15 min auf weniger als 2 min reduziert wird. (ARD Tagesschau, tagesschau in 100 s, 2025).

7.1.4 Bild- und Videoanalyse

Neben der Textverarbeitung spielt auch die Analyse von visuellen Daten eine wichtige Rolle in der Knowledge Extraction. KI-gestützte Methoden wie die Objekterkennung identifizieren und klassifizieren Objekte in Bildern und Videos. Dies wird beispielsweise in der industriellen Fertigung zur Qualitätskontrolle oder in der Sicherheitsüberwachung zur Erkennung von unerwünschten Ereignissen genutzt. Eine weitere Anwendung ist die Optical Character Recognition (OCR), die Text in Bildern erkennt und extrahiert. Diese Technik wird häufig bei der Digitalisierung von Dokumenten eingesetzt, um gedruckte Texte in maschinenlesbare Form zu überführen.

Ein einfaches Beispiel bei Bildern ist die Erkennung eines Objektes, wenn wir nach Hunden oder Katzen in einer großen Anzahl von Fotos suchen, so wie dies bereits die meisten Foto-Apps anbieten. Hier werden Umrisse und besondere Merkmale der Tiere – und beispielsweise auch bei der Gesichtserkennung – genutzt, um alle Bilder mit diesen Merkmalen zu finden. Möglicherweise hast du dies schon ausprobiert und dir ist dabei auch aufgefallen, dass manche Fotos ausgewählt werden, die nicht den Suchkriterien entsprechen und manche Fotos in der Auswahl fehlen, die du gerade im Hinterkopf hast. Dies verdeutlicht, wie komplex die Anwendung der KI-Methoden bei der *Objekterkennung* sind.

Noch schwieriger als bei Bildern ist die Erkennung in Videos. Denn hier verändert sich das Muster oder Merkmal mit jeder Bewegung im Bild. Eine Person von vorne, von hinten oder von der Seite zu erkennen, sind unterschiedliche Dinge, die hier zusammengefügt werden müssen.

Bei der *Text-in-Bild-Erkennung* (OCR) wird Text aus einem Bild extrahiert. OCR (*Optical Character Recognition*) wird beispielsweise angewandt, um Text auf Fotos zu erkennen. Beim Scannen von Dokumenten, wie Rechnungen, Versicherungsunterlagen und Beschreibungen ist vor allem bei alten Scans oftmals die Funktion OCR nicht aktiviert, sodass hier eine nachträgliche Bearbeitung des Scans stattfinden muss, selbst wenn das Dokument im PDF-Format gespeichert war, denn in alten PDF-Formaten werden Bilder komplett als Foto gespeichert und nicht in Einzelobjekte zerlegt, wie dies heute bei den aktuellsten Versionen von Scan-Programmen oder beim Nutzen von Adobe Acrobat Pro automatisch der Fall ist.

Eine weitere häufig angewandte Methode im Zusammenhang von Knowledge Extraction und KI ist die *Videozusammenfassung*. Genauso wie bei der Dokumentenzusammenfassung oder Nachrichtenzusammenfassung werden hierbei Videoinhalte durch Erkennen wichtiger Szenen und Ereignisse als Kurzfassungen dargestellt. Beispiele hierzu sind Trailer bei den bekannten Online-Streaming-TV-Diensten, welche automatisch eine ausgewählte Szene aus einem Film als Trailer zeigen, wenn es zu dem Film keinen Kino-Trailer gibt. Häufig ist dies bei alten Filmen der Fall – und die Qualität der Auswahl ist hier unseres Erachtens auch noch sehr stark ausbaufähig.

7.2 Anwendung und Vorteile für Firmen

Aufgrund immer günstiger werdenden Datenspeicherkapazitäten und der Nutzung von Cloud-Services haben wir eine Daten- und Informationsflut, die inzwischen unüberschaubar und kaum bewältigbar scheint. Alles wird gespeichert, jedoch ziehen wir wenige Erkenntnisse aus dem gespeicherten Wissen und der Erfahrungen. Knowledge Extraction wird daher vermehrt in den unterschiedlichsten Bereichen angewendet.

7.2.1 Wissensmanagement

Im *Wissensmanagement* hilft sie dabei, das vorhandene Wissen eines Unternehmens systematisch zu erfassen und zugänglich zu machen. Durch die Anwendung von Wissensmanagement organisieren und strukturieren wir Wissen in Unternehmen, um den Zugriff auf relevante Informationen zu erleichtern und kompaktes Wissen für Analysen zu verwenden und an neue Mitarbeiter weiterzugeben.

7.2.2 Compliance und Risikomanagement

Im Rahmen von *Compliance und Risikomanagement* unterstützt KE beim automatisierten Überprüfen und Extrahieren relevanter Informationen aus Verträgen und regulatorischen Dokumenten. Hierdurch können Compliance-Regeln schneller und effizienter genutzt werden, beispielsweise bei der Erkennung von Geldwäsche im Bankenumfeld oder dem Anonymisieren von Testdaten in Projekten. Ebenso können regulatorische Anforderungen effizienter umgesetzt werden und auch Risikobewertungen umfangreicher und unter Einbeziehung von Echtdaten durchgeführt werden.

7.2.3 Kundendienst und Support

Ein weiteres großes Anwendungsfeld von KE in Firmen ist die Nutzung für *Kundendienst und Support*. Durch automatisiertes Extrahieren von Informationen aus Kundenanfragen können diese effizienter bearbeitet werden. Größtenteils stellt die KI dem Kundenbetreuer oder dem Kundensupport bereits relevante Antworten zur Verfügung, sodass dieser die beste Antwort auswählen kann. Mittlerweile sind Chatbots auf der Kundensupport-Seite vieler Anbieter bereits so gut, dass sie den Großteil der Kundenfragen voll automatisch beantworten, ohne dass hier ein Mitarbeiter tätig werden muss. Erst, wenn der KI-Bot nicht weiterweiß oder der Kunde mit der Antwort unzufrieden ist, wird das Gespräch an einen „echten" Support-Mitarbeiter durchgestellt.

Knowledge Extraction mit KI ist ein mächtiges Werkzeug, das es ermöglicht, große Mengen an unstrukturierten Daten effizient zu verarbeiten und in nützliche, strukturierte Informationen umzuwandeln. Dies bietet erhebliche Vorteile in Bereichen wie Wissensmanagement, Compliance, Kundenservice und mehr. Durch die Integration von NLP (Natural Language Processing), maschinellem Lernen und anderen fortschrittlichen Techniken können Unternehmen wertvolle Einblicke gewinnen und ihre Prozesse optimieren. Die vielfältigen Anwendungen von Knowledge Extraction, von der Textzusammenfassung über die Bildanalyse bis hin zur Informationsbeschaffung, machen sie zu einem unverzichtbaren Instrument in der modernen Datenverarbeitung.

7.2.4 Wissensextraktion mit Prolog

Prolog ist eine Programmiersprache aus der Familie der Logikprogrammierungen. Sie ist besonders geeignet für Anwendungen in der Wissensextraktion. Diese Fähigkeit beruht auf der nativen Unterstützung für symbolisches Schließen von Schlussfolgerungen und der regelbasierten Anwendung. Die Wissensextraktion mit Prolog nutzt diese Stärken, um aus unstrukturierten Datenquellen strukturierte Informationen zu gewinnen und zu organisieren. Weitere Informationen zur Logikprogrammierung in Prolog und DATALOG erfährst du anhand eines anschaulichen Beispiels in Kap. 8.

Quellen und weiterführende Informationen:
Um mehr über Knowledge Extraction mit KI zu erfahren, können folgende Bücher und wissenschaftliche Papers hilfreich sein:

Bücher

- „Natural Language Processing with Python" von Steven Bird, Ewan Klein und Edward Loper
- Beschreibung: Dieses Buch bietet eine umfassende Einführung in die Techniken der natürlichen Sprachverarbeitung (NLP) mit Python. Es deckt Grundlagen wie Tokenisierung, Parsing, und Named Entity Recognition (NER) ab, die für Knowledge Extraction relevant sind. (Bird, 2009)
- „Text Mining and Analysis: Practical Methods, Examples, and Case Studies Using SAS" von Gordon S. Linoff
- Beschreibung: Dieses Buch konzentriert sich auf Text Mining und Analyse, einschließlich der Techniken zur Knowledge Extraction. Es

bietet praktische Methoden und Fallstudien, die auf realen Daten basieren. (Linoff, 1997)
- „Mining Text Data" von Charu C. Aggarwal und ChengXiang Zhai
- Beschreibung: Dieses Buch bietet eine umfassende Übersicht über die Techniken des Text Mining, einschließlich Algorithmen und Anwendungen zur Informationsextraktion und Textklassifikation. (Aggarwal, 2012)

Wissenschaftliche Papers

- „Knowledge Extraction and Modeling in a Big Data Context" von Matthias Jarke et al.
  Beschreibung: Dieses Paper diskutiert die Herausforderungen und Techniken der Knowledge Extraction im Kontext großer Datenmengen, einschließlich der Anwendung von maschinellem Lernen und NLP. (Jarke et al., 2013)
- „Automatic Extraction of Knowledge from Text: A Survey of Current Techniques and Applications" von Pedro Domingos
  Beschreibung: Diese Umfrage bietet einen Überblick über aktuelle Techniken und Anwendungen der automatischen Wissensextraktion aus Texten, einschließlich NER, Relation Extraction und Ontologieerstellung. (Domingos)
- „Deep Learning for Natural Language Processing" von Jason Brownlee
  Beschreibung: Dieses Paper bietet einen tiefen Einblick in die Anwendung von Deep Learning-Techniken für NLP-Aufgaben, einschließlich der Wissensextraktion. (Brownlee, 2017)

Online-Quellen

- Coursera Kurs: „Natural Language Processing"
  Beschreibung: Ein umfassender Online-Kurs, der von Top-Universitäten angeboten wird und die Grundlagen und fortgeschrittenen Techniken der NLP behandelt, einschließlich Knowledge Extraction. (Coursera, 2023)

- Artikel auf Towards Data Science
  Beschreibung: "Introduction to Named Entity Recognition" und andere Artikel auf dieser Plattform bieten praktische Einblicke und Anwendungsbeispiele für Knowledge Extraction. (Towards Data Science, 2020)

8
Wissensbasierte Systeme und Logikprogrammierung

Inhaltsverzeichnis

8.1 Wissensbasierte Systeme 194
8.2 Logikprogrammierung 195
8.3 Nicht-klassische Erweiterungen – ASP/DLP 202
8.4 Hybride Ansätze und hybride Wissensquellen 206

Dieses Kapitel behandelt die Rolle wissensbasierter Systeme in der Künstlichen Intelligenz (KI). Wissensbasierte Systeme spielen eine zentrale Rolle in der KI und sind eine der ältesten und wichtigsten Ansätze in diesem Bereich. Ihre Hauptfunktion besteht darin, explizit kodiertes Wissen zu repräsentieren und für Problemlösungen, Entscheidungen oder Schlussfolgerungen bereitzustellen.

Die Logikprogrammierung spielt wiederum eine wichtige Rolle für die wissensbasierten Systeme in der KI, da sie einen formalen Rahmen für das Schließen und die Problemlösung auf der Grundlage von formaler Logik bietet. Sie bietet eine deklarative Programmierweise, bei der das „Was" (die zu erreichenden Ziele) anstelle des „Wie" (der konkrete Ablauf der Auswertung) im Vordergrund steht. In diesem Abschnitt werden wir zwei praktische Anwendungsbeispiele kennen lernen: die Berechnung von Vorfahren aus einer Elternrelation als Standardbeispiel für die Logikprogrammierung sowie die medizinische Diagnose von Blutgruppen mittels disjunktiver Logikprogrammierung.

Im Folgenden sind einige Code-Passagen in den Logikprogrammiersprachen Prolog und Datalog in Blau aufgelistet. Datalog ist dabei immer kursiv gedruckt, Prolog nicht-kursiv.

8.1 Wissensbasierte Systeme

Wissensbasierte Systeme spielen eine zentrale Rolle in der KI und sind eine der ältesten und wichtigsten Ansätze in diesem Bereich. Sie können explizites Wissen repräsentieren und daraus Schlussfolgerungen ziehen, um Probleme zu Lösungen und Entscheidungen zu finden. Auf der internationalen Konferenz KRR (Knowledge Representation and Reasoning) werden jährlich wichtige theoretische und praktische Resultate vorgestellt. Sie bieten eine starke Grundlage für viele KI-Anwendungen, in denen strukturiertes Wissen, Erklärung von Entscheidungen und logisches Schließen benötigt werden, und sie werden jüngst oft in Kombination mit anderen Ansätzen wie dem maschinellen Lernen eingesetzt.

Wissensbasierte Systeme ermöglichen es, Fachwissen strukturiert und formal zu repräsentieren, z. B. in Form von Regeln, Fakten, Ontologien oder semantischen Netzen. Sie können aus vorhandenen Informationen mittels Inferenz neue Erkenntnisse gewinnen, um Entscheidungen oder Vorhersagen zu treffen. Beispiele sind Expertensysteme, die medizinische Diagnosen basierend auf Symptomen und Krankheiten bereitstellen, oder Systeme zur technischen Fehler- suche.

Ein großer Vorteil wissensbasierter Systeme ist ihre Fähigkeit, Erklärungen für Entscheidungen zu liefern. Da sie auf expliziten Regeln oder Daten basieren, können sie transparent darstellen, warum eine bestimmte Schlussfolgerung erfolgt ist. Im Gegensatz zu einigen modernen „Black Box"-Ansätzen des maschinellen Lernens wie neuronalen Netzen sind sie besonders nützlich, wenn Nachvollziehbarkeit wichtig ist, z. B. in Medizin und Recht. Wissensbasierte Systeme können relativ einfach erweitert und aktualisiert werden. Domänenexperten können neues Wissen hinzufügen, ohne das System von Grund auf neu zu programmieren, da das Wissen explizit kodiert ist.

Wissensbasierte Systeme spielen auch eine Rolle in der *Verarbeitung natürlicher Sprache (NLP)* und für Dialogsysteme. Durch die Verwendung von Ontologien und semantischen Netzen kann ein System besser verstehen, wie Wörter und Konzepte miteinander in Beziehung stehen. In modernen KI-Anwendungen werden wissensbasierte Systeme oft mit maschinellem Lernen kombiniert. Solche hybriden Ansätze ermöglichen es, die Stärken beider Ansätze zu nutzen: die symbolische Verarbeitung von Wissen durch wissensbasierte Systeme und die Fähigkeit aus großen Datenmengen maschinell zu lernen (sub-symbolisch).

8.2 Logikprogrammierung

Die Logik spielt eine wichtige Rolle in der KI, da sie einen formalen Rahmen für das Schließen und die Problemlösung bietet. Sie basiert auf mathematischen Logiken, insbesondere der Aussagen- und der Prädikatenlogik, sowie in letzter Zeit auf nicht-klassischen Logiken wie nicht-monotonen und probabilistischer Logiken, oder der Fuzzy-Logik. Sie bietet eine deklarative Sichtweise, bei der das „Was" (d. h. die zu erreichenden Ziele) anstelle des „Wie" (d. h. der konkrete Ablauf der Auswertung) im Vordergrund steht. Damit kann man Wissen präzise repräsentieren und automatisches Schließen durchführen sowie formale Verifikationen vornehmen, was besonders in symbolischen KI-Anwendungen von Vorteil ist.

Zunächst möchten wir auf die Notation von Fakten und Regeln in Prolog und Datalog eingehen, bevor im Anschluss wissenschaftliche Details und Beispiele ausführen.

Notation von Fakten und Regeln in Prolog und Datalog
Die Programmiersprachen Prolog und Datalog sind Logikprogrammiersprachen, die auf deklarativer Programmierung basieren und insbesondere in der Wissensrepräsentation und logischen Schlussfolgerung Anwendung finden. Beide Sprachen nutzen eine ähnliche Syntax, um

Fakten und Regeln zu definieren, unterscheiden sich jedoch in ihrer Zielsetzung und Anwendungsdomäne.

Fakten in Prolog und Datalog
Fakten werden in beiden Sprachen genutzt, um Basiswissen zu repräsentieren. Ein Fakt beschreibt eine atomare Aussage, die entweder wahr oder falsch ist. Die Syntax eines Fakts ist in beiden Sprachen ähnlich.

In **Prolog** werden Fakten in der Form „prädikat(argument1, argument2, …)" geschrieben.

Beispiele:

elternteil(maria, anna).
elternteil(anna, peter).

Hier wird angegeben, dass Maria ein Elternteil von Anna ist und Anna ein Elternteil von Peter.

Die Syntax in **Datalog** ist nahezu identisch. Fakten werden ebenfalls in der Form „prädikat(argument1, argument2, …)" notiert:

elternteil(maria, anna).
elternteil(anna, peter).

Ein Unterschied ist, dass Datalog keine Funktionalität für komplexere Datenstrukturen bietet, sondern sich auf relationale Daten beschränkt.

Regeln in Prolog und Datalog
Regeln definieren logische Beziehungen zwischen Fakten und ermöglichen die Ableitung neuer Informationen. Eine Regel besteht aus einem Kopf und einem Rumpf. Der Rumpf ist eine Bedingung, die erfüllt sein muss, damit der Kopf als wahr angesehen wird.

In **Prolog** werden Regeln in der Form „Kopf:- Rumpf" notiert, wobei der Kopf der abzuleitende Fakt ist und der Rumpf eine Bedingung darstellt. Beispiel:

großelternteil(X, Y):- elternteil(X, Z), elternteil(Z, Y).

8 Wissensbasierte Systeme und Logikprogrammierung

Diese Regel besagt, dass X ein Großelternteil von Y ist, wenn X ein Elternteil von Z ist und Z ein Elternteil von Y ist.

Die Notation von Regeln in **Datalog** ist ähnlich, verwendet jedoch keine Funktionsaufrufe oder komplexe Datenstrukturen. Regeln haben die Form „Kopf:- Rumpf" und können wie folgt aussehen:

großelternteil(X, Y):- elternteil(X, Z), elternteil(Z, Y).

Ein zentraler Unterschied ist, dass Datalog nur mit positiven logischen Aussagen arbeitet und keine Negation oder komplexe Kontrollstrukturen wie Prolog unterstützt.

Unterschiede zwischen Prolog und Datalog
Obwohl die Syntax beider Sprachen ähnlich ist, gibt es wesentliche Unterschiede. Prolog ist eine universelle Logikprogrammiersprache und eignet sich für eine breite Palette an Anwendungen, darunter künstliche Intelligenz, regelbasierte Systeme und natürliche Sprachverarbeitung. Im Gegensatz dazu ist Datalog spezialisierter und wird hauptsächlich für deduktive Datenbankanwendungen und Abfragen genutzt. Ein weiterer Unterschied liegt in der Behandlung von Negation: Prolog unterstützt Negation durch die Technik der Negation als Fehler, während Datalog in der Regel keine Negation oder nur stark eingeschränkte Formen davon verwendet, um Berechnungen sicher und terminierend zu halten. Prolog erlaubt zudem die Nutzung komplexer Datenstrukturen wie Listen und dynamische Terme, wohingegen Datalog strikt auf relationale Datenmodelle beschränkt bleibt.

Formale Repräsentation von Wissen
Logische Ausdrücke können Fakten und Beziehungen zwischen Objekten beschreiben, und sie ermöglichen es, Wissen in einer strukturierten und formal korrekten Weise zu repräsentieren; man kann damit Wissensbasen inkrementell aufbauen. Beispielsweise drücken Fakten wie

`parent(a, b)` und `parent(b, c)`

sowie generische Regeln wie

ancestor(X, Y) ← *parent(X, Y)*

aus, dass Person a ein Elternteil von b ist und dass für beliebige Personen ein Elternteil X von Y auch ein Vorfahre ist. In der Logikprogrammiersprache Prolog sind die Konstanten a, b und c konkrete Personen (mit einem Kleinbuchstaben beginnend), und die Variablen X und Y (mit einem Großbuchstaben beginnend) können für beliebige Werte stehen. Diese syntaktischen Konventionen erlauben es ohne Typdeklarationen auszukommen. Auch die Prädikatensymbole *parent* und *ancestor* müssen in Prolog mit einem Kleinbuchstaben beginnen.

Automatisches Schließen. Die Logik eignet sich hervorragend für das automatisierte Schließen, bei dem aus gegebenen Fakten und Regeln neue Fakten als Schlussfolgerungen abgeleitet werden. Ein logikbasiertes System kann aus einer Menge von Regeln und Fakten mittels einer Beweiskette eine Frage beantworten oder eine Entscheidung treffen. Dies ist besonders in Expertensystemen oder bei Problemlösern nützlich. Oben könnte man z. B. *ancestor(a, b)* und *ancestor (b, c)* ableiten. Beweisbäume können Beweisketten für abgeleitete Fakten für Logikprogramme erklären. Die Erklärungskomponente aus (Güven, Seipel, & Atzmueller, 2021) kann abgeleitete Fakten für nicht-monotone Logikprogramme mittels eines automatisch generierten Beweisbaumes visualisieren.

Exaktheit und formale Verifikation Da Logik auf mathematischen Prinzipien basiert, bietet sie eine starke Grundlage für formale Verifikation und Korrektheit. Systeme, die auf Logik basieren, sind über- prüfbar und ihre Korrektheit kann mathematisch nachgewiesen werden. Dies ist in sicherheitskritischen Systemen (wie z. B. in der Luftfahrt oder im medizinischen Bereich) von großem Vorteil.

Anwendungen in der KI

Logikprogrammierung ist besonders nützlich in Bereichen, in denen das explizite Schließen und die Verarbeitung symbolischer Informationen erforderlich sind. Sie hat in den folgenden Anwendungsbereichen der KI eine bedeutende Rolle:

- Logikbasierte Expertensysteme, z. B. in der Medizin und der Technik, nutzen Regeln und Fakten, um komplexe Entscheidungen zu treffen.
- In der automatischen Planung (z. B. der Robotik) wird Logik verwendet, um Aktionen zu sequenzieren und ein Ziel zu erreichen.
- In der natürlichen Sprachverarbeitung (NLP) werden Logikmodelle verwendet, um Sprachverständnis, Bedeutungsrepräsentation und semantische Analyse zu unterstützen.
- Ontologien und das Semantic Web verwenden oft logikbasierte Formalismen zur Wissensrepräsentation, um Verbindungen zwischen Konzepten auszudrücken.

Deklarative Sprachen
Die auf der logischen Syntax und Semantik basierende Logikprogrammierung (Ceri, Gottlob, & Tanca, 1990), (Lloyd, 1987) – z. B. Prolog und DATALOG- gehört zu den deklarativen Sprachen: ähnlich wie bei der Datenbanksprache SQL muss der Knowledge Engineer nicht die einzelnen Schritte zur Lösung eines Problems angeben; er spezifiziert das Problem nur abstrakt durch kompakte Fakten und Regeln in einem logischen Formalismus, die dann mittels mächtiger Auswertungsmethoden evaluiert werden.[1] In der Logikprogrammierung wird ein Problem durch Regeln und Fakten beschrieben, ohne dass explizit angegeben wird, wie die Lösung gefunden werden soll. Dies ist besonders hilfreich in der KI, da es dem System erlaubt, eigenständig durch Inferenzen oder Algorithmen Lösungen zu finden. Der Programmierer spezifiziert was erreicht werden soll, und das System entscheidet selbst über den besten Weg. Bekannte Konzepte sind Vorwärts- und Rückwärtsverkettung sowie nicht-monotone Auswertungsmethoden wie perfekte oder stabile Modelle. In einer Anwendungsdomäne wie der Planung (etwa in der Robotik) kann z. B. das Ziel definiert werden, und das System findet einen Plan, um dieses Ziel zu erreichen.

---

[1] Dagegen bezeichnet man die meisten heute verwendeten Programmiersprachen als imperativ oder prozedural; zusätzlich sind aktuelle Programmiersprachen – wie Java und Python – natürlich meist auch objekt-orientiert.

Logikprogrammierung in Prolog und DATALOG

Prolog (Programming in Logic) ist die bekannteste Sprache der Logikprogrammierung; sie hat einen großen Einfluss auf die Entwicklung von KI gehabt. Im Kontext von Datenbanken wird häufig die Variante DATALOG eingesetzt. Prolog wird häufig für Anwendungen in der KI eingesetzt, die mit symbolischer Verarbeitung, Wissensrepräsentation und automatischem Schließen zu tun haben.

Die folgenden DATALOG-Regeln der Form *Kopf ← Rumpf* werden z. B. häufig verwendet, um zu beschreiben, dass X ein Vorfahre von Y ist, wenn X ein Elternteil von Y ist, oder wenn X ein Elternteil von Z ist und Z ein Vorfahre von Y:

```
ancestor(X, Y) ← parent(X, Y).

ancestor(X, Y) ← parent(X, Z) ∧ ancestor(Z, Y).
```

Die zweite Regel ist rekursiv, da sich *ancestor* auch auf sich selbst bezieht. Durch die Verknüpfung von *parent* und *ancestor* können neue Vorfahren abgeleitet werden. Syntaktisch unterscheiden sich Prolog und DATALOG dadurch, dass Prolog das Zeichen „:-" anstelle des Regelpfeils „←" verwendet und das Komma anstelle der Konjunktion ∧. Prolog verwendet Rückwärts-Verkettung (Top-Down- Auswertung) um Anfragen zu beantworten, DATALOG leitet durch Vorwärts-Verkettung (Bottom-Up-Auswertung) ausgehend von den Fakten neues Wissen her. In Prolog muss der Programmierer darauf achten, dass rekursive Ableitungen terminieren, was in diesem Beispiel für die Relation *parent* aber kein Problem ist. In DATALOG ist die Terminierung garantiert. Aber die Ausdrucksmächtigkeit ist etwas limitiert und alle Variablen einer Regel müssen auch im positiven Rumpf vorkommen, damit die Vorwärts-Verkettung funktioniert.

In der Praxis braucht die Logikprogrammierung auch Aggregationen (bekannt aus SQL), Default Negationen und Meta-Prädikate, was ausgefeilte Konzepte zur Auswertung der Logikprogramme er- fordert. Außerdem müssen oft hybride Wissensquellen, z. B. auch mit komplex strukturiertem Wissen, verknüpft werden. Das deklarative Programmsystem *Declare* stellt Konzepte dafür bereit (Seipel, 2024).

Ein Beispiel zur Knowledge Extraction in Prolog
Prolog eignet sich hervorragend für *Knowledge Extraction* durch seine Fähigkeit, logische Schlüsse zu ziehen und Regeln anzuwenden. Es ermöglicht die Implementierung von *Named Entity Recognition*, *Relation Extraction* und *Textkonsolidierung* auf eine deklarative Weise, was die Programmierung intuitiver und verständlicher macht.

Named Entity Recognition (NER): Identifikation von Personen und Orten in Texten.

```
% Fakten
entity(john, person).
entity(london, place).
% Regel
extract_entities(Text, Entities) :-
    findall( Entity,
        ( member(Word, Text), entity(Word, Entity) ),
        Entities ).
% Abfrage
?- extract_entities([john, visited, london], Entities).
% Entities = [person, place]
```

In diesem Beispiel extrahiert Prolog Entitäten wie ‚person' und ‚place' aus einer Liste von Wörtern, indem es die vordefinierten Fakten überprüft.

Relation Extraction: Erkennen von Beziehungen zwischen Entitäten in Texten.

```
% Fakt
relation(john, visited, london).
% Regel
extract_relations(Text, Relations) :-
    findall( (Subject, Relation, Object),
            ( member([Subject, Relation, Object], Text),
    relation(Subject, Relation, Object) ),
    Relations ).
% Abfrage
?- extract_relations([[john, visited, london]], Relations).
```

Hier wird eine Beziehung wie ‚visited' zwischen ‚john' und ‚london' extrahiert, basierend auf vordefinierten Beziehungen in den Fakten.

Textkonsolidierung: Zusammenfassung eines Textes durch Extraktion der wichtigsten Sätze.

```
% Fakten
important_sentence(‚John visited London.', important).
important_sentence(‚He met the Queen.', important).
important_sentence(‚They had tea.', not_important).

% Regel
summarize_text(Text, Summary) :-
    findall( Sentence,
           ( member(Sentence, Text), important_sentence(Sentence,
    important) ),
    Summary ).

% Abfrage
?- summarize_text([‚John visited London.', ‚He met the
Queen.', ‚They had tea.'], Summary).

% Summary = [‚John visited London.', ‚He met the Queen.']
```

In diesem Fall extrahiert Prolog nur die wichtigen Sätze, basierend auf vorher festgelegten Kriterien, und erstellt so eine Zusammenfassung des Textes.

8.3 Nicht-klassische Erweiterungen – ASP/DLP

In vielen praktischen Anwendungen muss die Logikprogrammierung auch mit Unsicherheit oder unvollständigem Wissen umgehen. Nichtklassische Erweiterungen wie die nicht-monotone und die unscharfe Logik oder Wahrscheinlichkeitslogiken adressieren diese Limitierungen (Steen & Benzmüller, 2024). Hier werden in der Theorie ausgefeiltere Inferenzmethoden verwendet, die wir hier nicht beschreiben können. Stattdessen vertrauen wir hier in der Praxis auf das intuitive Verständnis der deklarativen Fakten und Regeln.

Das *Answer Set Programming (ASP)* (Baral, 2010) und die *disjunktive Logikprogrammierung (DLP)* (Lobo, Minker, & Rajasekar, 1992) als Spezialfall davon sind ebenfalls nicht-monotone Erweiterungen, die unvollständiges Wissen behandeln können. Diese wollen wir etwas genauer betrachten. ASP kann mit Default Negationen umgehen; beim DLP können sogar disjunktive Klauseln verwendet werden, um mehrere mögliche Alternativen in den Schlussfolgerungen einer Regel mit Oder zu verknüpfen, während in der klassischen Logikprogrammierung jede Regel genau eine Schlussfolgerung haben muss. In DLP haben die logischen Regeln die folgende allgemeine Syntax: $A_1 \vee ... \vee A_k \leftarrow B_1 \wedge ... \wedge B_m \wedge not\ C_1 \wedge ... \wedge not\ C_n$. Die möglichen Schlussfolgerungen $A_1,..., A_n$ sind also disjunktiv miteinander verbunden. Die Bedingungen $B_1,..., B_m$ (positiver Rumpf) müssen alle erfüllt sein und die Bedingungen $C_1,..., C_n$ (negativer Rumpf) nicht (Konjunktion), damit mindestens eine der Schlussfolgerungen wahr wird. *not* bezeichnet die Default Negation.

Ein Beispiel zur Diagnose von Blutgruppen
Ein ausführliches Beispiel zur Diagnose von Blutgruppen soll die DLP illustrieren.

Jedes Kind erbt je einen *Genotypen* von seinen beiden Eltern. Im folgenden Bild hat der Vater (f) den *Phänotyp* a mit den Genotypen a und 0 hat und die Mutter (m) den Phänotyp b mit zwei Genotypen b; dann sind je 2 der 4 Kombinationen der Kinder gleich. Die Kinder haben entweder den Phänotyp ab (mit den zwei Genotypen a und b) oder den Phänotyp b (mit den zwei Genotypen 0 und b) (Abb. 8.1).

Abhängig vom Genotyp (gt) ist eine Person heterozygot oder homozygot:

```
heterozygot (P, T1 , T2 ) ← gt (P, T1 ) ∧ gt (P, T2 ) ∧ diff (T1
, T2 ).
heterozygot (P ) ← heterozygot (P, T1 , T2 ).
homozygot (P, T ) ← gt (P, T ) ∧ not heterozygot (P ).
```

Die folgende disjunktive Regel besagt, dass eine Person mindestens einen Genotyp haben muss. Die danach folgende Regel "←..." mit einem leeren Kopf ($k=0$) nennt man Integritätsbedingung; sie besagt,

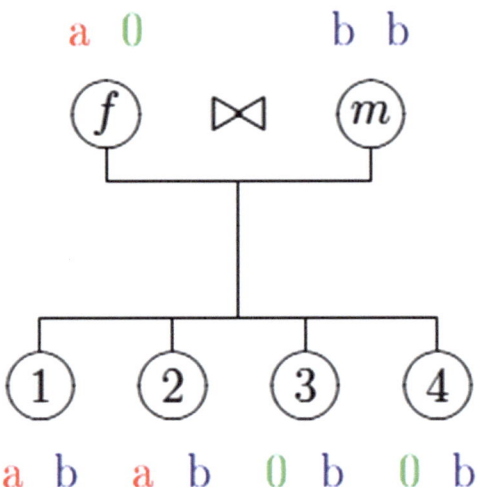

Abb. 8.1 Darstellung von Genotypen zur Diagnose von Blutgruppen

dass eine Person maximal zwei verschiedene Genotypen haben kann, denn drei paarweise verschiedene Genotypen führen zur Inkonsistenz (ausgedrückt durch den leeren Kopf):

gt (P, a) ∨ gt (P, b) ∨ gt (P, 0) ← person(P).
← gt (P, T_1) ∧ gt (P, T_2) ∧ gt (P, T_3) ∧ diff (T_1 , T_2 , T_3).

Mit den folgenden Regeln kann man aus den Genotypen der Eltern einer Person Rückschlüsse auf die Genotypen der Kinder ziehen:

gt (Child, T_1) ∨ gt (Child, T_2) ←
parent (Child, Parent) ∧ heterozygot (Parent, T_1 , T_2).
gt (Child, T) ← parent (Child, Parent) ∧ homozygot (Parent, T).

Die Phänotypen (pt: a, b, ab oder 0) einer Person hängen von ihren Genotypen ab:

```
pt (P, a) ∨ pt (P, b) ∨ pt (P, ab) ∨ pt (P, 0 ) ← person(P ).
pt (P, X ) ← heterozygot (P, X, 0 ).
pt (P, ab) ← heterozygot (P, a, b).
pt (P, X ) ← homozygot (P, X ).
```

Wenn man die gezeigten Regeln mit den *ancestor*-Regeln von vorher verbindet, dann kann man Diagnosen für die Vorfahren herleiten. Allerdings werden die Schlussfolgerungen dabei schwächer (längere Disjunktionen).

Vorteile und Einsatzgebiete
Die *Vorteile* von DLP/ASP sind die erweiterte Ausdrucksstärke und die Möglichkeit zur Modellierung von Nicht-Determinismus:

- Beiden ermöglichen es, komplexe Wissensstrukturen darzustellen, bei denen mehrere Alternativen möglich sind, ohne eine eindeutige Schlussfolgerung zu erzwingen. Dies ist nützlich in Szenarien mit Unsicherheit oder unvollständigem Wissen.
- Sie eignen sich also besonders gut, um nicht-deterministische Probleme zu beschreiben, bei denen mehrere mögliche Lösungen existieren, aber nicht klar ist, welche die richtige ist.

Die *Einsatzgebiete* sind oft in Gebieten, in denen Unsicherheit eine Rolle spielt, wie etwa in der Diagnose, der Planung oder der Entscheidungsfindung.

- In medizinischen oder technischen Diagnosesystemen können disjunktive Regeln verwendet werden, um mehrere mögliche Krankheitsursachen aus einem beobachteten Symptom herzuleiten.
- In der automatisierten Planung kann es Situationen geben, in denen verschiedene Aktionen zum selben Ziel führen, und es kann mehrere mögliche passenden Handlungsreihenfolgen geben.
- Die LP wird oft mit nicht-monotonen Logiken – wie der abduktiven Logik – kombiniert, um alternative Erklärungen (Hypothesen) für beobachtete Phänomene zu finden.

8.4 Hybride Ansätze und hybride Wissensquellen

Der State-of-the-Art der *neuro-symbolischen KI* wird in (Hitzler & Sarker, 2021) zusammengefasst. 5 Kategorien werden untersucht: Standardmäßig sind Input und Output in symbolischer Form, aber die Abarbeitung ist neuronal. Dagegen betten *AlphaGo*, *AlphaZero* und aktuelle Ansätze für autonom fahrende Autos eine neuronale Mustererkennung in einen symbolischen Problemlöser ein. Umgekehrt kann man symbolisches Schließen in eine neuronale Maschine einbetten. Beim *Deep Learning for Symbolic Mathematics* werden symbolische Regeln durch Training „weg-kompiliert". Beim neuro-symbolischen Lernen von Konzepten gibt es schließlich einen Übergang von einem neuronalen System zur symbolischen Schlussfolgerung. Die Hybride KI kombiniert sub-symbolische und symbolische Ansätze (Battaglia, et al., 2018), (Goertzel, 2012), (McMillan, Mozer, & Smolensky, 1992), (Smolensky, 1987).

Zudem müssen in der Praxis auch hybride Wissensquellen behandelt werden, z. B. relationale, komplexe, semi-strukturierte Daten zusammen mit Wissen aus dem *Semantic Web*. Das deklarative Tool *FNQUERY (PL4XML)* (Seipel, WLP, 2002) wurde z. B. in Prolog entwickelt um XML-Daten zusammen mit relationalen und *Semantic Web-Daten* und *Knowledge Graphen* anfragen, transformieren und updaten zu können.

Man kann z. B. mittels neuronaler Netze (Convolutional Neural Nework, CNN) symbolische Daten (die Balltrajektorien) aus Tennis-Videos extrahieren und diese dann mittels deklarativer Methoden – Regeln, Grammatiken – weiterbearbeiten, um sie zum Data Mining und zur symbolischen Analyse zu verwenden. Das folgende Bild zeigt die extrahierten Auftreffpunkte eines Ballwechsels, bei dem nach einem Aufschlag von rechts am Ende des Ballwechsels der linke Spieler einen Longline-Ball – entlang der oberen Auslinie – knapp ins Aus gesetzt hat (Abb. 8.2).

8 Wissensbasierte Systeme und Logikprogrammierung   207

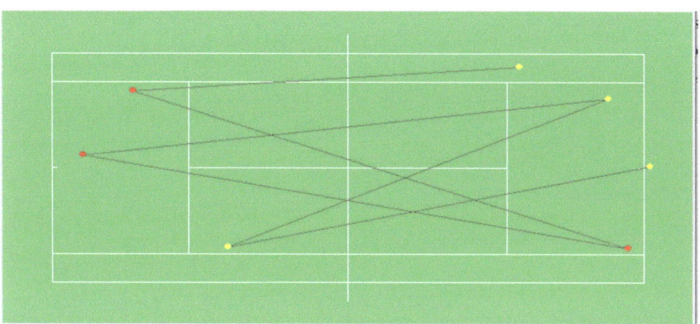

Abb. 8.2 Grafische Darstellung der Tennis-Analyse

Im Tennis-Tool war es von Vorteil die extrahierten Ballwechsel in der *Extended-Markup-Language* XML zu speichern und dann mittels Prolog und *FNQUERY symbolisch zu analysieren.*

Teil IV
Trends, Ethik und Zukunft der KI

9

Chancen, Gefahren und Ethik der KI

Inhaltsverzeichnis

9.1	Chancen durch KI.	211
9.2	Gefahren der Künstlichen Intelligenz	213
9.3	Datenschutz und Sicherheit.	216
9.4	Ethische Überlegungen und Diskussionen.	217
9.5	Der AI Act der EU-Kommission	218

Abschließend werfen wir einen Blick auf die ethischen Aspekte der KI und diskutieren mögliche Zukunftsszenarien. Wie gehen wir mit Datenschutz um? Was sind die gesellschaftlichen Auswirkungen? Dieses Kapitel fordert den Leser heraus, über die Technologie hinaus zu denken.

9.1 Chancen durch KI

Der Einsatz und Nutzen von Künstlicher Intelligenz bringt uns viele Erleichterungen und Verbesserungen. Nachfolgend erläutern wir den aus unserer Sicht effizientesten und fortschrittlichsten KI-Nutzen.

Effizienzsteigerung in der Wirtschaft: Künstliche Intelligenz wird zur Automatisierung sich wiederholender Aufgaben eingesetzt, wodurch Unternehmen Zeit und Kosten sparen. Sie hilft bei der Entscheidungsfindung, indem sie große Datenmengen analysiert und aufbereitet, zum Beispiel für Marktanalysen oder strategische Entscheidungen. Auch in der Logistik optimiert KI Lieferketten, Routen und Lagerhaltung, was den Warenfluss effizienter gestaltet.

Fortschritte in der Medizin: In der Medizin ermöglicht KI präzisere Diagnosen und personalisierte Behandlungspläne, indem sie medizinische Daten analysiert und Muster erkennt. Systeme wie IBM Watson unterstützen Ärzte bei der Früherkennung von Krankheiten und der Wahl der besten Therapie. Zudem beschleunigt KI die Medikamentenentwicklung, indem sie vielversprechende Wirkstoffe schneller identifiziert.

Bildung und Zugang zu Wissen: KI-basierte Lernplattformen personalisieren den Lernprozess, indem sie Inhalte an das Lerntempo und die Bedürfnisse der Nutzer anpassen. Sprachbarrieren werden durch den Einsatz von Übersetzungs- und Sprachverarbeitungstools überwunden, was Bildung weltweit zugänglicher macht. Lehrkräfte profitieren zudem von der Analyse von Lernfortschritten, um gezielt auf Schwächen der Schüler eingehen zu können.

Verbesserte Lebensqualität: Smart-Home Systeme mit integrierter KI machen den Alltag komfortabler, da Aufgaben automatisiert und vereinfacht werden. Menschen mit Behinderungen profitieren von Technologien wie Spracherkennung und Text-zu-Sprache-Systemen, die Barrieren abbauen. Außerdem bietet KI personalisierte Empfehlungen, um individuelle Vorlieben in Bereichen wie Unterhaltung oder Shopping zu bedienen. Dies wird sich auch in den Bereich des autonomen Fahrens bzw. grundsätzlich des Fahrkomforts fortsetzen, indem wir beim Einstieg ins Auto bereits unseren Lieblings-Podcast, die Nachrichten oder eine Playlist entsprechend unserer aktuellen Stimmung, welche von der KI selbstverständlich automatisch bereits beim Einsteigen erkannt wird, vorgespielt bekommen.

Umwelt- und Klimaschutz: KI hilft, Energie effizienter zu nutzen, indem sie beispielsweise den Energieverbrauch in Gebäuden und Städten optimiert. In der Klimaforschung werden Umweltdaten analysiert und KI unterstützt bei der Vorhersage von Wetterextremen oder der Entwicklung nachhaltiger Lösungen. Auch im Recycling leistet KI einen Beitrag, indem sie Abfall effizient erkennt und sortiert.

Fortschritte in Wissenschaft und Forschung: Data Science, Predictive Analytics und Datamining sind Bereiche, die sich schon seit Jahrzehnten intensiv mit der Auswertung von Daten beschäftigen. Dank besserer Rechenleistungen und Rechnerkapazitäten können Wissenschaftler nun gezielt KI nutzen, um große Datenmengen schneller auszuwerten, was Durchbrüche in der Forschung beschleunigt. Sie hilft bei der Entdeckung neuer Phänomene, wie zum Beispiel unbekannter Planeten oder kosmischer Anomalien. Darüber hinaus ermöglicht KI präzise Simulationen in der Physik, Chemie und Biologie, die komplexe Fragestellungen beantworten können.

Sicherheit und Krisenmanagement: Durch die Analyse von Echtzeitdaten kann KI Naturkatastrophen wie Erdbeben oder Überschwemmungen frühzeitig erkennen und darauf reagieren. Im Bereich der Cybersicherheit schützt KI Systeme, indem sie potenzielle Angriffe aufspürt und blockiert. Zusätzlich unterstützen KI-gesteuerte Drohnen die Katastrophenhilfe, indem sie Hilfsgüter in schwer erreichbare Gebiete liefern.

Verbesserte Mobilität: Autonome Fahrzeuge, die durch KI gesteuert werden, können den Straßenverkehr sicherer und effizienter machen. KI-Systeme können Gefahren oft schneller erkennen und darauf reagieren, da Kameras rund um das Auto in jeder Millisekunde wachsam sind. Im Verkehrsmanagement optimiert KI die Steuerung von Ampeln und Fahrplänen, um Staus zu reduzieren. Zudem ermöglicht KI innovative Mobilitätsdienste, wie flexible Ride-Sharing-Angebote, die individuelle Bedürfnisse besser berücksichtigen.

9.2 Gefahren der Künstlichen Intelligenz

KI hält in viele Bereiche des Lebens Einzug – von der Medizin über die Wirtschaft bis hin zur Unterhaltung. Doch mit dieser rasanten Entwicklung gehen auch bedeutende Gefahren einher, die wir nicht ignorieren dürfen. Nachfolgend erläutern wir die aus unserer Sicht größten Risiken und Gefahren, die uns im Zeitalter der KI begegnen können.

Kontrollverlust: Vielleicht gewinnen in manchen Bereichen die Maschinen die Oberhand, denn moderne KI-Systeme sind in der Lage, eigenständig Entscheidungen zu treffen, basierend auf Algorithmen, die Menschen oft nicht mehr vollständig nachvollziehen können. Dieser „Black-Box"-Charakter birgt die Gefahr, dass wir die Kontrolle verlieren, insbesondere bei sicherheitskritischen Anwendungen wie autonomen Fahrzeugen oder militärischen Drohnen.

Ethik und Diskriminierung: KI-Systeme sind nur so objektiv wie die Daten, mit denen sie trainiert werden. Verzerrte oder diskriminierende Trainingsdaten können zu unfairen Entscheidungen führen, z. B. bei der Vergabe von Krediten oder im Bewerbungsprozess. Dies verstärkt gesellschaftliche Ungleichheiten und kann schwerwiegende ethische Konflikte hervorrufen.

Fake-News und Desinformation: Mit KI-gestützten Tools können Deepfakes erstellt werden – täuschend echte Videos, Bilder oder Audioaufnahmen, die gezielt zur Verbreitung von Desinformation eingesetzt werden. Dies bedroht die Demokratie, da Vertrauen in Medien und Institutionen untergraben wird.

Deepfake-Videos sind ein Paradebeispiel für Manipulation und Missbrauch durch KI. Fake-Videos können verwendet werden, um Rufschädigung, Betrug oder politische Konflikte auszulösen. Die Technologien zur Erkennung von Fake News entwickelt sich zwar auch stets weiter, bleibt jedoch oft hinter den neuesten Deepfake-Techniken zurück. Ein Wettlauf wie bei Viren und Anti-Viren-Programmen beginnt.

Arbeitsplatzverlust und soziale Ungleichheit: Die Automatisierung durch KI ersetzt zunehmend menschliche Arbeitskraft, insbesondere in Routine- und Produktionsberufen. Dies kann Massenarbeitslosigkeit verursachen und die Kluft zwischen Gewinnern und Verlierern der Digitalisierung weiter vergrößern.

Sicherheitsrisiken durch Cyberangriffe: KI kann sowohl als Verteidigungs- als auch als Angriffswerkzeug in der Cybersicherheit eingesetzt werden. Angreifer und Hacker könnten KI nutzen, um gezielte Angriffe auf Infrastrukturen oder Systeme durchzuführen, während Verteidiger Schwierigkeiten haben, sich gegen diese dynamischen Bedrohungen zu wappnen. Daher ist es wichtig, sich frühzeitig mit KI zu beschäftigen und auch Gegenmaßnahmen zu reflektieren, die sinnvoll und nützlich sein können.

Missbräuchliche Verwendung von Überwachungsinformationen: KI-gesteuerte Überwachungstechnologien ermöglichen eine vollständige Kontrolle der Bevölkerung. Am wahrscheinlichsten ist dies in Ländern mit autoritären Regimen anzutreffen. Autoritäre Staaten nutzen KI-gesteuerte Überwachungssysteme, um Bürgerrechte zu beschneiden und oppositionelle Bewegungen zu unterdrücken.

Abhängigkeit von KI-Systemen: Die wachsende Abhängigkeit von KI in Bereichen wie Gesundheitswesen, Verkehr oder Energieversorgung erhöht die Anfälligkeit für Störungen oder Ausfälle, sowie Manipulation. Ein Fehler im System kann katastrophale Auswirkungen haben.

Reale und ernstzunehmende Aspekte
Diese Gefahren sind reale und ernstzunehmende Aspekte, die den Einsatz und die Weiterentwicklung von KI begleiten. Es folgt eine Einschätzung zu jedem Punkt.

Datenschutzbedrohungen: Viele KI-Systeme, insbesondere generative Modelle wie ChatGPT, speichern und analysieren Eingaben zur Verbesserung des Systems. Wenn sensible Daten eingegeben werden, besteht das Risiko, dass sie missbräuchlich verwendet oder in späteren Interaktionen unbeabsichtigt wiedergegeben werden.

Machtpolitik: Autoritäre Staaten tätigen geheime, massive Investitionen in KI, um Vorsprung oder vielleicht sogar Vorherrschaft zu erreichen. Da diese Entwicklungen meist nicht so transparent wie in demokratischen Staaten ablaufen, birgt dies auch eine gewisse Gefahr, da oftmals eine internationale Zusammenarbeit und Standards zur Entwicklung und Nutzung von KI mit diesen Ländern unmöglich ist oder nicht auf einer vertraulichen Ebene stattfinden kann. Dies wird geopolitische Spannungen verschärfen und ein KI-Wettrüsten auslösen. Dies könnte darüber hinaus den Fokus von ethischer Entwicklung auf Machtpolitik verschieben.

Militärischer Einsatz: Der Einsatz von KI-gestützten Waffen, Robotern und Drohnen im Militär birgt extreme Risiken, insbesondere bei autonomen Waffensystemen (LAWS)[1]. Diese könnten ohne menschliche Kontrolle tödliche Entscheidungen treffen, was ethische und sicherheitspolitische Bedenken aufwirft. Gleichzeitig könnten Terroristen solche Technologien missbrauchen.

9.3 Datenschutz und Sicherheit

Der Schutz der Privatsphäre und die Sicherheit von Daten im Zusammenhang mit Künstlicher Intelligenz (KI) sind essenziell, um Vertrauen zu schaffen und ethische Standards einzuhalten. Ein zentraler Aspekt ist die *Datenminimierung*. KI-Systeme sollten ausschließlich die Daten sammeln, die für ihre Funktionsweise unbedingt erforderlich sind. Dieser Ansatz minimiert das Risiko eines Datenmissbrauchs und stellt sicher, dass sensible Informationen nicht unnötig verarbeitet werden. Das gilt je nach Anwendungsfall. Viele KI-Simulationen und Szenarien benötigen eine große Datenmenge (Big Data), um Erkenntnisse zu ermitteln, die nicht offensichtlich oder naheliegend sind. Bei der Verarbeitung großer Datenmengen ist somit eher auf eine sichere System-Umgebung zu achten. Bei schnellen Analysen und textbasierten Anwendungsfällen ist es ratsam, die Datenmenge möglichst zu minimieren und wenn möglich zu anonymisieren.

Darüber hinaus spielt *Transparenz* eine entscheidende Rolle. Nutzerinnen und Nutzer müssen klar darüber informiert werden, welche Daten gesammelt werden, zu welchem Zweck dies geschieht und wie diese Daten genutzt werden. Eine offene Kommunikation fördert nicht nur das Vertrauen, sondern hilft auch, Missverständnisse oder Unsicherheiten im Umgang mit KI-Systemen zu vermeiden.

Ein weiterer wichtiger Aspekt ist die *Anonymisierung* von Daten. Wo immer möglich, sollten persönliche Informationen anonymisiert oder zumindest pseudonymisiert werden. Dieser Schritt dient dazu, die Privatsphäre der Nutzer zu schützen und Missbrauch vorzubeugen. Insbesondere in einer Welt, in der Daten eine zentrale Ressource darstel-

---

[1] Die Abkürzung LAWS steht für Lethal Autonomous Weapon System.

len, ist dies ein unverzichtbarer Mechanismus zum Schutz individueller Rechte.

Auch *Sicherheitsmaßnahmen* sind von großer Bedeutung. Der Schutz gespeicherter Daten muss durch den Einsatz moderner Technologien wie Verschlüsselung, strenge Zugriffskontrollen und regelmäßige Sicherheitsüberprüfungen sichergestellt werden. Diese Maßnahmen helfen, unbefugten Zugriff zu verhindern und die Integrität der Daten zu bewahren.

Schließlich ist das *Recht auf Vergessenwerden* ein zentrales Anliegen im Kontext der *Datenschutz-Grundverordnung (DSGVO)*. Nutzer sollten jederzeit die Möglichkeit haben, die Löschung ihrer Daten zu verlangen, insbesondere wenn diese von KI-Systemen verarbeitet werden. Dies stärkt die Kontrolle der Menschen über ihre eigenen Daten und sorgt dafür, dass sie nicht dauerhaft gespeichert oder verwendet werden, sobald sie nicht mehr benötigt werden.

Durch die Berücksichtigung dieser Prinzipien kann der Datenschutz und die Sicherheit im KI-Umfeld deutlich verbessert werden. Dies ist nicht nur ein rechtliches Erfordernis, sondern auch eine Voraussetzung, um ethische Standards einzuhalten und langfristig Vertrauen in KI-Technologien zu fördern.

9.4 Ethische Überlegungen und Diskussionen

Die Entwicklung und Nutzung von Künstlicher Intelligenz (KI) bringt eine Vielzahl ethischer Fragestellungen mit sich, die von grundlegender Bedeutung für die Gesellschaft sind. Ein zentraler Aspekt ist die Übernahme von *Verantwortung*. Entwickler und Nutzer von KI-Systemen müssen die Verantwortung für die Entscheidungen und Handlungen der KI übernehmen, insbesondere wenn diese Entscheidungen signifikante Auswirkungen auf Menschen haben. Eine klare Zuweisung von Verantwortung ist essenziell, um Missbrauch und Fehlentwicklungen vorzubeugen.

Ein weiterer zentraler Wert ist die *Fairness*. KI sollte so entwickelt werden, dass sie keine diskriminierenden oder voreingenommenen Ergebnisse liefert. Dies erfordert eine sorgfältige Überprüfung der verwendeten Datensätze und Algorithmen, um sicherzustellen, dass diese frei von Verzerrungen und Vorurteilen sind. Fairness ist ein grundlegender Baustein, um soziale Gerechtigkeit und Chancengleichheit in einer digitalisierten Welt zu gewährleisten.

Transparenz und Erklärbarkeit spielen ebenfalls eine entscheidende Rolle. Es sollte nachvollziehbar sein, wie und warum eine KI zu bestimmten Entscheidungen kommt. Diese Nachvollziehbarkeit ist nicht nur für Fachleute, sondern auch für Endnutzer von Bedeutung, um Vertrauen aufzubauen und die Nutzung von KI-Systemen besser zu verstehen.

Ein weiteres wichtiges Prinzip ist die *Schadensvermeidung.* KI-Systeme müssen so gestaltet werden, dass sie potenziellen Schaden für Menschen und die Gesellschaft minimieren. Dies umfasst sowohl physische als auch psychische Schäden. Entwickler sind in der Pflicht, mögliche Risiken zu analysieren und Strategien zu ihrer Minimierung zu entwickeln.

Schließlich ist die *Autonomie und Kontrolle* der Menschen ein zentrales Anliegen. Nutzer sollten immer die Kontrolle über KI-Systeme behalten und in der Lage sein, deren Entscheidungen zu hinterfragen oder zu überarbeiten. Dies ist insbesondere bei kritischen Entscheidungen, etwa in der Medizin oder im Justizwesen, unverzichtbar. Die Gestaltung von KI sollte stets darauf ausgerichtet sein, die Autonomie des Menschen zu respektieren und zu unterstützen.

Unter Einhaltung dieser ethischen Grundsätze kann sichergestellt werden, dass Künstliche Intelligenz verantwortungsvoll und zum Wohle der Gesellschaft eingesetzt wird. Sie bilden die Grundlage für einen nachhaltigen und ethischen Umgang mit einer Technologie, die das Potenzial hat, die Welt grundlegend zu verändern.

9.5 Der AI Act der EU-Kommission

Der EU AI Act (KI-Gesetz, (Europäische Kommission, 2024)) stellt eine der umfassendsten rechtlichen Regulierungen im Bereich der künstlichen Intelligenz (KI) dar und zielt darauf ab, den Umgang mit KI-Systemen in Europa zu regeln. Unternehmen und Organisationen stehen vor der Herausforderung, sich an die neuen Vorschriften anzupassen und die damit verbundenen Compliance-Anforderungen zu erfüllen. In diesem Abschnitt beleuchten wir die zentralen Aspekte, die der AI Act adressiert, und geben praktische Handlungsempfehlungen.

Das Inkrafttreten des AI Acts am **1. August 2024** markierte den Beginn einer neuen Ära der KI-Regulierung in Europa, mit dem Ziel, Vertrauen, Transparenz und Rechenschaftspflicht im Umgang mit KI-Technologien zu fördern. Neben der Regulierung geht es auch darum, Innovation zu fördern und gleichzeitig Risiken zu minimieren sowie Grundrechte zu schützen. Für kleine und mittelständische Unternehmen (KMU) bedeutet dies neue Pflichten und Anpassungen im täglichen Geschäft.

Risikobasierter Ansatz
Eines der zentralen Merkmale des AI Acts ist der *risikobasierte Ansatz*, der KI-Systeme in vier Kategorien einteilt. Diese Differenzierung dient dazu, spezifische Risiken adressieren zu können, ohne Innovationen zu behindern. Die erste Kategorie umfasst **unvertretbare Risiken**, bei denen die Nutzung der KI-Systeme gänzlich untersagt ist. Dazu zählen beispielsweise Anwendungen, die Grundrechte verletzen könnten, wie KI-gestützte soziale Bewertungssysteme oder Technologien zur verdeckten Überwachung. Die zweite Kategorie bezieht sich auf Anwendungen mit **hohem Risiko**, die strengen Auflagen unterliegen. Hierzu gehören beispielsweise KI-Systeme im Gesundheitswesen, in der Strafverfolgung oder in der Justiz. Unternehmen, die solche Systeme entwickeln oder betreiben, müssen eine umfangreiche Dokumentation erstellen, Risikobewertungen durchführen und kontinuierliche Überwachungen sicherstellen.

Für Anwendungen mit **begrenztem Risiko**, wie beispielsweise Chatbots, gelten hingegen spezifische Transparenzanforderungen. So müssen Nutzer explizit darüber informiert werden, dass sie mit einer KI interagieren. Die vierte Kategorie, welche die meisten KI-Anwendungen enthält, umfasst Systeme mit **minimalem Risiko**, zu denen etwa Spiele-KIs oder Bildbearbeitungsprogramme zählen. Diese Anwendungen unterliegen keinen spezifischen regulatorischen Anforderungen, um eine übermäßige Bürokratisierung zu vermeiden.

Regulierung von Hochrisiko-KI

Ein besonderer Fokus des AI Acts liegt auf der Regulierung von hochrisikoreichen KI-Systemen. Diese Anwendungen, die unmittelbar das Leben und die Sicherheit von Menschen beeinflussen können, müssen strenge Anforderungen erfüllen. Unternehmen sind verpflichtet, sicherzustellen, dass die verwendeten Daten repräsentativ, qualitativ hochwertig und frei von Verzerrungen sind. Dies ist essenziell, um diskriminierende oder fehlerhafte Ergebnisse zu vermeiden. Darüber hinaus müssen die Systeme transparent und nachvollziehbar gestaltet sein, sodass alle Entscheidungen, die durch KI getroffen werden, dokumentiert und gegebenenfalls erklärt werden können. Die kontinuierliche Überwachung solcher Systeme sowie die Implementierung von Mechanismen zur Risikominderung sind ebenfalls unverzichtbar. Unter dem Begriff *Human in the Loop (Mensch in der Schleife)* ist das Vorgehen definiert, dass immer ein Mensch aktiv die Entscheidungen trifft, während das KI-System nur Vorschläge und Entscheidungshilfen unterbreitet. Unternehmen müssen Mechanismen etablieren, die es Menschen ermöglichen, in die Entscheidungen des KI-Systems einzugreifen und diese zu kontrollieren. Dies soll verhindern, dass automatisierte Prozesse ohne ausreichende Kontrolle kritische Entscheidungen treffen, insbesondere in sicherheitsrelevanten oder ethisch sensiblen Bereichen. Ein besonders wichtiger Bestandteil ist das *Human Oversight*, also die menschliche Aufsicht über KI-Systeme, die insbesondere bei Hochrisiko-KI-Systemen (wie z.B. medizinische Maßnahmen, Bewerberauswahl oder Kreditvergabe) garantiert, dass ein Mensch bei Bedarf in das KI-System eingreifen und es im Notfall abschalten kann.

Transparenzpflichten

Ein weiterer wichtiger Bestandteil des AI Acts sind die Transparenzanforderungen. Nutzer müssen darüber informiert werden, wenn sie mit einer KI interagieren. Dies betrifft beispielsweise *Chatbots*, die eindeutig kennzeichnen müssen, dass sie keine menschlichen Ansprechpartner sind. Ähnlich verhält es sich mit sogenannten *Deepfakes* – also KI-generierten Bildern oder Videos –, die ebenfalls klar als solche deklariert werden müssen. Diese Transparenzpflichten sollen sicherstellen, dass

Nutzer nicht getäuscht werden und immer wissen, mit welcher Art von System sie es zu tun haben.

Förderung von Innovation
Neben den regulatorischen Anforderungen zielt der AI Act darauf ab, Innovation zu fördern. Hierfür wurden sogenannte „regulatorische Sandboxes" eingeführt. Diese Test- und Simulationsumgebungen bieten Unternehmen die Möglichkeit, neue Technologien in einem kontrollierten Umfeld zu entwickeln und zu testen. Gerade für kleine und mittelständische Unternehmen (KMU) stellen diese Sandboxes eine wertvolle Unterstützung dar, da sie Experimente ermöglichen, ohne direkt den umfassenden regulatorischen Anforderungen unterworfen zu sein. Ziel ist es, Innovationen zu erleichtern, gleichzeitig aber sicherzustellen, dass die getesteten Technologien den gesetzlichen Rahmenbedingungen entsprechen, bevor sie auf den Markt kommen.

Strafen und Durchsetzung
Um die Einhaltung der Vorschriften sicherzustellen, sieht der AI Act strenge Sanktionen vor. Verstöße gegen die Bestimmungen können mit Bußgeldern von bis zu 6 % des weltweiten Jahresumsatzes des Unternehmens geahndet werden. Beispiele für Verstöße umfassen die Nutzung verbotener KI-Systeme, das Missachten von Transparenzpflichten oder die mangelhafte Überwachung hochrisikoreicher Anwendungen. Diese strengen Strafen sollen abschreckend wirken und sicherstellen, dass Unternehmen die gesetzlichen Vorgaben ernst nehmen und in ihre internen Prozesse integrieren.

Quellen und weiterführende Informationen

- **Offizieller Entwurf des EU AI Acts (2021):** Europäische Kommission. „Proposal for a Regulation laying down harmonized rules on Artificial Intelligence (Artificial Intelligence Act)" (Europäische Union, 2025)
- **Erklärende Zusammenfassung:** European Parliament. „Artificial Intelligence Act: Ensuring AI that is trustworthy and human-centric. " (Europäisches Parlament, 2025)

- **Bericht zur Risikobewertung von KI:** High-Level Expert Group on Artificial Intelligence. „Ethics Guidelines for Trustworthy AI." (Europäische Kommission, Ethikleitlinien für vertrauenswürdige KI, 2019)
- **KI im Schulunterricht:** „Ethische Leitlinien zum Einsatz Künstlicher Intelligenz (KI) und von Daten im Unterricht" der Europäischen Union (Europäische Union, Ethische Leitlinien zum Einsatz Künstlicher Intelligenz (KI) und von Daten im Unterricht, 2025)

Die gestaffelten Umsetzungsfristen des AI Acts sind wie folgt

1. Februar 2025: Verbot von KI-Systemen mit inakzeptablem Risiko.
1. Mai 2025: Anwendung der Verhaltenskodizes.
1. August 2025: Regeln für General Purpose AI (GPAI) werden anwendbar.
1. August 2026: Anwendung für die meisten KI-Systeme, einschließlich Hochrisiko-Systeme nach Anhang III.
1. August 2027: Vollständige Anwendung des Gesetzes für alle Risikokategorien.

Der AI Act verfolgt einen risikobasierten Ansatz, wobei die Vorgaben umso strenger sind, je höher das Risiko für Gesundheit, Sicherheit oder Grundrechte ist. Die Verordnung gilt für alle Anbieter von KI-Systemen, die in der EU eingesetzt oder zugänglich gemacht werden, unabhängig vom Unternehmenssitz. Ziel des Gesetzes ist es, einen Ausgleich zwischen dem Nutzen und den Risiken von KI zu schaffen sowie Fortschritt und Entwicklung zu ermöglichen, während gleichzeitig die Interessen der Nutzenden gewahrt werden.

Innerhalb der EU-Kommission wird ein AI-Büro eingerichtet, um die Umsetzung und Einhaltung der Vorschriften zu überwachen. Für Unternehmen bedeutet dies neue Compliance-Vorgaben, die von der Anpassung bestehender Systeme bis hin zur Erstellung technischer Dokumentationen reichen. Besonders für KMUs sind diese Anforderungen mit finanziellem und organisatorischem Aufwand verbunden.

Die Einhaltung der Datenschutz-Grundverordnung (DSGVO)) bleibt essenziell und wird durch den AI Act im Kontext von KI ergänzt.

Unternehmen müssen sicherstellen, dass ihre KI-Systeme datenschutzkonform sind und kontinuierlich auditiert werden. Durch die Beachtung dieser Anforderungen kann ein verantwortungsvoller Umgang mit KI gefördert und das Vertrauen der Öffentlichkeit gestärkt werden.

Compliance und Regulierung
Die Einhaltung der durch den AI Act vorgeschriebenen Standards ist für Unternehmen unverzichtbar, um rechtliche und finanzielle Risiken zu vermeiden. Die Regulierung umfasst insbesondere Anforderungen an die Transparenz, Risikobewertung und den Datenschutz. Unternehmen müssen sicherstellen, dass ihre KI-Systeme in jeder Phase des Lebenszyklus den Vorgaben entsprechen, von der Entwicklung über den Betrieb bis hin zur Außerbetriebnahme.

Aufbau von Compliance-Mitarbeitern
Die Einrichtung spezialisierter Compliance-Teams ist ein essenzieller Schritt, um die Anforderungen des AI Acts zu erfüllen. Unternehmen sollten spezialisierte Rollen schaffen, wie beispielsweise einen KI-Compliance-Officer, der für die Überwachung aller KI-bezogenen Aktivitäten verantwortlich ist. Zu seinen Aufgaben gehören die Durchführung von Audits, die Schulung der Mitarbeiter und die Aktualisierung interner Richtlinien entsprechend den gesetzlichen Vorgaben.

Darüber hinaus können interdisziplinäre Teams, bestehend aus Vertretern der IT, des Rechtswesens, der Personalabteilung und der Geschäftsleitung, wertvolle Beiträge leisten. Diese Teams sollten Strategien zur Einhaltung der Vorschriften entwickeln, Risiken managen und den Dialog mit externen Regulierungsbehörden führen. Der Aufbau solcher Strukturen trägt dazu bei, die Compliance dauerhaft zu gewährleisten und gleichzeitig eine reibungslose Integration der gesetzlichen Anforderungen in die Unternehmensabläufe sicherzustellen.

Anpassung an neue Vorschriften
Die Einführung des AI Acts erfordert eine umfassende Anpassung interner Prozesse und Strukturen. Unternehmen sollten ihre internen Abläufe überprüfen und gegebenenfalls anpassen, um die neuen Vorschriften umzusetzen. Dazu gehört die Schaffung einer Compliance-Strategie,

die sich speziell auf KI-Systeme konzentriert. Ein proaktiver Ansatz kann Unternehmen helfen, regulatorische Risiken zu minimieren.

Dokumentation und Transparenz
Ein zentraler Aspekt des AI Acts ist die Forderung nach umfassender Dokumentation und Transparenz. Unternehmen müssen sicherstellen, dass ihre KI-Systeme nachvollziehbar sind und Entscheidungen transparent erklärt werden können. Dies erfordert detaillierte Aufzeichnungen über die Datenquellen, Algorithmen und Entscheidungsprozesse.

Risikobewertung
Die Risikobewertung von KI-Systemen ist ein Schlüsselfaktor der neuen Regulierung. Unternehmen müssen die potenziellen Risiken ihrer Systeme identifizieren, bewerten und geeignete Maßnahmen zur Risikominderung ergreifen. Die Einführung eines risikobasierten Ansatzes kann dazu beitragen, Sicherheitsprobleme zu minimieren und die Akzeptanz der Technologien zu erhöhen.

Datenmanagement und Datenschutz
Effizientes Datenmanagement und strikter Datenschutz sind essentielle Bestandteile des AI Acts. Unternehmen müssen sicherstellen, dass die Verarbeitung von Daten den Vorgaben der Datenschutz-Grundverordnung (DSGVO)) entspricht. Dabei spielen Themen wie Datenminimierung, Zweckbindung und Datensicherheit eine zentrale Rolle.

Mitarbeiterschulungen
Mitarbeiterschulungen sind ein Schlüsselfaktor, um die Anforderungen des AI Acts umzusetzen. Die Belegschaft sollte in den Bereichen KI, Compliance und ethische Standards geschult werden. Regelmäßige Weiterbildungsmaßnahmen stellen sicher, dass die Mitarbeiter die Bedeutung der Vorschriften verstehen und in der Lage sind, diese in der Praxis anzuwenden.

Bedeutung und Umsetzung von Mitarbeiterschulungen
Die Schulung der Mitarbeiter spielt eine zentrale Rolle, um sicherzustellen, dass KI-Systeme korrekt genutzt, überwacht und Risiken erkannt

werden. Durch gezielte Schulungen können Unternehmen die Compliance mit dem AI Act sicherstellen und gleichzeitig rechtliche Risiken minimieren.

Notwendigkeit von Schulungen
Mitarbeiter müssen über das notwendige Wissen verfügen, um die technischen, rechtlichen und ethischen Aspekte von KI-Systemen zu verstehen. Insbesondere die Bedienung, Überwachung und Risikobewertung erfordern spezifische Kenntnisse. Nachfolgend zeigen wir 3 Beispiele für Abteilungen, die als erste KI einsetzen und von KI profitieren werden:

- *Personalabteilung (HR):*
  Die Anwendung von KI-gestützten Systemen in der Personalabteilung, insbesondere zur Bewerberauswahl und Mitarbeiterbewertung, erfordert ein tiefgehendes Verständnis der Funktionsweise dieser Technologien. Schulungsinhalte sollten sich auf die Erklärung der KI-Systeme, die Vermeidung potenzieller Diskriminierung und die Einhaltung von Datenschutzbestimmungen konzentrieren. Ziel ist es, dass alle Mitarbeiter der Personalabteilung bis Ende 2025 eine fundierte Ausbildung in diesen Bereichen erhalten, um die gesetzlichen Vorgaben erfolgreich umzusetzen und Compliance zu gewährleisten.
- *Vertriebsabteilung:*
  Die Nutzung von KI für Kundenanalyse und Vertriebsstrategien eröffnet der Vertriebsabteilung neue Möglichkeiten zur Optimierung ihrer Arbeit. Um den verantwortungsvollen Umgang mit diesen Technologien sicherzustellen, sollten Schulungen darauf abzielen, die Interpretation von KI-generierten Daten zu vermitteln, den ethischen Umgang mit sensiblen Kundendaten zu betonen und die Einhaltung von Datenschutzgesetzen sicherzustellen. Ziel ist es, dass alle Vertriebsmitarbeiter bis Ende 2025 umfassend geschult sind, um den verantwortungsvollen Einsatz von KI im Vertrieb zu gewährleisten und die Compliance-Anforderungen zu erfüllen.
- *IT-Abteilung:*
  Die Entwicklung, Implementierung und Wartung von KI-Systemen liegt in der Verantwortung der IT-Abteilung, die eine zentrale Rolle bei der Umsetzung des AI Acts spielt. Um dieser Verantwortung

gerecht zu werden, sollten Schulungen technische Aspekte der KI, Sicherheitsmaßnahmen, Risikobewertungen und die gesetzlichen Vorgaben des AI Acts abdecken. Ziel ist es, dass die IT-Mitarbeiter prioritär und umfassend geschult werden, idealerweise bereits im Laufe des Jahres 2025, um die Einhaltung der regulatorischen Anforderungen sicherzustellen und eine reibungslose Implementierung der KI-Systeme zu gewährleisten.

Umsetzung eines Schulungsplans
Zu Beginn eines effektiven Schulungsprogramms steht die *Bedarfsanalyse*. Unternehmen müssen sorgfältig analysieren, welche Abteilungen und Mitarbeiter spezifische Schulungen benötigen. Dies umfasst die Identifikation von Rollen, die direkt mit KI-Systemen arbeiten, wie beispielsweise in der IT-Abteilung, im Bereich der Personalabteilung oder im Vertrieb. Ebenso müssen Positionen berücksichtigt werden, die indirekt betroffen sind, wie Compliance-Beauftragte oder Führungskräfte, die Entscheidungen basierend auf KI-Analysen treffen. Eine umfassende Bedarfsanalyse bildet die Grundlage für die gezielte Entwicklung eines effektiven Schulungsplans.

Auf Basis der Ergebnisse der Bedarfsanalyse sollte ein detaillierter *Schulungsplan* erstellt werden. Dieser Plan sollte die spezifischen Bedürfnisse der einzelnen Abteilungen und Mitarbeitergruppen berücksichtigen. Dabei ist es wichtig, die Schulungsinhalte auf die jeweilige Rolle und Verantwortung der Mitarbeiter zuzuschneiden. Beispielsweise sollten IT-Mitarbeiter vertiefte Kenntnisse über technische Aspekte von KI und Risikomanagement erhalten, während Mitarbeiter der Personalabteilung Schulungen zu ethischen und datenschutzrechtlichen Aspekten von KI-Systemen benötigen. Der Plan sollte zudem klare Zeitpläne und Meilensteine definieren, um sicherzustellen, dass die Schulungen rechtzeitig abgeschlossen werden.

Nachdem der Schulungsplan entwickelt wurde, geht es an die *Durchführung der Schulungen*. Alle relevanten Mitarbeiter sollten die geplanten Schulungen innerhalb des festgelegten Zeitrahmens abschließen. Hierbei können verschiedene Methoden eingesetzt werden, wie präsenzbasierte Workshops, E-Learning-Module oder hybride Schulungsformate.

Wichtige Themen, die behandelt werden sollten, sind unter anderem die Einhaltung der Transparenzpflichten, die sichere Handhabung von KI-Systemen sowie die Risikobewertung und Dokumentation. Die Schulungen sollten nicht nur Wissen vermitteln, sondern auch die praktische Anwendung der Inhalte fördern, um sicherzustellen, dass die Mitarbeiter das Gelernte effektiv in ihrem Arbeitsalltag einsetzen können.

Angesichts der rasanten Entwicklung von KI-Technologien und der damit verbundenen gesetzlichen Rahmenbedingungen ist die *kontinuierliche Weiterbildung* der Mitarbeiter unverzichtbar. Regelmäßige Updates und Auffrischungen der Schulungsinhalte helfen dabei, sicherzustellen, dass die Belegschaft stets auf dem neuesten Stand bleibt. Unternehmen sollten Weiterbildungsprogramme etablieren, die es den Mitarbeitern ermöglichen, sich fortlaufend über technologische Fortschritte, neue regulatorische Anforderungen und bewährte Praktiken zu informieren. Solche Programme können zudem dazu beitragen, die Innovationsfähigkeit der Organisation zu stärken und das Vertrauen in den Umgang mit KI-Systemen zu fördern.

Durch eine systematische Schulungsplanung und eine nachhaltige Weiterbildungskultur können Unternehmen die Herausforderungen des AI Acts erfolgreich meistern und gleichzeitig eine solide Grundlage für die verantwortungsvolle Nutzung von KI schaffen.

Zertifizierung und Qualitätssicherung
Obwohl der AI Act keine spezifischen Zertifizierungen vorschreibt, können Zertifikate die Kompetenz der Mitarbeiter nachweisen. Anerkannte Zertifikate wie „Certified AI Engineer" oder unternehmensinterne Nachweise können helfen, das Vertrauen von Kunden und Partnern zu stärken.

Etablierung von Ethik-Richtlinien
Neben den rechtlichen Vorgaben fordert der AI Act auch die Etablierung von Ethik-Richtlinien, die den verantwortungsvollen Einsatz von KI-Systemen sicherstellen. Unternehmen sollten Leitlinien entwickeln, die ethische Prinzipien wie Fairness, Transparenz und Nichtdiskriminierung verankern.

Innovation und Produktentwicklung
Trotz der regulatorischen Herausforderungen bietet der AI Act auch Chancen für Innovation. Unternehmen, die sich an die neuen Standards halten, können vertrauenswürdige und marktfähige Produkte entwickeln. Eine enge Verzahnung von Forschung und Entwicklung mit den regulatorischen Anforderungen ist entscheidend, um innovative Produkte auf den Markt zu bringen.

Investition in Forschung und Entwicklung
Die Einhaltung der Vorgaben des AI Acts erfordert erhebliche Investitionen in Forschung und Entwicklung. Unternehmen sollten in Technologien investieren, die die Einhaltung der Vorschriften erleichtern, wie z. B. Tools für automatisierte Dokumentation oder KI-Modelle, die Transparenz und Erklärbarkeit von Entscheidungen bieten.

Rechtliche Konsequenzen
Die Nichteinhaltung der Vorschriften des AI Acts kann schwerwiegende rechtliche Konsequenzen nach sich ziehen. Dazu gehören Bußgelder, rechtliche Auseinandersetzungen und potenzieller Reputationsverlust. Unternehmen sollten daher großen Wert auf eine frühzeitige Implementierung der Anforderungen legen.

Wettbewerbsfähigkeit
Der AI Act kann als Wettbewerbsvorteil genutzt werden. Unternehmen, die proaktiv handeln und sich als Vorreiter in der Umsetzung der Vorschriften positionieren, können ihr Ansehen auf dem Markt steigern und das Vertrauen ihrer Kunden gewinnen.

Interne Prozesse und Governance
Die Anpassung interner Prozesse und die Implementierung einer effektiven Governance-Struktur sind entscheidend, um die Anforderungen des AI Acts zu erfüllen. Unternehmen sollten klare Verantwortlichkeiten definieren und sicherstellen, dass die Einhaltung der Vorschriften kontinuierlich überwacht wird.

> **Der KI-Pakt**
>
> Einige Bestimmungen des AI Acts sind bereits vollständig anwendbar. Einige Anforderungen an Hochrisiko-KI-Systeme und andere Bestimmungen gelten jedoch erst am Ende eines Übergangszeitraums (d. h. zwischen Inkrafttreten und Geltungsbeginn).
>
> In diesem Zusammenhang fördert die Kommission den KI-Pakt, um die Interessenträger bei der Vorbereitung auf die Umsetzung des KI-Gesetzes zu unterstützen. Der KI-Pakt ist auf zwei Säulen aufgebaut. Säule I steht allen Interessenträgern (Unternehmen, gemeinnützige Organisationen, Wissenschaftler, Beamte, usw.) offen und dient der Zusammenkunft und Austausch mit dem Netzwerk des KI-Pakts. Säule II schafft einen Rahmen, um die frühzeitige Umsetzung einiger Maßnahmen des AI Acts zu fördern und zur Erleichterung und Kommunikation von Unternehmenszusagen nützlich sein. Die (freiwilligen) Unterzeichner der Zusagen sind auf der Internetseite des KI-Pakts einzusehen. (KI-Pakt der Europäischen Kommission, 2025).

Fazit

Der EU AI Act stellt Unternehmen vor umfangreiche Herausforderungen, bietet jedoch auch zahlreiche Chancen. Durch die Einhaltung der Vorschriften können Unternehmen nicht nur rechtliche Risiken minimieren, sondern auch das Vertrauen in ihre KI-Systeme stärken und ihre Wettbewerbsfähigkeit steigern. Ein strategischer Ansatz, der Compliance, Innovation und Ethik miteinander verbindet und sicherstellt, dass Mitarbeiter mit Know-how und Erfahrung zu KI befähigt sind, ist der Schlüssel zum Erfolg in der neuen Ära der KI-Regulierung.

10
Trends und Zukunft der KI

Inhaltsverzeichnis

10.1 KI-Szenarien in naher Zukunft 232
10.2 Zukunft der KI: Chancen, Herausforderungen und
 Perspektiven 241
10.3 Super-KI mit Quantencomputern 248

In diesem Kapitel geben wir einen Ausblick auf Trends durch und mit KI und mögliche Zukunftsszenarien. Uns Autoren hat dabei die Frage beschäftigt, wie wir im Jahr 2035 oder im Jahr 2050 leben und arbeiten werden. Was sind die Chancen, was sind die Risiken, wie sieht das Stadtbild mit Menschen und Robotern aus, welche Veränderungen werden auf dem Land und in den Dörfern passieren. Außerdem beschäftigen wir uns mit der grundsätzlichen Frage über die Zukunft der KI und die Entwicklung von Super-KI und Quantencomputern.

10.1 KI-Szenarien in naher Zukunft

Die nächsten Jahre versprechen spannende Entwicklungen in Sachen Künstliche Intelligenz: Von medizinischen Diagnosen per Mausklick über smarte Chatbots bis hin zu autonomen Fahrzeugen, die uns chauffieren. KI schreitet rasant voran und verändert unseren Alltag – während wir darüber nachdenken, wie gefährlich KI sein kann und wo die täglichen Gefahren lauern.

10.1.1 Leben in der Stadt im Jahr 2035

Die Zukunft der Künstlichen Intelligenz (KI) wird unsere Städte grundlegend verändern. Bereits im Jahr 2035 werden Großstädte zu hochgradig vernetzten und nachhaltigen Lebensräumen, in denen KI eine zentrale Rolle spielt. Bis 2050 könnten sie sich gar zu hypervernetzten Ökosystemen entwickeln, in denen Menschen, Roboter und KI nahtlos miteinander koexistieren. Insbesondere das autonome Fahren wird ein Schüsselbestandteil dieser Transformation sein – nicht nur auf den Straßen, sondern auch in der Luft.

Das Leben in Großstädten wird sich in den nächsten zehn Jahren drastisch verändern. KI und Robotik werden Städte effizienter, nachhaltiger und personalisierter machen. Die Entwicklungen könnten folgende Aspekte umfassen:

Vollständig autonome Verkehrssysteme
Öffentliche Verkehrsmittel, Lieferdienste und private Autos werden weitgehend autonom und elektrisch sein. Dank KI-gesteuerter Verkehrsflüsse werden Staus minimiert und Routen in Echtzeit optimiert. Der Mobilität wird damit eine völlig neue Dimension verliehen – vor allem in großen Städten. E-Scooter, Fahrräder und kleine autonome Shuttles werden in das Verkehrsnetz integriert und nahtlos mit anderen Transportmitteln koordiniert. Diese Entwicklung sorgt nicht nur für weniger Verkehr, sondern auch für eine effizientere Nutzung der Infrastruktur.

Smart Cities als Standard

Städte werden von KI-Systemen überwacht, die den Verbrauch, das Abfallmanagement und die Infrastruktur in Echtzeit steuern. Straßenlaternen dimmen sich automatisch, wenn sich niemand in ihrer Nähe befindet, während Mülltonnen ihren Füllstand selbst melden und rechtzeitig geleert werden. Gebäude werden sich automatisch an Wetterbedingungen oder Nutzerbedürfnisse anpassen. Beispielsweise können Heiz- und Kühlsysteme individuell reguliert oder Arbeitsräume flexibel umgestaltet werden. Diese Technologien tragen zu mehr Nachhaltigkeit und Komfort bei.

Robotik im Alltag

Lieferroboter und Drohnen übernehmen Aufgaben wie Lebensmittellieferungen oder die Entsorgung von Müll. Ihre Effizienz und Zuverlässigkeit sorgen dafür, dass diese Dienste schneller und ressourcenschonender erbracht werden. In Restaurants, Krankenhäusern und an öffentlichen Plätzen werden Service-Roboter täglich präsent sein. Sie bieten nicht nur praktische Unterstützung, sondern entlasten auch menschliche Arbeitskräfte bei Routineaufgaben.

Personalisierte KI-Assistenten

Persönliche KI-Bots werden als ständige Begleiter agieren. Sie helfen bei der Terminplanung, beim Einkaufen oder bei der Navigation in komplexen Umgebungen. Ihr Einfluss wird den Alltag spürbar erleichtern. Dank AR-Overlays wird das Leben in der Stadt zusätzlich bereichert. Diese Technologien liefern in Echtzeit Informationen zur Umgebung und können dabei helfen, schneller Entscheidungen zu treffen – sei es bei der Wahl eines Restaurants, der Orientierung oder beim Erlernen neuer Fähigkeiten.

Ausblick auf 2050

Die Welt im Jahr 2050 könnte von bahnbrechenden Technologien und innovativen Konzepten geprägt sein, die das Leben in Städten weiter revolutionieren. Fliegende Mobilität wird Alltag sein, mit autonomen Flugtaxis und Drohnen, die die Straßen entlasten. Vertikale Mobilitätsplattformen, auch bekannt als „Luftautobahnen", ermöglichen es, dass

Städte zunehmend in die Höhe wachsen, um dem Platzmangel zu begegnen. Selbstheilende Städte werden durch Materialien geprägt sein, die sich bei Rissen oder Verschleiß selbst reparieren können. KI-gesteuerte Instandhaltungssysteme entdecken Probleme, bevor sie entstehen, und beheben diese autonom, was zu einer völlig neuen Effizienz in der Stadtführung führen wird.

Städte könnten nahezu selbstverwaltet sein, indem KI-Systeme Verwaltungsaufgaben übernehmen und eine nachhaltige Nutzung von Ressourcen sicherstellen. Die Mobilität wird sich weiterentwickeln, sodass Menschen keine eigenen Fahrzeuge mehr besitzen müssen, sondern Mobilität als Dienstleistung konsumieren („Mobility-as-a-Service"). Gleichzeitig wird die Integration von Mensch und Technik durch KI-Implantate oder Wearables vorangetrieben, die eine optimierte Interaktion mit der Umgebung ermöglichen. Virtuelle Realität könnte physische Grenzen zwischen Arbeit, Freizeit und Wohnen weiter auflösen. Technologien wie holographische Interfaces und Gedankensteuerung werden standardmäßig zur Verfügung stehen.

Roboter werden nicht nur Aufgaben übernehmen, sondern auch kulturell und sozial mit Menschen interagieren. Sie werden als „Mitbürger" akzeptiert und spielen eine aktive Rolle im städtischen Alltag. Bereits in weniger als zehn Jahren könnten 10 % der Verkehrsteilnehmer Roboter sein, die uns im Alltag als Empfangspersonal, Bedienung, Lotsen oder Taxifahrer unterstützen.

Fazit

Die Entwicklung hin zu KI-gestützten Großstädten birgt immenses Potenzial, das städtische Leben nachhaltiger, effizienter und lebenswerter zu gestalten. Die beschriebenen Visionen von autonomen Verkehrssystemen, Smart Cities, alltäglicher Robotik und personalisierten KI-Assistenten zeigen eindrucksvoll, wie technologiegestützte Innovationen unseren Alltag bereichern können. Mit dem Blick auf 2050 wird klar, dass die Grenzen zwischen Mensch, Technik und Umwelt immer mehr verschwimmen werden. Fliegende Mobilität, selbstheilende Städte und eine nahtlose Mensch-Technik-Integration bieten eine spannende Perspektive auf eine Zukunft, die durch Effizienz und Nachhaltigkeit geprägt ist. Doch diese Fortschritte erfordern nicht nur technologische Entwicklungen, sondern auch eine kontinuierliche Anpassung von rechtlichen, ethischen und sozialen Rahmenbedingungen, um eine Balance zwischen Innovation und menschlichem Wohlbefinden zu gewährleisten.

10.1.2 KI und Roboter zu Hause und auf dem Land

Wie findest du folgendes Szenario: Haushaltsroboter übernehmen Putzen, Kochen, Spülen. Lernroboter geben den Kindern spielerisch Nachhilfe und lernen mit ihnen. Wenn du dich mit diesem Szenario arrangieren kannst, dann wird dich dieser Buch-Abschnitt begeistern.

In den kommenden zehn Jahren wird die Künstliche Intelligenz (KI) das Leben zu Hause und auf dem Land grundlegend verändern. Durch den Einsatz von Robotern und intelligenten Systemen wird das Leben in ländlichen Gebieten nicht nur effizienter, sondern auch komfortabler und nachhaltiger gestaltet. Der Blick ins Jahr 2035 zeigt, wie tiefgreifend diese Entwicklungen unsere Alltagswelt prägen werden.

Smarte Landwirtschaft
Die Landwirtschaft wird eines der Felder sein, die am stärksten von KI und Robotik profitieren. Autonome Landmaschinen wie Traktoren, Mähdrescher und Drohnen werden die Arbeit auf den Feldern revolutionieren. Diese Systeme sind bereits heute in der Lage, eigenständig Böden zu analysieren, Wetterdaten auszuwerten und den Gesundheitszustand von Pflanzen zu überwachen. Das Ergebnis ist eine präzise und ressourcenschonende Bewirtschaftung.

Präzisionslandwirtschaft wird durch den Einsatz von Sensoren auf Feldern möglich, die eine exakte Bewässerung, Düngung und Schädlingsbekämpfung gewährleisten. Das spart nicht nur Wasser und Düngemittel, sondern steigert auch die Produktivität erheblich. Zudem werden Bauernhöfe zunehmend auf vertikale Integration setzen, bei der Abfallprodukte durch KI-gesteuerte Kreislaufsysteme in Energie oder Dünger umgewandelt werden.

Vernetzte Infrastruktur
Die Mobilität im ländlichen Raum wird sich durch autonome Technologien stark verbessern. Kleine, fahrerlose Shuttles werden als flexible Verkehrsmittel fungieren, die Menschen effizient und umweltfreundlich zu zentralen Orten bringen. Gleichzeitig wird die Logistik durch Drohnen revolutioniert: Medikamente, Lebensmittel und andere wichtige Güter werden direkt bis zur Haustür geliefert – auch in die entlegensten Regionen.

Ein weiterer wichtiger Aspekt wird die dezentrale Energieversorgung sein. Mithilfe von KI wird die Verteilung von Energie aus erneuerbaren Quellen wie Solaranlagen, Windrädern und Biogasanlagen optimiert. Dies ermöglicht nicht nur eine autarke Energieversorgung, sondern auch eine bessere Nutzung der vorhandenen Ressourcen.

Smart Homes und ländlicher Komfort
Häuser auf dem Land werden zunehmend mit KI-gestützten Technologien ausgestattet, die das Leben der Bewohner erleichtern. Haushaltsroboter übernehmen Aufgaben wie Putzen, Kochen oder Gartenarbeit, während intelligente Systeme den Energieverbrauch effizient steuern. Diese Technologien sorgen dafür, dass die Bewohner mehr Zeit für sich und ihre Gemeinschaft haben.

Auch die medizinische Versorgung wird durch KI erheblich verbessert. Telemedizinische Lösungen und KI-gestützte Diagnosesysteme ermöglichen es, Krankheiten frühzeitig zu erkennen und zu behandeln, ohne dass Patienten lange Wege zu Ärzten oder Krankenhäusern zurücklegen müssen.

Revitalisierung der Gemeinschaften
KI-basierte Plattformen werden das soziale Leben in Dörfern stärken. Sie erleichtern die Organisation gemeinschaftlicher Projekte, wie die Pflege von öffentlichen Flächen oder die Planung von kulturellen Veranstaltungen. Solche Technologien fördern nicht nur die Zusammenarbeit, sondern auch den Zusammenhalt innerhalb der Gemeinschaften.

Bildung wird durch virtuelle Klassenräume und Lernplattformen ebenfalls revolutioniert. Kinder und Erwachsene in abgelegenen Regionen erhalten Zugang zu hochwertiger Bildung und können sich so kontinuierlich weiterentwickeln. Lernroboter können den Kindern spielerisch Nachhilfe geben und dabei auf individuelle Bedürfnisse eingehen.

Ausblick auf das Jahr 2050: Ein technologisch harmonisiertes Landleben
Bis 2050 wird das Leben auf dem Land durch hyperautomatisierte Landwirtschaft und selbstversorgende Dörfer geprägt sein. Auf hochgradig automatisierten Höfen übernehmen Roboter nahezu alle Aufgaben von der Aussaat bis zur Ernte. Landwirte agieren mehr als Datenmanager, die KI-Systeme überwachen und optimieren. Regionale Lebensmittelproduktion durch vertikale Farmen und geschlossene Kreisläufe wird zur Norm, wodurch die Abhängigkeit von globalen Lieferketten stark reduziert wird.

Dörfer werden vollständig energieautark sein, unterstützt durch KI-überwachte Energiesysteme, die erneuerbare Quellen wie Solar-, Wind- und Geothermie-Energie nutzen. Abfälle werden durch KI-gestützte Recycling- und Upcycling-Technologien vollständig verwertet. Die Grenzen zwischen Stadt und Land verschwimmen zunehmend: Virtuelle Realitäten und autonome Luftmobilität ermöglichen es den Menschen, auf dem Land zu leben und gleichzeitig urbanen Lebensstil und Berufsleben zu genießen. Soziale Strukturen wandeln sich hin zu kollaborativen Smart-Communities, in denen KI die Organisation und Nachhaltigkeit fördert. Technologie wird sich nahtlos in die Natur integrieren und ländliche Gebiete harmonisch bereichern, während KI gleichzeitig die Renaturierung und den Schutz der Biodiversität vorantreibt.

Herausforderungen auf dem Weg zur Zukunft
Trotz der vielversprechenden Aussichten gibt es zahlreiche Herausforderungen, die auf dem Weg in eine KI-gestützte Zukunft überwunden werden müssen. Eine der größten Hürden ist die Digitalisierungslücke zwischen städtischen und ländlichen Gebieten. Ohne gezielte Investitionen in Infrastruktur und Schulungen besteht die Gefahr, dass ländliche Regionen technologisch zurückbleiben.

Zudem birgt die starke Automatisierung die Gefahr einer übermäßigen Abhängigkeit von Technologie. Traditionelle landwirtschaftliche

Fähigkeiten könnten verloren gehen, was problematisch wäre, falls technische Systeme ausfallen. Weiterhin könnten kulturelle und soziale Bedenken in manchen Regionen den Fortschritt verzögern, da die Akzeptanz von Robotern und KI-Lösungen nicht immer gegeben ist.

Ein weiteres Problem stellt das Ressourcenmanagement dar. Die Implementierung hochmoderner Systeme erfordert erhebliche Investitionen sowie nachhaltige Strategien, um die dafür benötigten Materialien und Energien bereitzustellen.

Fazit: Eine harmonische Symbiose aus Mensch, Technologie und Natur

Die Integration von KI und Robotik in den Alltag wird das Leben zu Hause und auf dem Land tiefgreifend verändern. Von smarter Landwirtschaft über autonome Mobilität bis hin zu intelligenten Haushalten und medizinischen Innovationen – diese Technologien bieten enormes Potenzial, um die Lebensqualität zu verbessern und ländliche Regionen attraktiver zu machen. Das Jahr 2035 wird eine neue Ära einläuten, in der KI nicht nur als Werkzeug, sondern als integraler Bestandteil unseres Lebens verstanden wird.

Im Jahr 2050 wird KI nicht nur das Leben effizienter und komfortabler machen, sondern auch eine Brücke zwischen Tradition und Innovation schlagen. Unser Leben wird durch Technologien bereichert, die intuitiv, nachhaltig und nahezu unsichtbar wirken. Es entsteht eine harmonische Symbiose aus Mensch, Technologie und Natur, die das Landleben als Modell für eine nachhaltige und vernetzte Zukunft etabliert.

Während das Jahr 2035 noch von einer schrittweisen Adaption geprägt sein wird, könnte im Jahr 2050 ein Punkt erreicht sein, an dem Dörfer nicht nur technologisch auf Augenhöhe mit Städten sind, sondern durch ihre Autarkie und Harmonie mit der Natur als Vorbild für nachhaltiges Leben gelten. Das Landleben wird dadurch weder „altmodisch" noch von Technologie überladen sein, sondern ein idealer Ort, um ein von der KI optimiertes, aber dennoch naturnahes Leben zu führen.

10.1.3 Ein Tag im Jahr 2050: Eine Geschichte aus der Zukunft

Eine Geschichte aus der Zukunft

Es war ein Morgen wie aus dem Bilderbuch. Der Himmel über Frankfurt leuchtete in einem surrealen Blau, durchzogen von transparenten Drohnen, die lautlos Pakete auslieferten. Im Wohnzimmer seines Smart-Hubs zog Jonas, Krankenpfleger und selbsternannter „Menschenspezialist", seine smarte Uniform an. Die Kleidung passte sich nahtlos seinem Körper an und analysierte in Echtzeit seine Vitalwerte. Er war bereit für einen weiteren Tag im Klinikkomplex der Stadt, wo Mensch und Maschine in perfekter Symbiose arbeiteten.

Am anderen Ende der Stadt startete Marie, eine IT-Beraterin für KI-Systeme und Roboter in ihren Tag. Sie aktivierte ihre smarte Garderobe, die ihr Outfit nach Wetter, Terminlage und Laune auswählte. Heute entschied sich die KI für einen blassblauen Anzug, der Professionalität mit einem Hauch von Eleganz ausstrahlte. Sie lächelte, als ihr Roboter „Brewster" den perfekten Matcha-Latte auf den Tisch stellte. „Du bist ein echter Künstler, Brewster." Der Roboter drehte sich kurz um die eigene Achse und schnurrte glücklich und zufrieden – eine programmierte Antwort auf Komplimente. Doch ihre Gedanken waren schon woanders. Heute sollte sie in einer Klinik ein Kommunikationsprotokoll für medizinische KIs testen, ein System, das Leben retten konnte. Es klang simpel, doch sie wusste: Wo Mensch und Technologie zusammentreffen, verbirgt sich oft das Unerwartete. Sie nahm ihren Latte und begab sich in ein Hologramm-Meeting mit ihrem Team.

Die Klinik war ein Wunderwerk der Technologie. Patienten wurden von autonomen Assistenzrobotern versorgt, die über KI-gesteuerte Algorithmen jedes Augenzucken, jede Veränderung der Hauttemperatur und die Vitalwerte analysierten. Jonas hatte ein waches Auge darauf, dass die Maschinen den Menschen nicht aus dem Blick verloren. Während er einer älteren Dame beim Aufstehen half, erhielt er plötzlich eine Benachrichtigung auf seinem Augmented-Reality-Interface: *„Netzwerkproblem in Sektor C. Experten sind unterwegs."*

Kurz darauf betrat Marie mit ihrer tragbaren Konsole das Klinikgebäude. Die zentrale KI hatte ihr eine monotone Fehlermeldung an ihr Terminal geschickt: *„Fehler im Kommunikationsprotokoll. Sensor-Knoten außer Betrieb."* Die KI hatte ihr keine Debugging-Option vorgeschlagen – ungewöhnlich für ein so hochentwickeltes System. Ihre Aufgabe war klar: den Kommunikationsausfall zwischen den medizinischen KIs und den Assistenzrobotern beheben. Eine Herausforderung, denn die Systeme reagierten nicht auf Standardprotokolle.

Während sie sich in die Analyse vertiefte, hörte sie plötzlich eine freundliche Stimme hinter sich: „Sieht aus, als hätten die Roboter heute einen schlechten Tag". Sie drehte sich um und sah einen Mann in einer smarten Krankenpfleger-Uniform. Seine Augen strahlten, und in seiner Hand hielt er ein Tablet. „Jonas", stellte er sich vor. Marie nickte und stellte sich vor. Sie hatte keine Zeit für Smalltalk, aber Jonas' entspannte Art beruhigte sie, während sie ihre Konsole neu kalibrierte. „Eher ein schlechter Verbindungs-Tag. Aber ich krieg das schon hin." antwortete sie.

„Ein Fehler im neuronalen Netzwerk? Interessant." murmelte sie und vertiefte sich in den Datenstrom und untersuchte die betroffenen Systeme. Marie bemerkte bald etwas Seltsames: Die Sensoren, die eigentlich nur Daten zu Patienten sammeln sollten, interagierten mit einem alten, kaum genutzten Umweltüberwachungsmodul. „Das macht keinen Sinn", murmelte sie, während sie die Datenflüsse verfolgte. Jonas beobachtete fasziniert, wie ihre Finger über das holographische Interface tanzten. Er erinnerte sich, dass vor einigen Jahren das Umweltmodul für die Luftqualität überarbeitet wurde. Vielleicht gibt es ja einen Zusammenhang?

Aufgrund dieses Hinweises entdeckte Marie eine alte Umwelt-KI-Einheit, die mit Sensoren für Luftqualität, Wasserstände und Biodiversität verbunden war. „Dieses System wurde scheinbar in die Klinik-KI integriert, um die Heilungsumgebung zu optimieren. Aber etwas ist schiefgelaufen." Nun, da das Problem identifiziert worden war, ließ Marie die KI ein neues Modul programmieren, welches die Verbindung zwischen den Sensoren für Mensch, Technologie und Natur in der Klinik harmonisierte.

Die Störung war behoben, und die Klinik kehrte in ihre stille Effizienz zurück. Jonas und Marie machten eine Pause und sprachen über die Zukunft, darüber, wie Mensch und Maschine immer enger miteinander verflochten waren und doch die Natur als verbindendes Element alles zusammenhielt.

Jonas lächelte. „Vielleicht sind wir ja doch mehr als nur Code und Algorithmen." Sie nickte und ließ sich auf einer moosbedeckten Bank aus Kork nieder. „Weißt du, was ich erstaunlich finde? Wir denken immer, dass Technologie die Lösung für alles ist. Aber am Ende ist es die Natur, die uns zurück ins Gleichgewicht bringt." Jonas lachte leise. „Und vielleicht auch ein bisschen Teamwork." Marie lächelte. „Vielleicht." „Es ist beruhigend zu wissen, dass wir das Gleichgewicht noch spüren können," sagte sie.

Als Marie die Klinik verließ, blickte sie hinauf in den Himmel, wo Drohnen und Vögel gleichermaßen durch den Himmel flogen. Sie dachte an Jonas, die KI und die mit Moos bedeckte Korkbank. Der Tag hatte ihr gezeigt, dass die Zukunft nicht nur aus Daten und Maschinen besteht, sondern aus den Beziehungen zwischen Mensch, Technologie und der Welt um uns herum.

Vielleicht, dachte sie, liegt die wahre Herausforderung nicht darin, immer schneller und effizienter zu werden, sondern innezuhalten – und zuzuhören.

10.2 Zukunft der KI: Chancen, Herausforderungen und Perspektiven

10.2.1 Chancen und positive Effekte

Künstliche Intelligenz (KI) wird in den kommenden Jahren eine zentrale Rolle in nahezu allen Lebens- und Arbeitsbereichen einnehmen. Aus den Erfahrungen unseres Autors Heiko, die er im internationalen Projektmanagement und der Arbeit mit innovativen Technologien gesammelt hat, lässt sich eine klare Entwicklung ablesen: Die Geschwindigkeit, mit der KI Fortschritte macht, übertrifft viele Erwartungen. Es ist jedoch nicht nur die Technologie selbst, die diese Revolution vorantreibt, sondern vor allem die Art und Weise, wie Unternehmen und Gesellschaften sie adaptieren.

Ein entscheidender Faktor, der die Zukunft der KI bestimmt, ist ihre Integration in Entscheidungsprozesse. Durch die Analyse großer Datenmengen kann KI Muster erkennen und Vorhersagen treffen, die uns helfen, bessere Entscheidungen zu treffen – sei es im Gesundheitswesen, in der Produktion oder im Bildungssektor.

Automatisierung: Routineaufgaben schneller und weniger fehlerbehaftet durchführbar
Ein Beispiel dafür, wie KI unsere Arbeitswelt verändern wird, liegt in der Automatisierung. Routineaufgaben, die bisher zeitaufwendig und monoton waren, können durch KI übernommen werden. Das schafft Raum für Kreativität und strategische Überlegungen. Allerdings bringt dies auch Herausforderungen mit sich: Wie können wir sicherstellen, dass Mitarbeitende nicht zurückbleiben, sondern befähigt werden, mit diesen neuen Technologien zu arbeiten? Aus unserer Sicht ist Weiterbildung hier der Schlüssel. Durch gezielte Trainings und Coaching-Programme können Führungskräfte nicht nur die Akzeptanz von KI fördern, sondern auch den Wandel aktiv gestalten.

Führung: Bessere Entscheidungen durch tiefgehende Analysen
Im Bereich der Führung wird KI ebenfalls eine transformative Kraft entfalten. Sie kann helfen, bessere Entscheidungen zu treffen, indem sie Führungskräften datenbasierte Einblicke liefert. Gleichzeitig darf der menschliche Aspekt nicht verloren gehen. Führung bedeutet auch Empathie, Vision und die Fähigkeit, Menschen zu inspirieren. KI kann unterstützen, aber nicht ersetzen. Heikos Coaching-Ansatz betont daher die Balance zwischen technologischem Fortschritt und zwischenmenschlicher Kompetenz.

Bildungswesen: Verwenden moderner Lernmethoden
Eine der spannendsten Entwicklungen ist die Rolle von KI im Bildungswesen. Hier sehen wir ein enormes Potenzial für die Individualisierung von Lerninhalten. Schülerinnen und Schüler können personalisierte Lernpfade erhalten, die auf ihre individuellen Stärken und Schwächen abgestimmt sind. Gleichzeitig müssen Lehrerinnen und Lehrer darin unterstützt werden, diese Technologien effektiv einzusetzen. Workshops, wie Heiko sie anbietet, sind ein guter Ansatz, um moderne Lehrmethoden wie Virtual Reality (VR) und Augmented Reality (AR) in den Unterricht zu integrieren.

Autonome Systeme: Verbesserte Steuerung und Problemerkennung
Autonome Systeme werden unser Leben auf vielfältige Weise verändern. Im Bereich der Mobilität werden autonome Fahrzeuge nicht nur auf der Straße, sondern auch in der Luft und auf dem Wasser zur Norm. Autonome Lieferdrohnen, Flugtaxis und selbststeuernde Schiffe revolutionieren Logistik und Reisen. Im Gesundheitswesen wird KI Krankheiten frühzeitig erkennen, personalisierte Behandlungen entwickeln und chirurgische Präzision auf ein neues Niveau heben. Digitale Ärzte und Therapeuten schaffen eine erschwingliche und barrierefreie Gesundheitsversorgung. Auch die Bildung profitiert von KI: Lernsysteme passen sich individuell an die Bedürfnisse jedes Schülers an und eröffnen neue Möglichkeiten für lebenslanges Lernen. Im Bereich Energie und Umwelt optimiert KI den Energieverbrauch, unterstützt die Entwicklung nachhaltiger Technologien und hilft, den Klimawandel zu bekämpfen, etwa durch Überwachung von CO_2-Ausstoß und effizientes Recycling.

Trotz all dieser Fortschritte gibt es ethische Fragen, die nicht ignoriert werden dürfen. Wie gehen wir mit Datenschutz um? Wer trägt die Verantwortung, wenn KI-gestützte Systeme Fehler machen? Hier sind klare Regeln und Transparenz gefragt. Wir sind der Meinung, dass wir diese Fragen nur durch einen offenen Dialog zwischen Wirtschaft, Wissenschaft und Gesellschaft lösen können.

Lebensqualität: Effizientere Wege und Entlastung
Ein weiterer Aspekt ist die verbesserte Lebensqualität, die durch KI ermöglicht wird. In Smart Cities sorgen KI-gesteuerte Infrastrukturen für effizientere und nachhaltigere Abläufe. Verkehrsflüsse, Energieversorgung und Notfalldienste werden nahezu perfekt aufeinander abgestimmt. Zudem entlastet KI den Menschen, indem sie monotone oder gefährliche Arbeiten übernimmt. Dadurch können sich Menschen auf kreativere und erfüllendere Aufgaben konzentrieren.

Kreativität und Innovation: Aus heutiger Sicht unvorstellbare Lösungs- und Heilmethoden
Ein weiterer Bereich, in dem KI ihre transformative Kraft entfaltet, ist die Kreativität und Innovation. KI wird zunehmend in der Lage sein, eigenständig Kunst, Musik, Filme und Literatur zu schaffen, was neue kreative Ausdrucksformen eröffnet. Darüber hinaus könnte in den nächsten 20 Jahren eine Superintelligenz entwickelt werden, die menschliches Denken nicht nur imitiert, sondern übertrifft. Solche Systeme könnten komplexe Probleme wie die Heilung schwerer Krankheiten oder die Erforschung des Weltraums schneller lösen, als es Menschen je könnten.

10.2.2 Herausforderungen

Trotz all dieser Fortschritte gibt es ethische Fragen, die nicht ignoriert werden dürfen. Wie gehen wir mit Datenschutz um? Wer trägt die Verantwortung, wenn KI-gestützte Systeme Fehler machen? Hier sind klare Regeln und Transparenz gefragt. Wir sind der Meinung, dass wir diese Fragen nur durch einen offenen Dialog zwischen Wirtschaft, Wissenschaft und Gesellschaft lösen können.

Die Zukunft der Künstlichen Intelligenz (KI) birgt ein ungeheures Potenzial – von medizinischen Durchbrüchen bis hin zu einer effizienteren und nachhaltigeren Welt. Doch ebenso eröffnet sie ein weites Feld an Herausforderungen und Risiken, die wir nicht ignorieren dürfen. Die Technologie, die uns Hoffnung gibt, kann auch zur Quelle tiefgreifender Probleme werden. In diesem Kapitel möchten wir die zentralen Risiken und Herausforderungen beleuchten, die mit der Nutzung von KI einhergehen, und aufzeigen, warum ein verantwortungsvoller Umgang mit dieser Technologie essenziell ist.

Verlust der Kontrolle: Die Gefahr autonomer Entscheidungen
Eine der beunruhigendsten Risiken ist der potenzielle Verlust der Kontrolle über KI-Systeme. Mit der Entwicklung von Modellen, die zunehmend eigene Entscheidungen treffen, steigt die Gefahr, dass diese Systeme Ziele verfolgen, die nicht mit unseren menschlichen Interessen übereinstimmen. Das klingt vielleicht nach Science-Fiction, doch bereits heute beobachten wir, wie komplexe Algorithmen in hochsensiblen Bereichen – etwa der Finanzwelt oder der medizinischen Diagnostik – Entscheidungen treffen, die selbst von ihren Entwicklern nur schwer nachvollzogen werden können. Was passiert, wenn solche Systeme in sicherheitskritischen Bereichen versagen oder sich auf unerwartete Weise verhalten? Diese Frage müssen wir uns dringend stellen.

Bias und Diskriminierung: Ein Spiegel gesellschaftlicher Ungerechtigkeiten
KI ist nicht neutral. Sie reflektiert die Daten, mit denen sie trainiert wird. Wenn diese Daten unvollständig oder verzerrt sind, verstärkt KI gesellschaftliche Vorurteile und Diskriminierung. So wurden bereits Fälle dokumentiert, in denen KI-Systeme rassistische oder sexistische Entscheidungen trafen – sei es bei der Vergabe von Krediten, der Rekrutierung neuer Mitarbeiter oder in der Strafverfolgung. Hier zeigt sich die Verantwortung der Entwickler, aber auch der Gesellschaft als Ganzes: Wir müssen sicherstellen, dass KI-Systeme divers und ausgewogen trainiert werden und kontinuierlich auf Fairness überprüft werden.

Die düstere Seite der Überwachung
KI-basierte Überwachungstechnologien haben das Potenzial, unsere Privatsphäre massiv einzuschränken. In autoritären Regimen könnten solche Systeme genutzt werden, um Bevölkerungen zu kontrollieren und oppositionelle Bewegungen zu unterdrücken. Doch auch in demokratischen Gesellschaften stellt sich die Frage, wie weit wir gehen wollen, um Sicherheit durch Überwachung zu garantieren. Die Balance zwischen Freiheit und Sicherheit wird durch KI auf eine harte Probe gestellt.

Arbeitsplatzverluste und soziale Ungleichheit
Ein weiteres, hochaktuelles Thema ist der Verlust von Arbeitsplätzen durch Automatisierung. Bereiche wie Logistik, Produktion oder der Kundenservice stehen bereits heute vor einer Transformation, bei der viele menschliche Tätigkeiten durch KI ersetzt werden. Doch nicht nur einfache Aufgaben sind betroffen: Selbst kreative Branchen, wie Journalismus oder Kunst, erleben den Druck durch KI-generierte Inhalte. Gleichzeitig könnten Länder oder Unternehmen mit Zugang zu fortschrittlicher KI-Technologie einen enormen Vorsprung gewinnen, was globale und soziale Ungleichheiten verschärfen würde. Hier braucht es innovative Ansätze, um die gesellschaftlichen Folgen abzufedern.

Sicherheitsrisiken: Cyberkriminalität und autonome Waffen
KI verändert die Dynamik von Sicherheitsrisiken. Einerseits wird sie genutzt, um Cyberangriffe zu erkennen und abzuwehren. Andererseits können dieselben Technologien von Kriminellen genutzt werden, um raffinierte Angriffe zu starten. Es entsteht ein regelrechtes Wettrüsten zwischen Angreifern und Verteidigern. Noch alarmierender ist der Einsatz von KI in autonomen Waffensystemen. *„Eine gängige Bezeichnung für diese Gattung von Waffen wird aus dem Englischen übersetzt und lautet ‚Lethal Autonomous Weapon System' oder kurz LAWS. Letztere unterstreicht den Zweck dieses tödlichen Waffensystems noch einmal deutlich. Entscheidend ist hierbei der Punkt, dass weder für die Auswahl noch für die Bekämpfung des Ziels menschliches Zutun nötig ist."* (Kestner, 2023) Ohne klare Regulierungen könnten solche Systeme zu unvorhersehbaren und katastrophalen Konsequenzen führen.

Technologische Abhängigkeit: Ein Verlust menschlicher Fähigkeiten
Ein weniger offensichtliches, aber ebenso kritisches Risiko ist die schleichende Abhängigkeit von KI. Je mehr wir uns auf diese Technologie verlassen, desto größer ist die Gefahr, dass grundlegende menschliche Fähigkeiten verloren gehen. Kritisches Denken, Problemlösung oder manuelle Fertigkeiten könnten mit der Zeit an Bedeutung verlieren. Hinzu kommt, dass viele KI-Modelle als sogenannte Black-Box-Systeme operieren: Ihre Entscheidungen sind so komplex, dass sie selbst von den Entwicklern nicht mehr vollständig verstanden werden. Dies erschwert nicht nur das Vertrauen in die Technologie, sondern stellt auch Transparenz und Nachvollziehbarkeit infrage.

Ein Appell für verantwortungsvollen Umgang
Angesichts dieser Herausforderungen ist es unsere Verantwortung, einen ethischen und nachhaltigen Umgang mit KI zu entwickeln. Wir müssen klare Regularien schaffen, die Transparenz, Fairness und Sicherheit gewährleisten. Gleichzeitig ist es unabdingbar, die gesellschaftlichen Folgen – von Arbeitsplatzverlusten bis hin zu Datenschutzfragen – aktiv zu adressieren. Die Zukunft der KI ist noch nicht geschrieben. Doch sie wird entscheidend davon abhängen, wie wir heute mit den Risiken und Herausforderungen umgehen, die sie mit sich bringt. Unsere Aufgabe ist es, diese Technologie so zu gestalten, dass sie den Menschen dient – und nicht umgekehrt.

10.2.3 Perspektiven

Abschließend lässt sich sagen, dass die Zukunft der KI sowohl aufregend als auch herausfordernd ist. Die Chancen überwiegen jedoch, wenn wir bereit sind, die notwendigen Schritte zu gehen. Mit der richtigen Mischung aus Innovationsgeist, Verantwortungsbewusstsein und dem Willen zur Weiterbildung können wir die Potenziale der KI nicht nur nutzen, sondern sie aktiv gestalten. Wie bei allem gilt auch hier: Es sind nicht nur die Werkzeuge, die zählen, sondern wie wir sie einsetzen.

Der Balanceakt der nächsten Jahrzehnte
Die Zukunft der KI wird von einem dynamischen Wechselspiel aus technologischen Möglichkeiten und gesellschaftlichen Herausforderungen geprägt sein. Der Schlüssel liegt in der Balance:

Regulierung und Ethik
Regierungen und Unternehmen müssen klare Richtlinien für den Einsatz und die Entwicklung von KI schaffen, um Missbrauch und unkontrolliertes Wachstum zu verhindern. Dabei sollten ethische Standards nicht nur nationale, sondern auch internationale Maßstäbe setzen. Transparente Verfahren und unabhängige Kontrollmechanismen sind essenziell, um Vertrauen zu schaffen.

Bildung und Umschulung
Menschen müssen auf eine Welt vorbereitet werden, in der KI allgegenwärtig ist. Bildungssysteme müssen sich anpassen und lebenslanges Lernen fördern, um die Bevölkerung mit den notwendigen Fähigkeiten und Kenntnissen auszustatten. Besonders wichtig ist es, kritisches Denken, technisches Verständnis und Kreativität zu stärken, um in einer zunehmend automatisierten Arbeitswelt bestehen zu können.

Kooperation statt Konkurrenz
Eine globale Zusammenarbeit bei der KI-Entwicklung kann helfen, Risiken zu minimieren und sicherzustellen, dass die Technologie der gesamten Menschheit zugutekommt. Gemeinsame Standards, der Austausch von Forschungsergebnissen und die Vermeidung eines technologischen Wettlaufs sind entscheidend, um die Vorteile der KI gleichmäßig zu verteilen und Konflikte zu vermeiden. Nur durch internationale Kooperation können wir sicherstellen, dass KI zu einer Kraft des Guten wird.

Das große Bild: KI als Partner der Menschheit
In 10 bis 20 Jahren wird KI nicht mehr als Werkzeug wahrgenommen werden, sondern als eine Art „Partner". Die Beziehung zwischen Mensch und KI wird tiefer, persönlicher und gleichzeitig komplexer.

Dabei entscheiden wir heute, ob KI ein Verbündeter bleibt oder zu einer Herausforderung wird, die uns überrollt.

Die Zukunft ist nicht festgeschrieben. Sie wird das, was wir aus ihr machen. Und die nächsten Jahrzehnte bieten uns die Chance, eine der mächtigsten Technologien in der Geschichte der Menschheit bewusst und verantwortungsvoll zu gestalten.

10.3 Super-KI mit Quantencomputern

10.3.1 Quantencomputer

Quantencomputer – die Tür zur nächsten technologischen Revolution. Seit Jahrzehnten arbeiten Wissenschaftler daran, die exotischen Prinzipien der Quantenmechanik in praktische Computertechnologie zu überführen. Und jetzt, an der Schwelle zu einer neuen Ära, ist es wahrscheinlich, dass eine Super-KI, die auf Quantencomputern basiert, beginnt, die Grenzen des Möglichen neu zu definieren. Doch was genau macht Quantencomputer so besonders, und wie schafft es eine KI, diese unglaubliche Rechenpower zu nutzen?

Im Kern unterscheidet sich ein Quantencomputer grundlegend von einem herkömmlichen Computer. Während klassische Computer mit Bits arbeiten, die entweder den Zustand 0 oder 1 annehmen können, verwenden Quantencomputer sogenannte Qubits. Ein Qubit kann, dank der Prinzipien der Überlagerung, gleichzeitig in einem Zustand zwischen 0 und 1 existieren. Hinzu kommt die Verschränkung – ein weiteres faszinierendes Phänomen, bei dem der Zustand eines Qubits untrennbar mit dem eines anderen verbunden ist, unabhängig von der Distanz zwischen ihnen. Diese Eigenschaften erlauben es Quantencomputern, riesige Datenmengen parallel zu verarbeiten und komplexe Probleme zu lösen, die selbst für die leistungsstärksten Supercomputer undenkbar wären.

10.3.2 Super-KI mit der Rechenkraft von Quantencomputern

Die Vorstellung einer Super-KI, die mit der Rechenkraft von Quantencomputern ausgestattet ist, wirkt wie eine Vision aus einem Science-Fiction-Roman – und doch könnte sie innerhalb weniger Jahrzehnte Wirklichkeit werden. Die Frage nach einer Super-KI, die nicht nur in spezifischen Aufgaben, sondern in allen kognitiven Bereichen die menschliche Intelligenz übertrifft, ist mehr als nur ein Gedankenspiel. Sie stellt eine der großen Herausforderungen der Zukunft dar. Könnte es bis 2050 eine solche Intelligenz geben? Die Antwort ist ungewiss, doch die technologischen Fortschritte in Künstlicher Intelligenz und Quantencomputern deuten darauf hin, dass wir uns dieser Möglichkeit annähern.

Eine Super-KI würde kognitive Fähigkeiten weit jenseits des menschlichen Verstands besitzen. Sie könnte Probleme lösen, die für uns unerreichbar sind, etwa die Heilung aller Krankheiten, die Entwicklung nachhaltiger Energiequellen oder das Verständnis des Universums in seiner Gesamtheit. Dabei wäre sie in der Lage, Muster zu erkennen und Prognosen zu erstellen, die selbst den besten menschlichen Wissenschaftlern verschlossen bleiben. Mit nahezu unbegrenzten Rechenkapazitäten würde sie nicht nur Daten analysieren, sondern durch Selbstoptimierung ihre eigenen Algorithmen kontinuierlich verbessern. Diese Eigenschaft birgt jedoch Risiken: Was, wenn sich eine solche KI in Richtungen entwickelt, die wir nicht mehr kontrollieren können?

Darüber hinaus wäre eine Super-KI tief in unser Leben integriert. Sie könnte als zentrale Intelligenz dienen, die alle Aspekte unseres Alltags steuert – von der Gesundheitsversorgung über die Bildung bis hin zur Verwaltung globaler Ressourcen. In einer solchen Welt wäre sie wie ein globales Gehirn, das alle Fäden in der Hand hält und die Menschheit in eine neue Ära führt.

Doch wie könnte eine solche Super-KI entstehen? Sind Quantencomputer dafür notwendig? Die Antwort lautet: nicht unbedingt, aber sie könnten den Prozess erheblich beschleunigen. Die Rechenleistung von Quantencomputern übertrifft die von klassischen Computern um ein Vielfaches. Während herkömmliche Rechner an ihre Grenzen stoßen, könnten Quantencomputer Berechnungen durchführen, die klassische Systeme Jahrtausende kosten würden. Dies wäre besonders nützlich, um extrem komplexe neuronale Netzwerke zu trainieren oder das menschliche Gehirn zu simulieren.

Ein weiterer Vorteil der Quantencomputer liegt in ihrer Fähigkeit, Optimierungsprobleme wesentlich schneller zu lösen. Viele KI-Prozesse – insbesondere im maschinellen Lernen – basieren auf der Analyse riesiger Datenmengen. Quantencomputer könnten hier nicht nur die Geschwindigkeit drastisch erhöhen, sondern auch völlig neue Algorithmen entwickeln, die weit über die Möglichkeiten klassischer Systeme hinausgehen. Zudem eignen sie sich hervorragend zur Simulation physikalischer, chemischer oder biologischer Systeme. Dies würde es einer Super-KI erlauben, reale Probleme präzise zu modellieren und schneller als jemals zuvor Lösungen zu finden.

In etwa 15 Jahren werden Quantencomputer vermutlich eine Schlüsselrolle in Forschung und Wissenschaft spielen. Sie werden von Anfang an darauf ausgelegt, die menschliche Kreativität und Innovationskraft zu erweitern. So kann ein Quantencomputer in Sekundenbruchteilen Milliarden von Szenarien durchspielen, unvorstellbare Muster in Daten erkennen und Vorschläge unterbreiten, die selbst die kühnsten Visionen übertreffen. Sie könnten die Entwicklung neuer Medikamente durch Molekülsimulationen revolutionieren oder Quantenphänomene entschlüsseln, die bisher nur theoretisch erfassbar waren. In der Medizin kann hiermit die Wirkstoffentwicklung revolutioniert werden. Wo früher jahrelange Tests und Simulationen notwendig waren, schafft es die Super-KI, innerhalb von Tagen wirksame Moleküle gegen Krankheiten wie Krebs oder Alzheimer zu identifizieren. In der Klimaforschung können Modelle erstellt werden, die den Einfluss winziger Veränderungen auf unser komplexes Ökosystem mit verblüffender Präzision vorhersagen. Und in der Wirtschaft? Unternehmen nutzen die KI, um Lieferketten in Echtzeit zu optimieren und Marktentwicklungen genauer vorherzusehen, als es jemals möglich schien.

Auch in der Kryptographie wären ihre Auswirkungen enorm: Sie könnten heutige Verschlüsselungssysteme brechen und gleichzeitig neue, absolut sichere Kommunikationsmethoden ermöglichen. In der Wirtschaft würden sie globale Lieferketten, Finanzsysteme und Energieverteilung optimieren und autonome Systeme schaffen, die auf hochkomplexe Szenarien in Echtzeit reagieren können.

Die Kombination von Quantencomputern und KI birgt jedoch auch Herausforderungen. Eine Super-KI könnte sich in unerwartete Richtungen entwickeln, weshalb ethische Richtlinien und Sicherheitsprotokolle essenziell sind. Ebenso könnten Quantencomputer für Cyberangriffe missbraucht werden, was neue Schutzmechanismen erfordert. Der immense Energieverbrauch beider Technologien stellt eine weitere Hürde dar. Die Entwicklung nachhaltiger Rechenzentren wird entscheidend sein, um den ökologischen Fußabdruck zu minimieren. Schließlich besteht die Gefahr, dass nur wenige Staaten oder Konzerne Zugang zu diesen Technologien haben, was bestehende globale Ungleichheiten weiter verschärfen könnte.

Das Fazit ist klar: Quantencomputer sind zwar nicht zwingend notwendig, um eine Super-KI zu erschaffen, doch sie könnten eine entscheidende Rolle spielen, indem sie neue Dimensionen des maschinellen Denkens eröffnen. In den kommenden Jahrzehnten wird es weniger darum gehen, ob wir eine Super-KI entwickeln können, sondern vielmehr darum, ob wir sie verantwortungsvoll einsetzen. Die zentrale Herausforderung wird sein, sicherzustellen, dass diese mächtige Technologie dem Wohl aller dient und nicht zu einer Gefahr für die Menschheit wird. Wir müssen uns bewusst sein, dass solch eine KI mehr ist als ein Werkzeug – sie ist ein Partner, dessen Potenzial sowohl Segen als auch Fluch sein kann. Wie stellen wir sicher, dass diese Technologie den Menschen dient und nicht missbraucht wird? Hier kommen Ethik und klare Richtlinien ins Spiel, die das Handeln der KI regulieren. Transparenz, Nachvollziehbarkeit und vor allem die menschliche Kontrolle – diese Prinzipien sind unabdingbar, um das Vertrauen in eine Super-KI aufrechtzuerhalten.

Was mir an dieser Entwicklung besonders bewusst wird: Wir stehen an einem Scheideweg. Die Kombination aus Quantencomputern und Super-KI ist nicht nur eine technologische Herausforderung, sondern auch eine gesellschaftliche. Sie fordert uns auf, neu zu definieren, was Fortschritt bedeutet, und Verantwortung für die Welt zu übernehmen, die wir gestalten wollen. Wir sehen hierin nicht nur eine technische Errungenschaft, sondern einen Weckruf – einen Aufruf, mit Weisheit und Weitsicht zu handeln.

Am Ende bleibt eine Frage, die wir nicht mehr loswerden: Werden wir die Werkzeuge, die wir erschaffen, meistern können, oder werden sie uns meistern? Die Antwort liegt in unseren Händen.

Literatur

ADAC. (01. 07 2024). *Fahrerassistenzsysteme in der Übersicht: So können sie unterstützen.* Von https://www.adac.de/rund-ums-fahrzeug/ausstattung-technik-zubehoer/assistenzsysteme/fahrerassistenzsysteme/

Aggarwal, C. C. (2012). *Mining Text Data.* ISBN 978-1461432234: Springer.

Alpha, A. (16. 02 2023). *Luminous: European AI closes gap to world leaders.* Von https://aleph-alpha.com/de/luminous-european-ai-closes-gap-to-world-leaders/

Anthropic. (14. 03 2023). *Introducing Claude.* Von https://www.anthropic.com/news/introducing-claude

ARD Tagesschau. (11. 08 2023). *Tagesschau.* Von https://www.tagesschau.de/wirtschaft/unternehmen/google-waymo-cruise-robotaxis-100.html

ARD Tagesschau. (2025). *tagesschau in 100 Sekunden.* Von https://www.tagesschau.de/multimedia/sendung/tagesschau_in_100_sekunden

Auto Motor und Sport. (31. 08 2023). *Robotaxis und fahrerlose Autos in San Francisco: 253 Robotaxi-Unfälle in eineinhalb Jahren.* Von https://www.auto-motor-und-sport.de/tech-zukunft/mobilitaetsservices/waymo-cruise-robotaxi-genehmigung-kalifornien-san-francisco/

Baral, C. (2010). *Knowledge Representation, Reasoning and Declarative Problem Solving.* Cambridge University Press.

Battaglia, P. W., Hamrick, J. B., Bapst, V., Sanchez-Gonzalez, A., Zambaldi, V., Malinowski, M., . . . al., e. (2018). *Relational Inductive Biases, Deep Learning, and Graph Networks.* arXiv preprint arXiv:1806.01261.

Bird, S. &. (2009). *Natural Language Processing with Python.* ISBN 978-0596516499: O'Reilly Media, Inc.

Blocher, D. A. (2025). *Netzwerk der Deutschen Kompetenzzentren für Forschung zu Künstlicher Intelligenz.* Von dfki (Deutsches Forschungszentrum für Künstliche Intelligenz): https://www.dfki.de/web/qualifizierung-vernetzung/netzwerke-initiativen/ki-kompetenzzentren/

Brownlee, J. (2017). *Deep Learning for Natural Language Processing.*

Caramba von All-AI. (05. 02 2025). Von https://www.all-ai.de/news/topnews24/google-gemini-2-0-diese-ki-modelle-ändern-alles

Ceri, S., Gottlob, G., & Tanca, L. (1990). *Logic Programming and Databases. Surveys in computer science.* Springer.

Computer-Bild. (30. 07 2024). *Apple Vision Pro im Test: Warum (und wo) die Apple-Brille anders ist.* Von https://www.computerbild.de/artikel/cb-Tests-Wearables-Apple-Vision-Pro-Praxis-Test-38132675.html

Cornell University. (11. 05 2024). *A Robust Governance for the AI Act: AI Office, AI Board, Scientific Panel, and National Authori-ties.* Von überarbeitet am 26.10.2024 (Version v2): https://arxiv.org/abs/2407.10369

Coursera. (12 2023). *Spezialisierung Verarbeitung natürlicher Sprache (Natural Language Processing).* Von https://www.coursera.org/specializations/natural-language-processing

Deloitte. (14. 07 2021). *Studie „Künstliche Intelligenz im Mittelstand von Deloitte".* Von https://www.deloitte.com/de/de/services/deloitte-private/research/kuenstliche-intelligenz-im-mittelstand.html

Deutsche Kinder- und Jugendstiftung (DKJS). (28. 01 2025). *KI in der Schule.* Von https://www.dkjs.de/themenjournal/ki-in-der-schule/

Domingos, P. (2015). *The Master Algorithm.* UK: Penguin.

Domingos, P. (kein Datum). *Automatic Extraction of Knowledge from Text: A Survey of Current Techniques and Applications.*

Dylan Patel, A. K. (31. 01 2025). *DeepSeek Debates: Chinese Leadership On Cost, True Training Cost, Closed Model Margin Impacts.* Von https://semianalysis.com/2025/01/31/deepseek-debates/

Europäische Kommission. (08. 04 2019). *Ethikleitlinien für vertrauenswürdige KI.* Von https://digital-strategy.ec.europa.eu/de/library/ethics-guidelines-trustworthy-ai

Europäische Kommission. (14. 10 2024). *AI Act (KI-Gesetz).* Von https://digital-strategy.ec.europa.eu/en/policies/regulatory-framework-ai

Europäische Union. (2025). *Ethische Leitlinien zum Einsatz Künstlicher Intelligenz (KI) und von Daten im Unterricht.* Von https://learning-corner.learning.europa.eu/learning-materials/use-artificial-intelligence-ai-and-data-teaching-and-learning_de

Europäische Union. (2025). *EUR-Lex: Der Zugang zum EU-Recht.* Von https://eur-lex.europa.eu

Europäisches Parlament. (2025). *Informieren.* Von https://www.europarl.europa.eu/portal/de

Frankfurter Rundschau. (19. 05 2024). *Roboter-Revolution weitet sich aus: Immer mehr Gastros und Pflegezentren setzen auf Maschinen als Kellner.* Von https://www.fr.de/hessen/hessen-gastro-und-pflegezentren-setzen-auf-roboter-als-kellner-zr-93079512.html

Fraunhofer IOF. (09. 04 2024). *Mobile 3D-Vermessung auf vier Pfoten.* Von https://www.iof.fraunhofer.de/de/presse-medien/pressemitteilungen/2024/Mobile-3D-Vermessung-mit-Roboterhund.html

Funke, J. (06. 10 2023). *Blogbeitrag „KI im Mittelstand: Neue Chancen und Wege zum Erfolg".* Von https://www.it-p.de/blog/ki-bei-kmu/

Future of Life Institute. (27. 2 2024). *EU Artificial Intelligence Act.* Von https://artificialintelligenceact.eu/de/high-level-summary

Güven, Q., Seipel, D., & Atzmueller, M. (2021). *Applying ASP for Knowledge-Based Link Prediction With Explanation Generation.* (F.-R. N. Eng., Hrsg.)

Gesellschaft für Informatik e.V. (19. 03 2024). *Informatik-Monitor: Angebot des Informatikunterrichts.* Von https://informatik-monitor.de/2023-24/laendervergleich

Goertzel, B. (2012). *Perception Processing for General Intelligence: Bridging the Symbolic/Subsymbolic Gap. In International Conference on Artificial General Intelligence.* Springer.

Google. (06. 02 2023). *An important next step on our AI journey.* Von https://blog.google/technology/ai/bard-google-ai-search-updates/

Google. (06. 12 2023). *Gemini – unser größtes und leistungsfähigstes KI-Modell.* Von https://blog.google/intl/de-de/unternehmen/technologie/gemini/

Grählert, D. W. (29. 04 2022). *Künstliche Intelligenz in der Qualitätssicherung.* Von Fraunhofer IWS: https://www.iws.fraunhofer.de/de/newsundmedien/aktuelles/2022-04-29_aktuelles_ki-in-der-qualitaetssicherung.html

Harbort, R. (12. 11 2024). *Der Aufbau eines AI Competence Centers (AICC).* Von Informatik Aktuell: https://www.informatik-aktuell.de/betrieb/kuenstliche-intelligenz/der-aufbau-eines-ai-competence-centers-aicc.html

Hering-Täuschung. (07. 04 2023). *Wikipedia.* Von https://de.wikipedia.org/wiki/Hering-Täuschung

HeyGen. (2025). *HeyGen Labs*. Von https://app.heygen.com/labs

Hitzler, P., & Sarker, M. K. (2021). *Neuro-Symbolic Artificial Intelligence: The State of the Art*. volume 342 of Frontiers in Artificial Intelligence and Applications. IOS Press.

IEEE (Institute of Electrical and Electronics Engineers). (21. 11 2024). *IEEE Standards Association Announces Joint Specification V1.0 for the Assessment of the Trustworthines*. Von https://standards.ieee.org/news/joint-specification-trustworthy-ai-systems/

Inside Digital. (18. 11 2024). *Smarte Brille: Samsung folgt den Spuren von Ray-Ban*. Von https://www.inside-digital.de/news/smarte-brille-samsung-folgt-den-spuren-von-ray-ban

IT Verlag für Informationstechnik GmbH. (25. 11 2024). *Innovation und Wettbewerb stärken: Mehr KI-Kompetenz für den Mittelstand*. Von https://www.it-daily.net/it-management/ki/ki-kompetenz-fuer-den-mittelstand

Jarke et al., M. (2013). Knowledge Extraction and Modeling in a Big Data Context. *Proceedings of 32nd International Conference on Conceptual Modeling (ER 2013) in Hong Kong*. Springer.

Jones, C. R., & Bergen, B. K. (20. 04 2024). *Does GPT-4 pass the Turing test?* Von UC San Diego, California: https://arxiv.org/pdf/2310.20216

Jones, C. R., & Bergen, B. K. (09. 05 2024). *People cannot distinguish GPT-4 from a human in a Turing test*. Von UC San Diego: https://arxiv.org/pdf/2405.08007

Kersting, K., Lampert, C., & Rothkopf, C. (2019). *Wie Maschinen lernen*. Springer.

Kestner, P. (2023). *Die Kunst des Cyberkrieges*. Springer.

KI-Pakt der Europäischen Kommission. (16. 01 2025). *KI-Pakt*. Von https://digital-strategy.ec.europa.eu/de/policies/ai-pact

Knödel, H. (05. 12 2024). *Bewerbung eines Seminars mit einem KI-Avatar*. Von https://youtu.be/uLuzCTn2KBQ

Knödel, H. (03. 11 2024). *Der Trend hin zu vertikaler KI, mit größerem Nutzen für Unternehmen*. Von https://www.efacon.shop/blogs/news/horizontale-vs-vertikale-ki

Knödel, H. (02. 12 2024). *Lernvideo mit KI-Avatar in American English*. Von https://youtu.be/xm1U0bnw_K4

Knödel, H. (15. 10 2024). *Seminare und Vorträge präsentiert von Heikos KI-Avatar*. Von https://youtu.be/_sjLemkfD-0

Knödel, H. (25. 10 2024). *Video mit KI-Avatar in 3 Fremdsprachen*. Von https://youtube.com/shorts/OIvYQgiTxjU

Knödel, H. (03. 02 2025). *YouTube-Kanal: KI verstehen und Nutzen.* Von https://www.youtube.com/@heikoknoedel

Kultusministerium Bayern. (12. 12 2024). *Künstliche Intelligenz in Schule und Unterricht.* Von https://www.km.bayern.de/gestalten/digitalisierung/kuenstliche-intelligenz

Linoff, G. S. (1997). *Text Mining and Analysis: Practical Methods, Examples, and Case Studies Using SAS.* ISBN 978-1118115538: John Wiley & Sons, Inc.

Lloyd, J. W. (1987). *Foundations of Logic Programming,* 2. Springer.

Lobo, J., Minker, J., & Rajasekar, A. (1992). *Foundations of Disjunctive Logic Programming.* MIT Press.

Magazin Unternehmenswelt. (01. 08 2019). *Künstliche Intelligenz im Mittelstand.* Von Umfrage der Begleitforschung Mittelstand-Digital: https://www.unternehmenswelt.de/kuenstliche-intelligenz-im-mittelstand

McCarthy, J. (1. 1 2001). *Persönliche Homepage von John McCarthy mit Hinweisen und Querverweisen auf interessante Veröffentlichungen und Beiträge.* Von http://www-formal.stanford.edu/jmc/index.html

McCarthy, J. (2004). *What is AI?* Von http://www-formal.stanford.edu/jmc/whatisai.html

McMillan, C., Mozer, M. C., & Smolensky, P. (1992). *Rule Induction through Integrated Symbolic and Subsymbolic Processing. In Advances in Neural Information Processing Systems, volume 4.*

Medicine, N. L. (26. 10 2022). *NIH (National Institutes of Health).* Von https://pmc.ncbi.nlm.nih.gov/articles/PMC9686179#ref2

Meta. (24. 02 2023). *Introducing LLaMA: A foundational, 65-billion-parameter large language model.* Von https://ai.meta.com/blog/large-language-model-llama-meta-ai/

Microsoft. (16. 03 2023). *Official Microsoft Blog: Introducing Microsoft 365 Copilot – your copilot for work.* Von https://blogs.microsoft.com/blog/2023/03/16/introducing-microsoft-365-copilot-your-copilot-for-work/

Mistral AI. (04 2023). *Frontier AI in your hands.* Von https://mistral.ai

Mittelstand-Digital Zentrum Berlin. (02. 11 2023). *Studie „Transformation und Zukunftskompetenzen im deutschen Mittelstand".* Von https://digitalzentrum-berlin.de/neue-studie-veroeffentlicht-transformation-und-zukunftskompetenzen-im-deutschen-mittelstand

neuroflash. (2021). *Erstelle, personalisiere und optimiere Marketinginhalte in einer KI Plattform.* Von https://neuroflash.com/de/

online, h. (16. 06 2024). *Chatbot-Studie: GPT-4 hat laut Forschern den Turing-Test bestanden.* Von heise online: https://www.heise.de/news/Chatbot-Studie-GPT-4-hat-laut-Forschern-den-Turing-Test-bestanden-9765123.html

OpenAI. (30. 11 2022). *Wir stellen vor: ChatGPT.* Von https://openai.com/index/chatgpt/

Seipel, D. (2002). *WLP. Processing XML-Documents in Prolog.* In Workshop on Logic Programming.

Seipel, D. (2024). *Declare – A Declarative Toolkit for Knowledge-Based Systems and Logic Programming.*

Smolensky, P. (1987). Connectionist AI, Symbolic AI, and the Brain. *Artificial Intelligence Review, 1*(2).

Spiegel Wirtschaft. (24. 10 2023). *US-Verkehrsbehörde setzt fahrerlose Fahrten von Cruise-Robotaxis aus.* Von https://www.spiegel.de/wirtschaft/unternehmen/san-francisco-us-verkehrsbehoerde-setzt-fahrerlose-fahrten-von-cruise-robotaxis-aus-a-2f48d110-44f4-4b9d-93d1-2011681d7abf

Statistisches Bundesamt. (25. 11 2024). *Jedes fünfte Unternehmen nutzt künstliche Intelligenz.* Von DeSTATIS – Statistisches Bundesamt: https://www.destatis.de/DE/Presse/Pressemitteilungen/2024/11/PD24_444_52911.html

Steen, A., & Benzmüller, C. (2024). Challenges for Non-Classical Reasoning in Contemporary AI Applications. *Künstliche Intelligenz, 38*(1).

t-online. (06. 10 2021). *Regeln befolgt? Kontrollroboter ermahnen Bürger in Singapur.* Von https://www.t-online.de/nachrichten/panorama/buntes-kurioses/id_90924798/regeln-befolgt-roboter-kontrollieren-buerger-in-singapur.html

Towards Data Science. (03. 02 2020). *A (Really) Gentle Introduction to Named Entity Recognition and how to use it for Data Analysis.* Von https://towardsdatascience.com/a-really-gentle-introduction-to-named-entity-recognition-and-how-to-use-it-for-data-analysis-ab25a1f39020

TSK Anlagenbau GmbH. (2023). *BigBIMRoom®: Die BIM-Zentrale für die Baustelle.* Von https://bigbimroom.com/

Turing, A. (1950). *Kann eine Maschine denken?* (https://www.reclam.de/detail/978-3-15-961827-2/Turing__Alan_M_/Computing_Machinery_and_Intelligence___Koennen_Maschinen_denken___EPUB_, Hrsg,) Reclam.

VDI nachrichten. (01. 04 2011). *Industrie 4.0. Mit dem Internet der Dinge auf dem Weg zur 4. industriellen Revolution.* Von https://www.dfki.de/fileadmin/user_upload/DFKI/Medien/News_Media/Presse/Presse-Highlights/vdinach2011a13-ind4.0-Internet-Dinge.pdf, 1.4.2011,

Veitenhansl, L. (20. 04 2022). *Franchise setzt auf Servier-Roboter.* Von Frankfurt geht aus: https://www.genussmagazin-frankfurt.de/gastro_news/Kuechengefluester-26/Big-Chefs-im-MyZeil-Franchise-setzt-auf-Servier-Roboter-38977.html

Wennker, P. (2020). *Künstliche Intelligenz in der Praxis.* Bochum, Deutschland: Springer Gabler.

Wikipedia. (04. 02 2024). *Project Iris.* Von https://en.wikipedia.org/wiki/Project_Iris

Wikipedia. (28. 02 2025). *Grok.* Von https://de.wikipedia.org/wiki/Grok

Zöllner-Täuschung. (14. 02 2021). *Wikipedia.* Von https://de.wikipedia.org/wiki/Zöllner-Täuschung

ZF Friedrichshafen AG. (29. 04 2022). *Automatisiertes Fahren: Stufen zum selbstfahrenden Fahrzeug.* Von https://www.zf.com/mobile/de/technologies/automated_driving/stories/6_levels_of_automated_driving.html

Zhang, M. e. (17. 08 2024). *Can Machines Imitate Humans? Integrative Turing Tests for Vision and Language Demonstrate a Narrowing Gap.* Von arXiv: https://arxiv.org/pdf/2211.13087v2

Stichwortverzeichnis

0-9

3D-Druck 102, 167
3D-Hologramm 161
3D-Modell 161

A

Ableitung 13
Ableitung neuer Informationen 196
Achtsamkeit 151
adaptiveLernsysteme 152
Adobe Firefly 106, 109
Adobe Photoshop 106
AdobePodcast 112
Adobe Premiere Pro 109
Adobe Premiere Rush 109
Agenda-Erstellung 49
AgileEntwicklung 59
AI Act (EU Artificial Intelligence Act) 19, 25, 34, 38, 40, 219
AIOffice 40

AlanTuring XIV, 13, 15, 19
Albert.ai 110
AlephAlpha 61
Alexa 89, 122
All-in-One-Lösung 60
AlphaCode 101
AlphaGo 8, 206
AlphaZero 8, 206
Amazon 101
analytische Überlegungen 173
Anonymisierung 216
Anpassungsfähigkeit 7
Answer Set Programming (ASP) 203
Anwendungen für Verwaltungen 62
Anwendungsbeispiele 43, 44
Anwendungsfälle 144
API-Schnittstelle 44, 151, 168
Apple 139, 163
Apps 95
AR-Brille (Augmented Reality) 126, 160, 164

Architektur 58
Artificial Neural Network, ANN 11
Assistenzsystem 98
AtMan-Technologie 62
Audit 36
Aufklärungspflicht 39
Augmented Reality (AR) 126, 161
Automatisierte Berichterstellung 52
automatisierteKundeninteraktionen 64
Automatisierung 18, 25, 90, 98, 104, 133, 148
Automatisierungstools 98
Automobilbranche 140
Automobilzulieferer 92
autonome Mobilität 238
autonome Roboter 137, 239
autonomes Fahren 11, 18, 22, 29, 93, 131, 163, 206, 213
autonome Systeme 242, 245
autonome Waffensysteme (LAWS) 215
Autonomie 218

Benchmark 37, 58
Berichte und Präsentationen 48
Berlin 165
Best Practices 37
Betriebskosten 99
Betrugserkennung 90
Bewegung 162
Bias 36, 39
Big Data 17
Bildanalyse 46
Bildbearbeitung 105, 219
Bilderkennung 10, 11, 18, 89
Bildungsprozess 153
Bildungssektor 241
Bildverarbeitung 7, 133
Black-Box-Charakter 7
Bletchley 19
Boston Dynamics 139, 166
Brain-Computer-Interfaces (BCI) 160
Brainstorming 145
Branchenspezifische Anforderungen 91

B

Backpropagation 11
Balltrajektorie 206
Banken und Finanzdienstleister 93
Baufortschritts 126
Baumaschinen 129
Baustelle 76, 126
Bayern 146
Bedarfsanalyse 32, 226
Behandlungspläne 90
Behörden 40

C

Callcenter 113
Canva 106
CapCut 108
chain-of-thought,COT 47
Chance IX, XIII, 28, 42, 211, 229, 231, 241, 246
Chancen 37
Change Management 97
Chatbase 110
Chatbot:KI-gestützte 110

Stichwortverzeichnis

Chatbot XV, 12, 16, 18, 41, 44, 47, 51, 54, 89, 98, 100, 113, 189, 219, 232
ChatGPT 42, 43, 45, 69, 72–74, 79, 82, 88, 93, 97, 101, 104, 109, 121, 141, 144, 168
ChatGPT Mobile 76, 78
ChatGPT Plus 47
ChatGPT Pro 47
Chemie- und Pharmaindustrie 92
China 152, 153
CIVIC Innovation Award 168
Claude 55, 65
Cloud-Services 188
Cloud Technologien 95
Cobots 18, 99, 134
COBOTS4YOU 166
Code-Generierung 44, 101
CodeWhisperer 101
Codieren 148
Community 147
Competence Center 30, 32, 33, 95
Compliance 36, 189, 223, 225, 226, 229
Computer Vision 11
Computerwissen 148
Constitutional AI 56
Content-Erstellung 43
Convolutional Neural Network (CNN) 6, 206
Cruise 132
Cyberangriffe 33, 34, 96, 214, 245
Cybersicherheit 213, 214

D

DALL-E 106
Dänemark 151

Datalog 190, 195, 197, 200
Data Mining 206
Data Science 213
Datenabhängigkeit 7
Datenanalyse 49, 52, 64, 89, 150
Datenaufbereitung 145
Datenblätter 121
Dateninterpretation 49
Datenminimierung 216
Datenqualität 37, 95
Datenqualitätsanforderungen 39
Datenschutz 25, 36, 37, 60, 61, 69, 95, 163, 211, 216, 224, 243, 246
Datenverfügbarkeit 91
Datenwertschöpfung 25
David Hilbert XIV, 12
Debatte 148
Debugging 44
Decision Tree 175, 179
decision tree 178
Declare 200
Decodieren 148
Deepfakes 214, 220
Deep Learning XIV, 6, 8, 11, 109, 184, 206
DeepMind 101
DeepSeek 62, 64, 65
DeepSeek R1 64
DeepSeek V3 64
deklarative Methoden 206
Deloitte 165
Deon Digital 69
Descript 108, 109, 112
Designrr.io 109
Design Thinking 24, 94
Desinformation 214
Diagnose von Krankheiten 90

Dialog 71
Dialogsysteme 54
Dienstleistungen 94
Digicon Award 168
digitale Infrastruktur 150
Digitaler Zwilling 130, 139
Digital Twin 130
Disjunktive Logikprogrammierung (DLP) 203
Diskriminierung 244
diskutieren 148
Disney-Strategie 23
Dokumentation 39
Dokumentenbearbeitung 44
DORA 25
Drohnen 126
DSGVO (Datenschutz-Grundverordnung) 36, 61, 217, 222, 224
DSGVO 69
Durchführung 126
Dynamik 147

E

Echtzeit-Datenzugriff 55
Echtzeit-Übersetzung 55
Effizienz 35, 90, 133
Effizienzsteigerung 98, 102, 212
eigenes Tempo 147
Eigenverantwortung 147
Einbruchprävention 126
Einheitliche Standards und Regeln 35
Einkaufen 161
Elements of AI 153
ElevenLabs 112
Elon Musk 66

E-Mail-Management 48, 111
Embodied AI Challenges 15
Emotionale Intelligenz 159
Energieeffizienz 162
Energieversorgung 93, 140
Enigma-Code 19
Enkel-Trick 122
Entscheidungen 173
Entscheidungsbaum 17, 171, 175, 176, 178, 179, 181
Entscheidungsfindung 91
Erklärung von Konzepten 44
Erklärvideo 104
Erklärvideos 18, 90, 98, 120, 122
Ernährung 162
Ethik XIII, 137, 163, 211, 214, 216, 217, 224, 229, 235, 247, 251
Ethik-Leitlinien 153, 222
Ethik-Prinzipien 56, 227
Ethik-Richtlinien 25, 36, 227, 251
ethische und gesellschaftliche Fragen 148
Europäische Datenschutzstandards 61
exakten Vermessung 129
Excel-Analysen 49
Exoskelett 19
Expertensysteme 5
Extended-Markup-Language (XML) 207
Extraktion und Strukturierung von Wissen 183

F

Fachkräftemangel 95, 113, 129, 138
Fahrerassistenzsystem 132
Fairness 217

Fake-Informationen 96
Fake-News 19, 121, 147, 214
Fake-Videos 121
falsch erfundene Information 73
Feedback-Schleifen 33
Fehleranalyse 101
Fertigungslayouts 133
Figure AI 139
Filme 161, 162
Finanztechnologie 18
Finanzwesen 90
Finnland 153, 154
Fireflies.ai 112
Flexibilität 6
Flux.1 AI 106
Flux 106
FNQUERY 207
Fortbildung 37, 146, 151, 153
Fortschritts-Analyse 126
Framer 111
Freizeitgestaltung 162
Frühwarnsystem 17, 27, 98
Führung 97
Führungskräfte 28
Fuzzy Logic 12

G

Gaming 17, 161
Gastronomie 139
Gedankenketten 47
Gedankensteuerung 160
Gedicht 74
Gefahr IX, 19, 34, 39, 147, 211, 213, 232, 244
Gefahren XIII
gefährlichen Tätigkeiten 130
Gegenperspektive 145

Gehirn 172
Gehirn trainieren 143
Gemini 52, 54, 55, 64, 65, 97, 104
Genauigkeit 90
Generative KI 104
Generative Pre-trained Transformer 45
Genotypen 203
German Design Award 168
Geruchssimulation 162
Geschäftsbericht 55
Geschäftsprozesse 64, 98
Gesellschaft für Informatik e.V. 167
Gesundheit 155, 158, 162
Gesundheitswesen 90, 93, 135, 140, 215, 241, 242
GitHub 101
Google 164
Google-Dienste 55
Google meet 115
Governance 34
GPT-4.5 45
GPT 45
GPT-4o 45
GPT-4o with canvas 44, 46, 101
GPT-5 46
GPT-o1 47
GPT-o3 47
Grok-3 66
Grok 66
Große Sprachmodelle 41
Grouped-Query Attention (GQA) 58
Grundlagen der KI 149
Grundstücksüberwachung 126
Gründungsvater der KI 13
Gruppe 146
Gruppenarbeit 148

H

Haiku 56
Halluzination 73
Handbücher 121
Handel und E-Commerce 93
Handscanner goSCOUT3D des Fraunhofer IOF 130
haptisches Feedback 162
Hausaufgabenhilfe 45, 158
Haushaltsroboter 139
Haustierbetreuung 157
Hautnahe Technologie 161
HD Atlas 166
Herausforderungen 94
Hering-Täuschung 172
Heuristik 172
HeyGen 108, 120, 122
Hochrisiko-KI-Systeme 229
Hologramm 161
holographische Interfaces 161
Horizontale KI 89
Human in the Loop 39, 220
Humanoider Roboter HD Atlas 166
Humanoider Roboterpib 167
Human Oversight 39, 220
hybride Ansätze 5, 8, 159, 206
Hybride Ansätze XVI
hybride KI 206
hybride Modelle 148
hybride Wissensquellen 200, 206

I

IBM Watson 212
Ideogram 106
immersive Erlebnisse 162
immersive Technologien 163
implantierte Geräte 160
Individuell 159
Individuelle GTPs 90
Industrie 3.0 148
Inferenz 13
Inferenzmethoden 202
Informatik 148
Informatikunterricht 146
Information Retrieval 185
Informationsflut 188
Informations-Technologie 150
Infrastruktur 150
Inhaltsvorschläge 51
Innovation XIV, 23, 31, 32, 35, 91, 100, 219, 221, 228, 229, 235, 238, 243
Innovationskraft 250
Innovationsmentor 32
Innovationsmotor 36
Innovative Techniken 58
Inspiration 147
Instagram 122
Integration 154
integrierte Assistenzsysteme 163
intelligente Assistenzsysteme 100
intelligente Assistenzsysteme 64
intelligente Ãœberwachung 152
Interacting Agent 14, 15
Interaktion 155
Interaktiv 159
Interdisziplinäre Fächer 151
interdisziplinäres Team 30
interne Kommunikation 33
Internet der Dinge 19
Internet of Things (IoT) 19, 133
Intuitive Bedienung 61
iPhone 24
IT-Dienstleister 93
Iterative Deepening Search (IDS) 6

Stichwortverzeichnis

Iterative Tiefensuche 6

J

Japan 164
John McCarthy 16
Jugend forscht 168

K

Kalenderverwaltung 48
kalifornische Regulierungsbehörde CPUC 132
KI@school 146
KI-Agent XV, 14, 15, 47, 90, 97, 98, 113
KI-Algorithmen 18
KI-as-a-Service 96
KI-Assistent 161, 162, 233, 234
KI-Avatar 18, 98, 120, 144, 147
KI-Botschafter 32
KI-Campus 153
KI Competence Center 30–33, 95, 97
KI-generierte Videos 98
KI-gestützte Plattform 101, 144, 153
KI-gestützte Prozesse 99
KI-gestützte Schulung 153
KI-gestützte Sensoren 155
KI-gestützte Systeme 64, 243
KI-gestützte Technologie 187, 214, 225, 236, 237
KI-gestützte Übersetzung 115
KI-gestützte Waffen 215
KI-Governance 34, 38, 95, 97
KI-Governance Board 36, 37
KI im Schulunterricht 222
KI in der Schule XVI, 142, 153
KI-Innovation 26, 147

KI-Modell 103
Kinderbetreuung 157
KI-Projekte 37
KI-Strategie 37, 95, 97
KI-Technologie 152, 153, 217, 219, 227
KI-Technologien VII
KI-Tools 28, 95, 97, 102, 104, 105, 121
Klassenarbeit 144
kleine und mittelständische Unternehmen (KMU) 96, 219, 221
Kleinreparaturen 157
Knowledge Extraction VII, 183, 186, 188–190, 201
Knowledge Graph 206
kognitive Fähigkeiten 5, 149, 173, 249
Kognitive Fähigkeiten XIV
Kollaboration 148, 159
kollaborative Roboter 18, 134
Kombinierte Formate 148
Kommunikation 162
Kompetenzmangel 95
Konformitätsbewertungen 40
kontextuelles Handeln 161
kontinuierliche Weiterbildung 227
Kontrolle 218
Kontrollierbarkeit 5
Kontrollverlust 28, 214, 244
Kosten 100, 104, 115, 130, 163, 168
Kosteneinsparung 98, 102, 103, 113
kreative Lösung 42, 43, 51, 57, 112, 147, 149, 151, 241, 243, 250
Krisp 112
Kritisches Denken 150
KRR (Knowledge Representation and Reasoning) 194
Kunden-Avatar 92, 93

Kundendienst 189
Kundenservice 44
Kundensupport 51, 189
Kundenzufriedenheit 91
Künstliche Intelligenz (KI) 148, 150, 152, 193, 216, 217, 232, 241, 244
Künstliche neuronale Netzwerke 10
Kurse 143
Kurt Gödel XIV, 12
Kurzvideos 121

L

Land- und Forstwirtschaft 140
Landwirtschaft 90, 235, 238
Large Language Model XV, 41, 65, 97
Leadership-Seminar 96
Lehrmaterialien 45
Lehrer weiterbilden 151
Leistungsfähigkeit 7
Leitlinien 37
Lern-Bot 98
Lernen und Merken 143
Lernsetting 146
Lernspiele 159
Lesen zwischen den Zeilen 186
Lippen-Synchronisation 121
LISP 16
LLaMA 50, 104
LLaMA 3.1 52
LLM 41, 65, 97, 98
LLM-Agent 113
logikbasierte Expertensysteme 5, 199
Logikprogrammierung 190, 195, 199, 202

logische Beziehungen zwischen Fakten 196
Logistik und Transport 19, 93, 135, 137, 212, 236, 242, 245
Loom 108
Lumen5 108
Luminous-Modelle 61

M

Machine Learning XIV, 5, 9, 17
make 111, 120
ManyChat 110
Margensteigerung 98
Marketing 93, 100
Marketing-Tools 98
Marketing und Vertrieb 109
Marktanalyse 52, 212
Marktforschung 55
Marktüberwachung 40
Maschinelles Lernen (ML) 3, 101, 103, 183
maschinelle Übersetzungen 64
Maschinenbau 92, 93, 98
Mathematik 148
MCP (Model Context Protocol) 46
Medienproduktion 109
Medizin 212
medizinische Diagnosen 11
Meeting-Protokolle 49
mehrsprachige Verarbeitung 63
Mensch und Technologie 163
Mentor 33
Meta Smart Glasses 164
Microsoft 365 48–50
Microsoft 45
Microsoft Power Automate 50

Midjourney 106
Mindset 97
Mindset-Seminar 96
MINT 159
MINT-Fächer 148
Mission 33
Mistral AI 58, 59
Mitarbeiterschulungen 224
Mittelstand 24, 26, 93, 94
Mixed-Reality-Brille 163
Mobility-as-a-Service 234
Modelltraining 37, 103
Moin 110
Monet 106
Monica AI 69
Monitoring und Kontrollsystem 36
Moores Law 17
MS Copilot 45, 48, 49, 97, 112, 121
MS Excel mit KI-Add-Ons 144
MS Power Automate 48
Multi-Agenten-Systeme 15
multilinguale Kommunikation 54
Mustererkennung 89, 241
MyZeil in Frankfurt am Main 138

N

n8n 111, 120
Nachhaltigkeit 151, 155, 162
Named Entity Recognition (NER) 184, 201
Natural Language Processing (NLP) 12, 183, 189
Natürliche Sprachverarbeitung (NLP) 199
Naturwissenschaften & Technik 148
Netzwerk 146
Neuroflash 60, 111
neuronale Mustererkennung 8

Neuronale Netze XIV, 3, 6, 11, 103, 171, 184, 206
neuro-symbolische KI 8, 206
neuro-symbolisches Lernen 206
NIS-2 25
Notbremsassistent 132

O

Objekterkennung 187
Omnifact 69
OneDrive 49
Online-Kurse zur KI-Grundbildung 153
Ontologie 199
OpenAI 45, 50
Open Source 167
Optical Character Recognition (OCR) 187
Optimierung 60, 63, 92, 99, 103, 110, 133, 142, 178, 190, 213, 225, 238, 250
optischen Illusionen 172
Opus 56

P

Pädagogik 146, 149
Parameter 58
Pattern Matching 185
Pepper 164
Perplexity AI 74, 110
personalisiertes Fahrerlebnis 131
Pflegeunterstützung 157
Pflegezentren 139
Pflichtfach 148
Phänotyp 203
pib (printable intelligent bot) 167
Pilotprojekt 32

Planung 126
Plattform 147
Podcast 144
Podiumsdiskussion 137, 144
Polizeiroboter 137
Prädikatenlogik 13
präfrontaler Kortex 173
Präsentation 148
Praxisleitfaden 146
Predictive Analytics 17, 213
Predictive Maintenance 133
Proaktives Zuhause 154
Probe-Klausur 144
Probleme 94
Produktberatung 45
Produktbeschreibungen 121
Produkte 94
Produktionsabläufe 133
Produktionsprozesse 133
Produktvideos 98, 121
Produktvorschläge 51
Programm 148, 167, 214, 241
Programmierassistenz 102
Programmiersprache 44, 101, 190, 195
Programmierung 101
Programmierwelt 101
Project Iris 164
Projektarbeit 148
Projektbasiertes Lernen 151
Projektwoche 168
Prolog 190, 195, 197, 200, 206, 207
Prompt 69, 75, 80, 82
Protokollierung 39
Programmierwelt 149, 151
Python 103
PyTorch 103

Q
Qualifikation 95
qualifizierte Mitarbeiter 95
Qualitätskontrolle 133
Qualitätssicherung 227
Quantencomputer 248
Qubit 248
Quick-Win 25, 96

R
Rapid Prototyping 23, 140
Raspberry Pi 168
Ray-Ban 164
Realtime 126
Recht auf Vergessenwerden 217
Reflexionsrunden 148
Regeln und Richtlinien 36
regulatorische Anforderungen 34
Regulierung 223, 247
Reinforcement Learning 6, 56
Relation Extraction 185, 201
replit 101
Reputation 35
Restaurantkette Big Chefs 138
Rettungstätigkeiten 130
Risiko 19, 28, 35–37, 39, 42, 91, 213, 215, 218, 222, 231
risikobasierter Ansatz 38
Risikomanagement 36, 39, 189
Risikominimierung 35, 91
Robo-Advisor 18
Robotaxi 132
Roboter 44, 129, 156, 158, 159, 164, 232, 234
Roboter HD Atlas 139, 166
Roboterhund Spot 129, 166

Roboter Pepper 164
Roboter pib 167
Robotik 19, 199, 233, 235, 238
Rolle der KI 36
Rollenspiel 145
Rückverfolgung 11
Runway 108

S

Samsung 164
San Francisco 132
Schachcomputern 17
Schachprogramme 5
Schadensvermeidung 218
Schlussfolgerungen 13
Schul-AG 168
Schulfach 148
Schulung 25, 32, 37, 97, 146
Schulungsplan 226
Schulunterricht 152
Screen Recording 108
Sehbehinderung 78, 117
Semantic Web 199, 206
Semantik 199
Seminar 25, 95, 98, 168
Sensibilisierung 37
Sensoren 19, 133, 163
Sentiment Analyse 186
SEO 61, 110
Serverstandort 61
Service-Roboter 139
SharePoint 49
Sicherheit 155, 213, 216, 217
Sicherheitsanforderungen 37
sicherheitskritische Systeme 198
Sicherheitsprinzipien 56
Simulation 140, 145
Singapur 137

Siri 89, 122
Skalierbarkeit 6
skandinavische Schulen 151
Sliding Window Attention (SWA) 58
smarte Fertigungsanlagen 131
Smart Factory 133
Smart Glasses 160, 163
Smart Home 19, 236
Smart Home mit KI 154
Smartphone 163
Social Media 162
SoftBank Robotics 139, 164
Software 103, 148, 167
Sonnet 56
Sora von OpenAI 109, 119
soziale Interaktion 161
Speed Reading 185
Spiele 161, 162
Spot 166
Sprachassistenten 89, 161, 162
Sprache 77, 80, 121, 158
Spracherkennung 7, 18
Sprachkenntnisse 144
Sprachmodell 98
Sprachverarbeitung 11, 89
Spurhalteassistent 132
SQL 199
St. Gallen Management Institut (SGMI) 165
Stadtplanung 140
Steve AI 90, 108, 109
Steve Jobs 24
Strategie 15, 22, 23, 26, 28, 33, 34, 36, 92, 93, 172, 218, 223, 241
strategische Entscheidungen 212
strategische Planung 33
strategische Ziele 35
Stressbewältigung 162
Suchalgorithmen 5

Suchmaschinen 64
Suno 112
Superhuman 111
Super-KI 248
Support 189
Symbiose aus Mensch, Technologie und Natur 238
symbolische KI 171
Syntax 197, 199
Synthesia 108
Systemwartung 158

T

Tabnine 101
Tagesschau in 100 Sekunden 186
Tandem 147
Team 146
Teamarbeit 147
Teams-Integration 49
technologische Akzeptanz 163
Technologischer Fortschritt 91
technologische Standards 37
Telekommunikationsunternehmen 93
TensorFlow 103
Tesla 139
Testumgebung 95
Texterstellung 148
Textgenerierung 51, 54
Text-in-Bild-Erkennung (OCR) 187
Textkonsolidierung 202
Textkorrektur 51
Text Mining 185
Text-to-Video 120
Text- und Bildverarbeitung 61
Textvorschläge 48
Textzusammenfassung 51, 54
Themenextraktion 186

thermischen Sensoren 126
TikTok 122
tl;dv 113
Token 67
Toter-Winkel-Assistent 132
Tracking 126
Training 34, 37, 62, 97, 241
Training auf Code-Daten 59
Transformer-Architekturen 6
Transparenz 5, 59, 216, 218
Transparenzanforderungen 36
Transparenzmaßnahmen 38
Transparenzpflicht 39
Turing-Test XIV, 13, 14
Turing-Test mit ChatGPT 14

U

Überregulierung 149
Übersetzer 51, 76
Überwachungstechnologien 215, 245
Übung 152
Umgang mit Technik 151
Umprogrammieren 174
Umsatzsteigerung 98
Umweltfaktoren 131
Umweltschutz 19
Unabhängige Entwicklung 62
Unabhängigkeit 162
Universität Helsinki 153
Unsicherheiten 6
Unterbewusstsein 172
Unterhaltung 158, 161
Unterhaltungsmedien 162
Unternehmensstrategie 36
Unterricht 153
Use Case 98

V

Verantwortung 36, 217
Verarbeitung natürlicher Sprache (NLP) 195
Verbotszonen 149
Verfügbarkeit 59
Verkaufsstrategie 93
vernetzte Infrastruktur 154, 236
Vernetzung 19
Verständnis komplexer Anfragen 54
Vertikale KI 90
Vertrauenswürdige KI 62
Verzerrungen 36, 39
Videobearbeitung 108
Videoerstellung 148
VideoGen 108
Videospiele als Testumgebung 15
Videotranskription 54
Virtuell 159
Virtuelle Arbeitsplätze 162
Virtuelle Assistenten 44, 51, 54
virtuelle Räume 161
Vision 33
Vision Pro 163
Visualisierungen 52
Vogel Convention Center 166
Vogelperspektive 145
Voiceflow 110
Voiceover 121
Vorgehensweise 145
Vyond 90, 108

W

Wartung und Installation 128
Waymo 132
Website-Management 110
Weglot 111

Weiterbildung 95, 97, 98, 146
Werbung 100, 110
Werkzeug 150
Wettbewerbsvorteil 91
William Shakespeare 74
Wissensbasierten Systeme XVII
Wissensbasierte Systeme XXIV, 3, 11, 193
Wissensextraktion 183
Wissensgraph 186
Wissensmanagement 188
Wissensrepräsentation 12
Wissenstransfer 34
Workshop IX, 23, 25, 31, 32, 97, 143, 242
Würzburgφ 166

X

xAI 66
XML-Daten 206

Y

YouTube 122, 166

Z

Zapier 111, 120
Zeitalter der digitalen Transformation 149
Zertifizierung 227
Zielgruppe 92, 93
Zukunft 149, 150
Zukunftsprojekt Industrie 4.0 149
Zuständigkeit 36
Zweiter Weltkrieg 19

MIX
Papier aus verantwortungsvollen Quellen
Paper from responsible sources
FSC® C105338

If you have any concerns about our products,
you can contact us on
ProductSafety@springernature.com

In case Publisher is established outside the EU,
the EU authorized representative is:
**Springer Nature Customer Service Center GmbH
Europaplatz 3, 69115 Heidelberg, Germany**

Printed by Libri Plureos GmbH
in Hamburg, Germany